U0004126

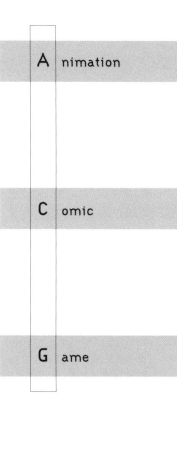

A nimation

C omic

G ame

ボーイズラブの教科書

BL教科書

堀亜紀子、守如子——編著

李雨青——譯　　李衣雲——審訂

Boy's Love（BL）[1]，指的是以女性為閱聽人、描述男性間親密關係、戀愛、性愛主題的內容類型。如今，「BL」已獲得紮實的權益、聲量，不再是稀奇獨特的事物了。不過身為研究者，筆者認為此一類型依然具有其獨特性。

BL 這個「類型」之所以成為學術研究的對象，就在於其特徵。當我們說到 BL 類型或文化，並非僅指稱 BL 作品，還含括了喜歡 BL 作品的閱聽人們（喜歡 BL 作品的女性一般稱作「腐女」）、粉絲社群與活動等粉絲文化、對攻・受配對（CP）的妄想等的 BL 式凝視，以及此類型至今五十年的歷史、在外國的接受度等等，BL 相關的所有現象都可成為研究對象。BL 研究的特徵，正在於其不僅只於研究 BL 作品，更關注這個「類型」整體，將 BL 本身視作一個研究領域。這正是它與其他領域相較起來更為獨特的地方。

然而，BL 為什麼得以成為一種類型，並受到關注呢？思考此一問題時，首先要注意到一個關鍵的提問，也是我們開始思索這個類型時的出發點：「為什麼女性喜愛描繪這種自身性別不存在的故事呢？」

最早嘗試回答此提問的研究者，是本身也相當喜愛男男性愛關係、曾執筆撰寫小說的中島梓。中島面對自己的心情，對自己的心理進行分析，嘗試回答此一問題。當時她使用了所謂「性別」（Gender）的概念——女性在社會中承受著諸多歧視、生存障礙等問題，聚焦於女性的性（Sexuality）上。

其後，學者將女性們生活在現代社會經歷的種種問題與 BL 連結在一起討論，不僅如此，更有研究者提出「BL 描寫男性間的戀愛，是否與男同志受到的歧視有關？」、「大篇幅描繪性愛是否要將之當作色情作品？」等問題。此外，除了與社會問題的關聯討論外，也有眾多研究聚焦於「BL 如何誕生、如何擴展，在漫畫、小說的呈現上有何特徵？」、「妄想並描寫原作中沒有著墨的男性角色間戀愛、人際關係的二次創作是如何產生的？」、「BL 粉絲是怎樣

的人？她們組成了怎樣的社群？」等。這些廣泛的提問與研究在人文科學領域中逐步被累積。

BL之所以成為一個「類型」而被廣泛研究，除了作品本身的魅力外，更因為BL連結了各種現象，引來研究者的關注。因而運用多樣的研究框架、方法去探討BL，正是BL研究的一大重點。本書的目的正是在彙整到目前為止，從各種不同視角出發所進行的研究：媒體研究、社會學、漫畫研究、文學研究、性別研究、性欲研究、粉絲研究、文化研究等。這本書包含了眾多研究框架的學術領域，期望能成為綜觀BL類型的入門讀物。本書設定的主要讀者群為打算以BL為主題撰寫畢業論文、碩士論文的大學生、研究生，相信對指導教授來說也是有所幫助的吧。此外，與BL的邂逅因人而異，也希望無論是誰讀到本書，都可以發現至今沒有接觸過的歷史、次分類。

☆

本書分成三大部分：

第一部將概觀地介紹BL類型的成立與變化。不只BL作品，BL研究由許許多多的見解堆疊而成，也有其歷史。研究的第一步就是閱讀先前既有的研究，並且確實理解其歷史，以及掌握BL至今是如何被研究的。

第二部則是分別介紹不同的研究方法，具體論述各種BL類型的內容。討論同人誌、短歌、情色、粉絲文化、對偶像的凝視、遊戲等多樣的內容，以及分析這些內容的理論，包括敘事學、酷兒理論、女性主義理論、社群理論、媒體分析、資訊理論等。

第三部探討BL在社會中引發的衝突（Conflict）。BL並非溫良恭儉讓的文化，原本就具有僅限同好理解的地下性質。隨著BL在社會上成為被關注的對象，也引發了摩擦與批判。思考BL所衍生的問題，也是研究必不可少的一環。

☆

本書將從廣泛的角度探討BL，盡可能地整理既有研究、揭示今後議論發展的可能性，期望有助於各位撰寫論文、拓展思路。此外，近年來BL研究在

日本之外的國家也相當盛行，在了解日本至今的 BL 研究後，相信也能幫助各位與外國研究進行異同比較。

在此，想要更進一步地深入探討前面提到的，BL 與現代社會中的女性生活經驗無法切割的觀點。我們生活於其中的社會，不只對女性歧視，更是以異性戀為核心所設計的社會，因而存在著許多問題。人們在出生之時就被分類了一個性別，之後就以這個性別生活下去，為一順性別（Cisgender）社會。同時也是以男性間羈絆為主的同性友愛（Homosocial）社會，性別規範、性事相關的評價基準都是男女有別，也就是在性別上採雙重標準的社會。然而，BL 不順從一般的社會模式，動搖了「普通」、「理所當然」的價值觀。雖然並不能斷言 BL 作品都屬酷兒[2]，但也許可以換個說法，BL 的存在本身，就具有酷兒的性質。BL，是可以用如此廣大的視角去思考的類型。

「為什麼 BL 可以成為一種類型，被這麼多人喜愛呢？」

本書將至誠地為讀者導覽，同時也請將個中緣由，與當今社會的狀態並置思考。

最後，對於本書使用的詞彙先做一個簡單的說明。

第 1 章會再詳細論述，所謂「BL」此一類型的用語隨著時代、作品發表媒介不同而不斷變化。像是本書標題所述「BL」，曾經僅指稱商業作品，但如同前述，如今已常被用來當作描繪男男關係的二次創作、漫畫、小說及種種相關事物的類型總稱。本書在闡述歷史的過程中，相當著重於當時使用的名稱與現今不同，又或是相同名稱卻因時期、使用方式具有不同的意涵等種種問題。

因此，在本書中，「BL」指的是整個類型全體的總稱，其他則依照作品時代，分別使用「少年愛」、「JUNE／耽美」、「YAOI」、「BL」來指稱（引用文獻時則依原文呈現）。此外，現在多稱之為「二創」、「同人」的二次創作作品，

本書則以「YAOI」來指稱。也許有讀者對這個較為古早的說法感到不習慣，不過因為「YAOI」這個用語帶有自嘲的意涵，也包含性愛描寫、男男性愛妄想等涵義，考量到這些面向，本書才決定用包含了多重意象的「YAOI」來指稱二次創作作品。

　　期望本書可以幫助在廣泛且深邃的 BL 研究大海中航行的各位一臂之力。

堀亜紀子

.

1. 編註：「Boy's Love」為和製英語，本書為保留原意，均使用 Boy's Love 指稱 BL。
2. 註：　　這裡所用的酷兒（Queer），是指批判「只把特定的性的方式視為『正常』，之外的都定位為『脫逸』的他者化的思考方式」的觀點（菊池等 2019:5）關於酷兒，請參見第 7 章。

※譯註：著作皆為暫譯

堀亜紀子（Hori Akiko）　　編者、第4章（第2-3節）、第8章、第12章

1968年生，關西大學等兼任講師、關西大學人權問題研究室兼任研究員。大阪大學研究所人間科學研究科博士前期課程畢業，碩士（人間科學）。

研究領域：性別、性、視覺文化

主要著作：《欲望符碼──從漫畫看性的男女差異》（欲望のコード──マンガにみるセクシュアリティの男女差），臨川書店，2009，〈媒體的女性表現與網路炎上──以討論場域之社群網路為核心〉（メディアの女性表現とネット炎上──討論の場としてのSNSに着目して），《性別與法16》（ジェンダーと法16），2019

藤本由香里（Fujimoto Yukari）　　第1章

1959年生。明治大學國際日本學系教授。東京大學教養學系教養學科畢業。

研究領域：漫畫文化論、性別與再現

主要著作：《何處才是我的容身之處？──少女漫畫反映的心理狀態》（私の居場所はどこにあるの？──少女マンガが映す心のかたち），學陽書房，1998，《少女漫畫魂──反映現代的少女漫畫完整導覽＆訪談集》（少女まんが魂──現在を映す少女まんが完全ガイド＆インタビュー集），白泉社，2000

石田美紀（Ishida Minori）　　第2章

1972年生。新潟大學經濟科學系教授。京都大學研究所人類‧環境研究科學博士後期課程畢業，博士（人類‧環境學）。

研究領域：視聽覺文化論

主要著作：《祕密教育─「YAOI‧Boy's Love」前史》（密やかな教育──「やおい‧ボーイズラブ」前史），洛北出版，2008年、Sounds and Sighs: 'Voice Porn' for Women. Jaqueline Berndt, Kazumi Nagaike and Fusami Ogi eds., *Shōjo Across Media: Exploring "Girl" Practices in Contemporary Japan.* New York: Palgrave Macmillan, 2019

西原麻里（Nishihara Mari）　　第3章、第10章

1984年生。愛知學泉大學家政學系講師。同志社大學研究所社會學研究科博士後期課程退學，博士（媒體學）。

研究領域：漫畫研究、媒體研究、社會學

主要著作：《漫畫文化的55個關鍵字》（マンガ文化55のキーワード，共同編著），Minerva書房，2016年、〈用漫畫的／來思考性別〉（マンガの/で，ジェンダーを考えること），小山昌宏、玉川博章、小池隆太編，《漫畫研究13講》（マンガ研究13講），水聲社，2016

守如子（Mori Naoko）　　編者、第4章（第1節）、第5章、Column⑥

1972年生。關西大學社會學系教授。御茶水女子大學研究所人類文化研究科博士課程畢業，博士（社會學）。

研究領域：社會學（性別與性）、媒體研究

主要著作：《女性的色情閱讀——女性的性欲與女性主義》（女はポルノを読む: 女性の性欲とフェミニズム），青弓社，2010、《為教養而學的性研究》（教養のためのセクシュアリティ・スタディーズ，共同著作），法律文化社，2018

石川優（Ishikawa Yu）　　第6章

1982年生。大阪市立常學研究所文學研究科都市文化研究中心專案助教。大阪市立大學研究所文學研究科後期博士課程畢業，博士（文學）。

研究領域：文學理論、粉絲文化研究、漫畫研究

主要著作：〈「YAOI」的故事生成——從故事世界觀與主軸角度來看〉（『やおい』における物語の生成——物語世界と筋という視点から），《漫畫研究23》（マンガ研究23），2017、〈關係性文本——「YAOI」誕生的動態性〉（関係性のテクスト——「やおい」における生成の動態性），《表現文化》，10，2017

岩川亞里莎（Iwakawa Arisa）　　第7章

1980年生。法政大學國際文化學系副教授。東京大學研究所總合文化研究科博士課程學分修滿退學，碩士（學術）。

研究領域：現代日本文學、酷兒評論、創傷研究

主要著作：〈名字的贈禮——以「親愛的貓毛」系列為核心〉（名前の贈り物：「いとしの猫っ毛」シリーズをめぐって），《Eureka 50（16）》（ユリイカ），2018、〈我想行走街區——Inbekaori（インベカヲリ）★「不理想的貓咪」論〉（私は街を歩きたい——インベカヲリ★「理想の猫じゃない」論），《JunCture：超越的日本文化研究10》，2019

東園子（Azuma Sonoko）　　第9章

1978年生。京都產業大學現代社會學系副教授。大阪大學研究所人間科學研究科博士後期課程畢業，博士（人間科學）

研究領域：社會學（文化社會學、性別論）

主要著作：《寶塚‧YAOI‧愛的置換——女性與大眾文化的社會學》（宝塚・やおい、愛の読み替え——女性とポピュラーカルチャーの社会学），新曜社，2015、〈2.5次元粉絲如何閱聽舞台劇——與寶塚粉絲比較〉（2.5次元ファンの舞台の見方——宝塚ファンとの比較から），《美術手帖》，2016

木川田朱美（Kikawada Akemi）　　第11章

1984年生。京都精華大學共通教育機構專案講師。筑波大學研究所圖書館情報媒體研究科博士後期課程學分修滿退學。

研究領域：圖書館資訊學
主要著作：〈國立國會圖書館之色情書籍收藏狀況〉（国立国会図書館におけるポルノグラフィの納本
　　　　狀況，共同著作），《圖書館界61（4）》，2009

前川直哉（Maekawa Naoya）　　第13章

1977年生。福島大學教育推進機構專案副教授。京都大學研究所人類・環境學研究科博士後期課程
學分修滿退學，博士（人類・環境學）。
研究領域：性別、性的社會史
主要著作：《男性的羈絆──從明治的學生到Boy's Love》（男の絆──明治の学生からボーイズ・ラ
　　　　ブまで），筑摩書房，2011、《「男同性戀者」的社會史──認同的接受／出櫃》（「男性
　　　　同性愛者」の社会史──アイデンティティの受容／クローゼットへの解放），作品社，
　　　　2017

金孝真（Kim Hyojin）　　第14章

1974年生。首爾大學日本研究所助理教授。哈佛大學人類學博士。
研究領域：文化人類學、日本研究
主要著作：〈同人誌文化的全球化與韓國的女性同人──以2000年代之後為中心〉（同人誌文化のグ
　　　　ローバリゼーションと韓国の女性同人──2000年代以降を中心に），大城房美編，《女
　　　　性漫畫研究──MANGA串連歐美・日本・亞洲》（女性マンガ研究──欧米・日本・ア
　　　　ジアをつなぐMANGA），青弓社，2015、〈女性主義的時代，重新提問BL的意義──探
　　　　討2010年代韓國網路去BL言論〉（フェミニズムの時代、BLの意味を問い直す──2010
　　　　年代韓国のインターネットにおける脱BL言説をめぐって），James Welker編，《BL開啟
　　　　的門──變遷的亞洲之性與性別》（BLが開く扉──変容するアジアのセクシュアリティ
　　　　とジェンダー），青土社，2019

Column

① 倉持佳代子（Kuramochi Kayoko）　京都國際漫畫博物館研究員
② 田原康夫（Tahara Yasuo）　學習院大學研究所人文科學研究科博士後期課程
③ James Welker　神奈川大學國際日本學系教授
④ 田龜源五郎（Tagame Gengorou）　漫畫家、同志・情色・藝術創作者
⑤ 須川亞紀子（Sugawa Akiko）　橫濱國立大學研究所都市創新研究院教授

■ 架構

本書分成三大部分。想要了解、掌握 BL 與 BL 研究的歷史／概觀的人，請從第一部開始閱讀。第二部整理了多樣的 BL 閱讀與 BL 研究；第三部則討論了 BL 與社會議題的關聯。讀者也可以從自己感興趣的章節、專欄開始閱讀。

■ 索引

各章、各專欄都有附上索引（Index），共分為「歷史」、「作品‧創作」、「媒體」、「粉絲」、「性別‧性」等五類，可從深色標籤得知目前內容的類別。

■ 用語

本書指稱的 BL，為總稱 BL 類型整體的（廣義）BL。也有些地方，是單用來指 1990 年代之後作為商業 BL 所形成的類別（狹義 BL）。二次創作作品以「YAOI」稱之，不過需注意「YAOI」一詞隨著時代、使用者有眾多不同意涵，在有些文章脈絡中，「YAOI」並非皆指稱二次創作作品。

■ 文獻指引

各章節最後皆有附上「◆文獻指引◆給想要學習更多的人」，若想針對該主題、領域深挖閱讀，請務必多多參考。

■ 引用‧參考作品清單

本書最後附上本書參考的 BL 作品、BL 相關作品（漫畫、小說）清單。書中曾直接提及的作品、作者後方放上了頁碼，可對照書中內容閱讀。文獻標記

■文獻標記

本書的文獻標記、引用標記，基本上採用「社會學評論模式導覽」寫法（https://jss-sociology.org/bulletin/guide/）。

■ 參考網站

● BL 研究的文獻清單也可從網站上查詢：
http://www.yuhikaku.co.jp/books/detail/9784641174542

第二部　多樣的 BL 與研究方法

第三部　　BL 與衝突

Column 專欄

第一部　BL 的歷史與概論

第1章　少年愛‧JUNE／YAOI‧BL

各名稱的成立與發展

Keywords　　　　　　　　　　　　　　　　　　　　　● 藤本由香里

少年愛　JUNE　耽美　YAOI　BL〔狹義、廣義〕　少女漫畫　商業誌　同人誌　類型　攻‧受　歷史

　　BL（Boy's Love）——以男男戀愛為主題的女性取向漫畫、小說。此類別誕生自少女漫畫，起初被稱作「少年愛」，之後專門雜誌《JUNE》發行，開始出現被稱作「YAOI」的同人誌等諧擬作品（Parody），受到廣大歡迎，其後商業BL類型確立。此發展過程經歷了數個不同的階段，雖然各階段都以男男間的戀愛或強烈羈絆為主題，這一個共通要素不曾改變，但各歷史進程不論是開始的時期、刊載作品的媒體、核心作者的世代等都大相徑庭。由於各階段都有「男男」這一個共通主題，以至於許多專業論文也不時把這些不同的階段混為一談。像是有論者將少年愛、JUNE的分析視為針對現在YAOI或BL的分析，或將萩尾望都、竹宮惠子等少年愛作者指稱為「YAOI作者」。

　　本章將區分少年愛、JUNE（耽美）、YAOI、BL（商業）四個階段，並依照各自的歷史脈絡進行一一解說。

　　此外，本章也把廣義的BL——描寫男性間性愛與強烈羈絆的女性取向的整體作品，與狹義的BL——1990年代之後確立為一特定類別的商業BL做出區分。事實上，男男主題的內容為什麼會出現在女性取向類型中這個「起源」問題，與1970年代誕生的少年愛與JUNE有密切關係。另一方面，1980年代中期後，YAOI與BL（狹義）確立成為一類型，並產生了某種固定模式，讓我們更加關注之後的「發展」。首先必須明確理解，這二階段的方向性大為不同。

1 「少年愛」登場

■ 「少年愛」誕生的經緯

　　一般認為，竹宮惠子刊載於少女漫畫雜誌《別冊少女Comic》1970年12月號的〈雪與星星與天使與……〉（雪と星と天使と…，之後改名為〈在日光室¹〉）是最早意識到「少年愛」而創作的作品。作品中描繪了兩位少年裸體、親吻的畫面，在當時被視為相當激進、刺激的內容。兩位主角可視為竹宮惠子之後少年愛巔峰之作《風與木之詩》（風と木の詩，1976-）的原型，其中一位主角的名字賽吉，也與《風與木之詩》主角名字相同。

　　竹宮在單行本《在日光室》（サンルームにて，朝日Sonorama，1976）的後記表示，朋友M對她說：「就是現在，何不就奮力嘗試一次，直接畫一個少年愛的故事，成為少女漫畫界第一個畫少年愛的人吧。」讓她下定決心，努力發奮畫出這個故事。而這個朋友M，就是打造了大泉沙龍的增山法惠（參見第2章），當時竹宮惠子與萩尾望都同住於大泉沙龍，山岸涼子、笹谷七重子（ささやななえ，現改名ささやなえこ）、佐藤史生、花郁悠紀子等日後的著名少女漫畫家也都在此齊聚一堂。

　　竹宮發表〈雪與星星與天使與……〉後隔年，萩尾望都同樣在《別冊少女Comic》（1971年11月號）發表了另一部少年愛代表作〈11月的文理中學〉（11月のギムナジウム），這部短篇作品也是之後萩尾作品《天使心》（トーマの心臓，1974-，《週刊少女Comic》連載）之前身，當中完全沒有性愛描寫，但最後結束在主角的獨白：「草地上的……那一瞬間……只有那一瞬間是專屬於我倆的世界──托馬斯……」讓少女們陷入瘋狂，甚至在包含男性在內的年輕漫畫粉絲、書評間也大受好評，熱烈的反應就像野火燎原一發不可收拾。接著在1972年，萩尾望都描繪吸血鬼少年艾多加與亞倫彼此相依、跨越時空之旅的不朽名作《波族傳奇》（《別冊少女Comic》）開始連載。

　　1976年，被譽為少年愛作品代名詞的《風與木之詩》開始連載（圖1-1）。

圖1-1 《風與木之詩》第一話開頭內容

出處：翻攝自《竹宮惠子全集 30 風と木の詩 1》，角川書店，1990

　　故事主角為擁有吉普賽血統的黑髮少年賽吉與成長過程特殊的美少年吉爾伯特，除了男男戀愛外，更描繪了強姦、亂倫，毫不保留地描寫出如風暴般強烈、激情的性衝動，並將角色一一捲入，引起社會熱烈的討論。透過這部作品，少女們對「男性間的羈絆」之狂熱情感開始外顯化，之後1978年專屬雜誌《JUNE》創刊，創刊號封面就是竹宮繪製的彩圖。

　　之後，出現了眾多描寫男男戀愛、強烈羈絆，並獲得高度好評的作品，包含木原敏江作品《摩利與新吾》（摩利と新吾，1977-，《LaLa》連載）——以日本殘留著陽剛氣息的舊制高中為舞台，描寫二位宛如命運共同體，總是形影不離、被稱作「花樣組合」少年間強烈羈絆的故事，以及將聖德太子描繪

為擁有稀世美貌與超能力，並和蘇我毛人陷入愛戀的山岸涼子名作《日出處天子》（日出処の天子，1980-，《LaLa》連載）等。山岸之前也曾以謎樣美少年米歇爾・杜特華為主角，發表了《Guessing Game系列》（ゲッシング ゲーム，1972-，《月刊Seventeen》不定期連載，完整版收錄於《綠色康乃馨》〔グリーン カーネーション〕中），其中也有包含床戲在內的男男戀愛描寫。

由此可知，被譽為少年愛漫畫代表作的作品中，許多都是1949年（昭和24年）左右出生的作者所繪，他們就是所謂的「花之24年組[2]」。1970年代初期，竹宮惠子與萩尾望都透過共同朋友增山法惠介紹，搬到增山家對面一起生活。該住處被稱作大泉沙龍，許多傾心萩尾、竹宮作品的年輕女性漫畫家都聚集在這裡，成為漫畫家交流的場域。竹宮積極邀請、介紹自己認為「這個好！」的作者們進入《少女Comic》連載，她更認為「花之24年組」一詞是她們主動提出的說法（竹宮 2001：250-4）。換言之，少年愛作品起初就是以萩尾、竹宮為核心，主動在大泉沙龍內打造起的風潮，之後隨著「花之24年組」作者們顯著的活躍及作品的好評，逐漸擴散至一般大眾。

■ 「男男」題材的變化

上述的作品可謂是少年愛作品脈絡下的代表性產物，但少女漫畫雜誌中，還有許多一般而言不會被歸類到少年愛內容，卻也接收此潮流，融入男男元素的作品，展現出不同形式的發展。

像是青池保子的《夏娃之子》（イブの息子たち，1975-，《公主》連載）、魔夜峰央的《妙殿下》（パタリロ！，1978-，《花與夢》〔花とゆめ〕連載）等作品，雖是與少年愛的基本調性不同的喜劇，卻也在同時期描繪了美少年、男男間的愛戀及強烈羈絆之故事。這樣的變化、嘗試，也許同時影響了之後的YAOI作品（後述[3]）。說到喜劇，萩尾、竹宮相當活躍的《別冊少女Comic》也有岸裕子的《玉三郎戀愛狂騷曲》（玉三郎恋の狂騒曲，1972-）、名香智子的《花樣美女姬》（花の美女姫，1974-）等作品，都是以美少年為故事核心、

描繪男男關係的人氣作品。

此外，大島弓子與萩尾、竹宮並列，同為活躍於該雜誌的「花之24年組」作者，不過大島的作品即便以少年為主角，也不會將男男羈絆設定為故事核心。然而其代表作《香蕉麵包布丁》（バナナブレッドのプディング，1977-，《月刊Seventeen》連載）卻呈現出「讓世間感到羞愧的男色愛好者」之重要題材，大島在之後收錄於《憧憬大島弓子》（大島弓子にあこがれて，福田等，2014）的散文漫畫中，也表明自己其實擁有現今所謂的腐女視角。

1970年代後半起，《LaLa》、《花與夢》等白泉社系列雜誌開始刊載以男男關係為題材的作品。前述的《摩利與新吾》、《日出處天子》（皆於《LaLa》連載）都是少年愛代表作品，之後《LaLa》更是培育出以《馬加洛物語》（マルチェロ物語）聞名的樹夏實（樹なつみ，之後連載了《出雲傳奇》）、因《傑克＆艾利系列》（ジャック＆エレナ）人氣高漲的清水玲子等，這些都是以「男性二人之間的強烈羈絆」為中心的作品、作者。

另一方面，在長期連載《妙殿下》的《花與夢》中，也有河惣益巳以手腕高超的殺手迪恩與ICPO新進刑警夏魯之間的男男戀情為主軸的國際動作劇作品《雙面間諜》（ツーリング・エスクスプレス，1981-），以及那州雪繪大受歡迎的少年群像喜劇《夢回綠園》（ここはグリーン・ウッド，1986-）等……也都算是此一系統的作品。之後1990年代商業BL（後述）全盛時期，《花與夢》持續連載松下容子《闇之末裔》（闇の末裔，1996-）等作品，其中必須提到的是羅川真里茂的《紐約・紐約》（ニューヨーク・ニューヨーク，1995-），故事以紐約為主要舞台，直接描述了對雙親出櫃的糾葛、愛滋等寫實同志問題。

小學館的雜誌也有許多以少年為主角，描寫男男關係、強烈羈絆的人氣作品，像是吉田秋生的《加州物語》（カリフォルニア物語，1978-，《週刊少女Comic》連載）、《BANANA FISH》（1985-，《別冊少女Comic》連載），以男同志為主角的秋里和國系列作《睡美男》（眠れる森の美男）、《TOMOI》（1986-，皆連載於《Petit Flower》〔プチフラワー〕），均是足以代表此時代的作品。

坐擁青池保子等人氣作品的秋田書店，也靠東宮千子《明色青春的友情》（明るい青少年のための恋愛，1986-，《Bonita》〔ボニータ〕連載）、天城小百合《魔道奏鳴曲》（魔天道ソナタ，1986-，《公主》連載）等作品而相當受歡迎。此外，連載眾多科幻作品的《WINGS》、《SOUTH》（サウス，皆為新書館出版）也與男性主角相當合拍，後述的YAOI同人誌出身作家——高河弓（高河ゆん），便在此連載了她的《天使夜未眠》（アーシアン，1987-）、《源氏》（1988-）等作品。

1970年代與80年代雖然在風格上略有不同（參見第3章），但上述這些全都是在一般少女漫畫雜誌上發表的作品。由此可知，過去是否曾刊載過少年愛系列、美少年系列人氣作品，與該雜誌之後是否能孕育出以男男強烈羈絆為主軸的人氣作品，息息相關。無論如何，可以確定的是，描繪男男愛戀的女性取向作品（廣義的BL）最早是由少女漫畫起始的。

2　專門雜誌《JUNE》創刊

■　《JUNE》創刊

前述少女漫畫中的少年愛作品受到讀者狂熱支持，特別是竹宮惠子《風與木之詩》的性愛描寫得到廣大迴響。看到市場反響，1978年打著「男男之愛」主題[4]的漫畫雜誌《JUNE》創刊（圖1-2），並由竹宮惠子繪製封面。此雜誌除了招募新手作品外，也進行創作指導——竹宮惠子在雜誌中開設了「繪畫（＝漫畫）教室」單元連載，而描寫女性向男男愛小說先鋒的中島梓，則開設了「小說道場」連載。知名漫

圖1-2　《小說June》100期紀念號
西炯子繪製封面

出處：翻攝自《小說June》100期紀念號

畫家西炯子、津田雅美、羅川真里茂，小說家秋月皓（秋月こお）、江森備、尾鮭Asami（尾鮭あさみ）、榎田尤利等眾多專業作家均是由此發跡（參見第2章）。

　　在此也對中島梓稍加介紹。年紀輕輕就出道，以中島梓之名撰寫評論、散文，並以栗本薰名義撰寫了《豹頭王傳說》（グイン・サーガ）等眾多人氣小說，為知名小說家、評論家。1976年，《風與木之詩》連載開始，同年她以栗本名義發表了〈筒井康隆論〉，在商業雜誌出道，接著又以評論《都築道夫的生活與推理》榮獲偵探小說專門雜誌《幻影城》的新人獎及評論部門佳作。1977年，以中島名義發表的評論〈文學的輪廓〉獲得群像新人文學獎・評論部門獎項，受到極大關注。《溝通不全症候群》（コミュニケーション不全症候群，〔1991〕，1995）是她首次正式評論少年愛、JUNE等主題，她在書中表示，自己大學時代撰寫、1979年出版的《午夜的天使》（真夜中の天使），就屬於此類型的小說。據說，《午夜的天使》是受到澤田研二主演的連續劇《宛如惡魔的他》（惡魔のようなあいつ，1975）啟發，故事主角為一少年，其對象則是成年男性。相較於描寫少年間愛戀的《風與木之詩》，中島認為自己描寫成年男性與少年間之愛，可謂是森茉莉的文學繼承者（中島〔1991〕1995:200-）。

　　《JUNE》初期的封面多以古今東西的文學、電影、繪畫作品為主題，具有較強烈的耽美主義、教養主義風格。某種層面而言，《JUNE》像是喜愛耽美的同好們聚集的少數族群聚集區（Ghetto），特別在雜誌作者、讀者間，多將這類以美少年為核心推展的意象、故事稱作「JUNE」或「耽美」（參見第2章）。在中島梓的《溝通不全症候群》中，就使用了JUNE小說、JUNE類型這樣的說法，竹宮惠子也在《竹宮惠子漫畫教室》將描繪以美少年為主的男男愛彩圖，稱為「JUNE繪」。

■ 《JUNE》與初期角川RUBY文庫

不過，1980年代後半，後述的「YAOI作品」在同人誌中爆炸性地流行起來，90年代，Boy's Love（BL）成為一商業類型，老牌雜誌《JUNE》要維持命脈愈來愈困難了。1996年，「大JUNE」（原本的《JUNE》因以漫畫為主，開本較大，被稱作大JUNE）停刊，「小JUNE」（《小說JUNE》）也於2004年停刊。

在此必須注意的是，之後成立的BL類型（狹義）代表書系之一——角川RUBY文庫，其早期的作品大多是曾在《JUNE》連載的小說，像是栗本薰《永不結束的情歌》（終わりのないラブソング）、秋月皓《富士見二丁目交響樂團系列》、尾鮭Asami《達達＆一也系列》（ダダ＆一也）等。參考藤本純子分析RUBY文庫的論文（藤本2003）所整理出來的表格，可見RUBY文庫初期（1992-95）近半數都是曾在JUNE刊載的作品（若將後藤忍〔ごとうしのぶ〕的《託生君系列》〔タクミくん〕等原本是同人誌，之後在《JUNE》連載的作品也算進去的話，則超過半數）。

無論如何，少年愛與JUNE這個類型深入地催生了日本描寫男男之愛、男性間強烈羈絆的女性取向作品、並不斷深化進而受到支持的過程，詳細狀況我們將留待第5章的學說史再來詳述。事實上，此類型的誕生與「女性生存上的艱困狀況」息息相關，從現在2020年來看那已經五十年前的往事，可以想像當時女性在社會上受到的壓抑更勝現在。也因此，當時少女漫畫中出現的少年比起男性，更像是被定位於「（姑且）不是女性的角色」，與飽受壓抑的女性形象強烈斷裂開來，並作為少女的分身。當然，其中也有像是青池保子作品那般不在此類的作品。

接著1980年代後半興起的YAOI、90年代之後的商業BL（狹義的BL），隨著作品調性轉向開朗明快，更加強調、享受角色「男性的性」的作品逐漸增加。1970年代誕生、描寫男男戀愛故事的女性取向作品（廣義的BL），進入1980年代後半之後迎來了嶄新的局面。

3 「YAOI」的誕生——「男性間的愛」展開

■ 《RAPPORI（らっぽり）YAOI特集號》

　　相較於1970年代誕生的少年愛、JUNE，1980年代後期成為一類型的「YAOI」，基本上指的是發表於同人誌的作品。YAOI原是同人作品自嘲式的評價，即「沒有高潮（やまなし＝YA）、沒有迭起（おちなし＝O）、沒有意義（いみなし＝I）」（只是一股腦地畫出自己想畫的東西，故事沒有高潮迭起、起承轉合，也沒有意義）的字頭縮寫，此詞語首次問世，可追溯到波津彬子主責的同人誌《RAPPORI（らっぽり）YAOI特集號》（1979）。

　　波津彬子和其姊花郁悠紀子都是漫畫家，花郁悠紀子出道前曾擔任萩尾望都的助手，才能相當被看好，卻年紀輕輕就過世了。「YAOI」一詞起初是在波津姊妹們的同鄉漫畫家好友——坂田靖子主責的同人誌《LOVELY》（ラヴリ）中，同人作者M的作品《夜追》（夜追い，發音同YAOI）中出現。這是一部風格相當獨特、不可思議的作品，作者開玩笑表示這部作品「沒有高潮沒有迭起沒有意義」，眾人覺得這句話很有意思，便舉行了一場座談會討論「最近讓社會騷動不已的『YAOI漫畫』」（不過此時知道這一詞的，其實只有《LOVELY》同人誌而已），接著坂田、花郁紛紛投稿，由波津彬子擔任責任編輯，發了《RAPPORI YAOI特集號》，這便是YAOI起源的經緯。此同人誌收錄的全都是原創作品，而非二次衍生創作。當時包含《LOVELY》在內，眾多同人誌都是以成為職業漫畫家為目標，《RAPPORI》卻像是率先掌握了之後的潮流，純粹以「好玩」為目的[5]。

　　YAOI一詞起初在《LOVELY》同人誌內流行，其後擴張到整個同人誌界，不過當時並非專門指稱男性間的性愛描寫，而是一般同人作品沒高潮沒迭起沒意義的自嘲用語。到了1980年後半，Comic Market等同人誌即賣會中出現了眾多《足球小將翼》的諧擬作品（因並非以搞笑、戲謔為前提，因此現今多不稱之為諧擬，而稱為二次創作）將作品中的男性角色二人設定為戀愛關

係，獲得爆炸性的人氣，YAOI的意涵也隨之改變——此一時期開始，YAOI成為指稱將既有（少年向）漫畫、動畫中的兩個角色取出，描寫該角色們之間超越友情關係的二次創作作品（包含小說）之詞語，並被廣泛地認知[6]。

此外，YAOI的用法還包含指稱性愛描寫，特別是激烈性愛描寫之作品。像是野火Nobita（野火ノビタ）在《大人們都不了解》中，以「內含YAOI」指稱「內有性愛描寫」（野火 2003:232-3）。

YAOI原本就是同人用語，無論什麼面向，多少都傾向於將引發CP妄想的內容稱作YAOI。另一方面，也有人將YAOI推到最廣義化的用法，把之後成立的「Boy's Love＝BL」商業類型、之前的少年愛等所有女性取向的男男愛作品，全都稱為YAOI（這樣的用法至今依然存在）。這樣廣義的用法可以說招致了論述上的混亂，關於這部分筆者將於次節詳述。

■ 「攻・受」規則確立

1980年代後半因《足球小將翼》二次創作風潮，YAOI被推上高峰，如今在外國也相當知名的「攻・受」規則在此時逐漸普及化。也就是兩名男性角色中，一方被設定為「攻」（主動、去愛、插入的一方），另一方為「受」（被動、被愛、被插入的一方）的「標準規則」[7]（參見第3章）。

同人誌即賣會中，參加社團的攤位配置基本上是依循作品CP，特別是誰是受來決定。將既有作品中的兩個角色取出，決定攻・受後創作為作品，這樣的規則具有極高的遊戲性，和從零開始思考設定、構想原創故事內容相比，創作的門檻大幅下降，這也是必須關注的重點之一（參見第6章）。

設定、角色、故事都是現成的，不需要自己創作，不用在意故事的高潮迭起、收尾、意義，只要選擇自己喜歡的兩個角色，描寫自己喜歡的場景就好，不會畫圖那就寫文章。要出道成為職業漫畫家，或是要投稿《JUNE》被採用、刊登，可能需要一定程度的才華，但在YAOI同人誌上互相交流、把某部作品的角色分為攻・受，和朋友一起討論，這是任何人都能參與的遊戲。

選擇誰跟誰成為CP、決定誰是受——擁有相同選擇、有志一同的「同志」出現，社群就此誕生（參見第9章）。在女性向的男男愛戀作品中，誕生於二次創作「YAOI」的攻‧受規則，與完全原創作品為主的少年愛、JUNE不同，為一全新的展開。

於此特別舉出歷史上具有特殊位置的作品——尾崎南的《絕愛—1989—》為例。尾崎南原是《足球小將翼》二次創作同人作家，具有無人能及的超高人氣。尾崎自1989年起在《瑪格麗特》（マーガレット）中連載《絕愛—1989—》，及其續篇《BRONZE zetsuai since 1989》（1991-）。雖然角色、故事都完全不同，但此系列作品無疑是以《足球小將翼》的人氣CP二次創作為基礎所創作，並透過在《瑪格麗特》連載，獲得粉絲們狂熱的支持，翻譯成多國語言，進軍華語圈、美國、法國，也點燃了日本BL在外國的人氣。此作品雖然連載於少女漫畫雜誌，但以脈絡來看明顯是屬於YAOI體系。

4 「BL：Boy's Love」類型確立

■ 1990年代——專門雜誌相繼創刊

於是，商業出版社注意到同人誌YAOI類型人氣高漲，1990年代初期起，專門刊載女性向男男戀的漫畫、小說作品的雜誌、書系一一問世。當然，商業刊物不能刊載既有作品的二次創作，因此全是原創故事，不過常會委託同人誌的人氣作家來執筆。

此一時期，此類型還沒有一個固定稱呼，各出版社都有各自的名稱。1991年12月白夜書房創刊雜誌《Image》（イマージュ），在封面上打上了「BOY'S LOVE COMIC」等文字，率先使用了「Boy's Love」一詞。

漫畫情報誌《Pafu》（ぱふ）1994年8月號推出Boy's Love特集，將整個類型稱作Boy's Love。不過此時這個稱呼尚未固定，該雜誌1996年6月號再次以此主題推出特集，Boy's Love也依然沒有普及。一直到約兩年後，《Pafu》企

劃介紹新人作家的連載單元「Boy's Love New Wave」，才終於讓此稱呼一口氣普及了起來[8]。（參見第3章）

換言之，之後被稱作Boy's Love（BL）的商業類型，是在1990年代初期誕生，但一直到90年代後半才普及，成為指稱此類型整體的代名詞，最終到了90年代末期，此說法才總算固定、確立。

先不論稱呼，進入1990年代後，女性向男男戀作品成為坐擁專門漫畫雜誌、小說雜誌、單行本書系的商業類型，確實攻占了書店的一角。與此風潮相反，描寫男男戀的作品卻逐漸從一般少女漫畫雜誌中消失。然而相反地，進入21世紀後，吉永史（よしながふみ）、山下知子（ヤマシタトモコ）、雲田晴子（雲田はるこ）等BL作家，卻開始描繪起一般漫畫作品，大放異彩，並刊載於少女向、青年向等各式各樣的一般漫畫雜誌中。YAOI、BL成為孕育全新才能的搖籃。

歷經了充滿遊戲性的攻・受規則YAOI同人誌，1990年代，商業BL作品類型確立。此類型和至今以《JUNE》為基調的作品相比，特徵在於更為開朗且強調娛樂性[9]。（參見第3章）也就是說，1980年代之後YAOI、商業BL的發展，沿襲了類型的攻・受規則，嘗試做出能吸引同好的作品，是一新的開展。

而在《JUNE》的章節中提到的角川RUBY文庫，於1992年12月從角川Sneaker文庫獨立出來，並成為專門發行BL作品的小說系列書系。如同前述，RUBY文庫初期收錄的作品多是曾在《JUNE》連載、刊登的作品，根據藤本純子調查，進入2000年代後，早期RUBY文庫為數眾多的「心理創傷」、「以死亡為主題」的故事大幅減少，原本隨處可見的「對等關係」也跟著式微，攻與受的屬性落差開始增加（藤本 2003）。「相較於早期整體的20%（九部）結局皆為分手、死別設定，2007年調查對象作品中，共有六十五部的結局都暗示了主角們的關係會永遠持續，為圓滿的好結局。」（藤本 2007:92）

由此可見，即便同為專門雜誌，《JUNE》的作品多為「耽美且嚴肅」的調性，商業BL確立後，「輕鬆、圓滿結局」的作品增加。如今《JUNE》停刊，

BL 這個用語已固定、普及，人們常會依照作品的風格，將嚴肅的作品稱作
JUNE，輕鬆明快的作品稱作 BL。此外，雜誌《JUNE》刊載的作品多含有較
強烈的作者個人風格、自我表現，而商業娛樂性 BL（狹義），則多是依照該
書系、雜誌編輯的固定風格來設定故事發展[10]。

■ 同語使用區分與論述混亂之狀況

如同前述，「Boy's Love」（BL）一詞基本上確立於 1990 年代之後，明確指
稱女性取向、描寫男男愛戀之作品。相對於此，「YAOI」基本上指的則是同
人作品，特別是將既有作品中的男性角色擷取出來，描寫他們之間的性愛關
係之二次創作。不過如同最廣義用法的「YAOI」，之後出現的「Boy's Love」
（BL）也有廣義的用法，指稱所有女性向男男戀作品。換言之，在女性取向
描寫男男愛戀的這個類型中，後期出現、或敘事者最熟悉的用語，常會涵蓋
了先來後進的各種類型，用來指稱所有描寫男男愛或男男間強烈羈絆的廣義
意涵。

這樣的傾向也讓少年愛、JUNE、YAOI、BL 等各種論述、用語混淆在一
起。分析者必須敏銳地解讀某人論述時使用的用語，實際上是在討論哪一個
類型。像是中島梓在《溝通不全症候群》中多是使用 JUNE 一詞，但在其續集
《達拿都斯的孩子們》[11]（タナトスの子供たち，中島〔1998〕2005）卻一貫使
用 YAOI 一詞。在中島的論述中提到的 YAOI 分析對象作品，其實大都不是同
人作品，而是 JUNE 系統作品以及早期的原創 BL 作品，也就是說，在中島那
裡兩個用語指稱的都是相同類型作品。

最近常會看到有人批判，認為過去的評論、研究，想法都太過時、帶有
偏見，看不到新的事物，也跟不上現在的 BL 作品。然而，評論主要分布在
1970-80 年代的少年愛作品之論述，無法符合 21 世紀 YAOI 二次創作或商業
BL，是非常合理的事。與其說是評論者的想法過時，應該著眼在兩者評論的
對象、年代本來就大相徑庭。如同 19 世紀的英國文學分析，也無法直接硬搬

來分析20世紀英國文學。同樣地，BL漫畫的分析，也不盡然能直接用來分析BL小說，相反亦然。我們必須隨時注意這些論述的分析對象究竟是誰。

至於外國的分析論述，情況就更複雜了。英語圈的Boy's Love，如同字面上的意涵，多讓人聯想到少年性愛愛好者，因此書店對描寫男男性愛及強烈羈絆的作品多以YAOI來分類。不只英語圈，法國的書店也可看到YAOI分類專區。歐美在使用BL一詞時，多是用以下的方式分類與理解：「BL指的是女性向、描寫男男之愛的一般故事、YAOI含有性愛描寫、Shōunen-ai（少年愛）則無性愛描寫」。另一方面，華語圈則多用「耽美」作為總稱，但各社群的用語皆不盡相同，必須特別注意各國、各地區不同的用法。

表1-1整理了少年愛、JUNE、YAOI、BL的不同。由此表可看出，四個分類的發表年代、作者年代、刊載媒體都各不相同。少年愛、JUNE為發展初期的歷史性用語，YAOI和BL則是現在進行式的用語。即使同為「男性間之愛」，各自指稱的範圍也不盡相同。若有心想要研究BL，就必須敏銳地掌握這些差異。

表1-1 女性取向「男性間之愛」的四個階段·四個區分

少年愛	1970-80年代，刊載於少女漫畫雜誌。 以竹宮惠子、萩尾望都、山岸涼子等「花之24年組」為核心。
JUNE	刊載於雜誌《JUNE》(1978-96)，也稱作「耽美」。 （即使不是刊載於《JUNE》的作品，若風格為《JUNE》系統，也會被稱作JUNE。）
YAOI	1980年代後半以來，因《足球小將翼》的二次創作風潮起急速擴張。 基本上指稱同人作品與既有作品的二次創作。 有「攻·受」規則。
BL (Boy's Love)	1990年代之後，確立為一商業類型。 為非二次創作的原創商業作品。 有「攻·受」規則。

◆文獻指引◆ 給想要了解更多的人（譯註：書名／篇名皆為暫譯）

①可兒洋介，2013，〈「24年組」相關的二個運動體——增山法惠的「大泉沙龍」與迷宮「狂熱者運動體」〉，《漫畫研究》19:29-54。

「24年組」一詞依論述者不同，使用方法都會有所不同。該文章對「24年組」一詞如何誕生，在哪些運動中流傳、固定下來，有相當詳細的考據與論述。

②藤本由香里，2000，《少女漫畫魂——反映現在的少女漫畫完全導覽＆訪談集》，白泉社。

該文章收錄了將少年或少年間的關係，描寫為精彩漫畫的漫畫家們的長篇訪談，包含清水玲子、羅川真里茂、吉田秋生、秋里和國、高口里純、榎本成子（榎本ナリコ，野火Nobita）、萩尾望都以及三浦健太郎等。

③永久保陽子，2005，《YAOI小說論——為女性設計的情色表現》，專修大學出版局。

該書並非從至今主流的心理、社會學分析來看「為什麼少女們會被男生們的性愛所吸引」，而是透過統計分析，從本質上不同的方式，來轉換提問：「男男這個形式可以帶來怎樣的可能性」。

〈註〉

1. 這並非第一部少女漫畫中出現的男男同性戀愛相關作品，之前還有水野英子的《Fire!》（1969-，《週刊Seventeen》連載）。《Fire!》以1960年代晚期反叛的年輕族群為背景，男主角亞倫為美國反主流文化的搖滾歌手、雙性戀，因此故事中也描寫了男性間的性關係。不過其中男男關係為描繪美國同志文化的一環而設計，與竹宮惠子、萩尾望都等人想要呈現的主題脈絡不同。
2. 有關「花之24年組」，可參考可兒洋介（2013）的論文，是目前最詳盡、正確的論述。
3. 關於這一點，1970-80年代的少女漫畫中描寫到「男性間的愛」之作品，有連結到「男裝少女」嚴肅題材系統，也有「女裝少年」的喜劇系統。少年愛作品中男裝少女系統為多，而之後的YAOI、BL則有許多是接收了另一系統女裝少年影響的作品，因此在此提出。（藤本由香里1991。「男裝少女」、「女裝少年」的歷史進程請參考藤本〔1998〕2008）
4. 竹宮惠子曾表示，《JUNE》的主題並非僅限於「描寫男男之愛」，而是「描寫人性的雙面性」。（竹宮2001）
5. 上述內容為筆者直接詢問波津彬子本人得知的內容，收錄於波津（2010）當時的對談中。此外，在波津（2001、2013）中也有相同的敘述。
6. 《足球小將翼》並非第一部被二次創作為含有性描寫作品的既有作品。從Comic Market最早期開始，就有《波族傳奇》的性描寫諧擬作品《波魯一族》（譯註：波魯在日文中，與「情色」的略稱同音），也有將長濱忠夫導演作品《勇者萊汀》（勇者ライディーン）中的王子沙金等「美型敵方角色」作為主角的同人誌，或是鋼彈的諧擬作品《夏亞出世物語》等，都相當知名。不過1980年代後半的《足球小將翼》二次創作宛如野火燎原，以此前不曾出現的規模大肆擴張。
7. 像是高口里純的《幸運男子》（Lucky君，1989-，《mimi Excellent》〔mimi エクセレント〕連載）中，已經有女性角色問道：「斑君和昂君，誰是受？」。高口成為職業漫畫家為時已久，但她很早就熟悉YAOI同人誌文化（參照藤本2000訪談），也曾描繪BL連續劇CD中兩位男性聲優為主角的《就要叫出來！》（叫んでやるぜ！，1995-，《CIEL》連載）等作品。

8. 根據《Pafu》（ぱふ）總編輯竹內哲夫所述。此外，收錄於《Pafu 三十年史》手冊的歷代總編輯座談會中，也刊載了相同的內容。竹內在mixi日記中也有提到相同的內容，但如今他已刪除mixi帳號。

9. 像是曾受委託負責編輯《Image》（イマージュ）的（有）すたんだっぷ・荒木立子（＝BL作家白城Ruta〔白城るた〕），之前就曾發表了以兩名開朗男子為封面的同人誌《BOY BEANS》，她表示比起耽美作品，自己更喜歡「男孩子間開朗的戀情」。此外，《Magazine BE × BOY》20週年紀念特集網站上，刊載了創刊時的編輯（現Libre〔リブレ〕出版社社長）牧（太田）歲子與《BE・BOY GOLD》總編輯（當時）岩本朗子的對談「編輯回顧Magazine BE × BOY的20年」（現在連結已失效），當中牧表示：「耽美的作品大概佔七至八成，其中二至三成是校園物語，我發現為了那三成我已經付了七百日圓左右（笑）。男孩子間的戀愛作品的確是從耽美起始的，但我總擅自認為，讀者們想看的應該是更貼近現實生活的作品吧（笑）」。

10. 中島梓在《小說JUNE》停刊後，依然個人經營私人教室「小說道場」，筆者曾擔任來賓參加課程，實際聽到在場的職業BL作家們有類似的發言。此外，學生們也表示，自己想寫的不是Boy's Love系統的故事，《JUNE》停刊後現在除了同人誌沒有其他地方可以發表作品，覺得很苦惱。Suzuki（2015）的論文也寫到有讀過BL作家（小說家）們發表過相同的論述。

11. 監校註：Thanatos是希臘神話中的死神，羅馬神話中稱為Mors。中島梓的《タナトスの子供たち―過剰適応の生態学》一書，是在探討少女們為何會被男男們的戀愛與性關係吸引，中島梓認為這深層的心理背後是「溫柔的拒絕溝通」，以及對「人類為何不可以滅亡？」這種根本性的提問。

〈引用・參考文獻清單〉

・藤本純子，2003，〈「Boy's Love」小說的變化與現在 ―― 從角川RUBY文庫（1992-1995・2000-2003）作品比較分析來看〉（「ボーイズラブ」小説の変化と現在――角川ルビー文庫〈一九九二～一九九五・二〇〇〇～二〇〇三〉作品の比較分析から―），《待兼山論叢》，37:19-52。

・藤本純子，2007，〈從關係性來看BL的現在〉（関係性からみるＢＬの現在），《Eureka 總特集＝BL研究　12月臨時增刊號》（ユリイカ），89-95。

・藤本由香里，1991，〈少女漫畫中的「少年愛」之意義〉（少女マンガにおける「少年愛」の意味），水田宗子編，《新・女性主義評論② 女性與表現――女性主義批判之現在》（ニュー・フェミニズム・レビュー②女と表現――フェミニズム批評の現在），學陽書房（再收錄：2006，《愛情評論――「家族」相關物語》（愛情評論――「家族」をめぐる物語），文藝春秋。）

・藤本由香里，2000，《少女漫畫魂――反映現在的少女漫畫完全導覽＆訪談集》（少女まんが魂――現在を映す少女まんが完全ガイド＆インタビュー集），白泉社。

・藤本由香里，2007，〈少年愛／YAOI・BL――從現今2007年的角度來看〉（少年愛／やおい・BL――2007年現在の視点から），《Eureka 總特集＝BL研究　12月臨時增刊號》，36-47。

・藤本由香里，〔1998〕2008，《何處才是我的容身之處？――少女漫畫反映的心理狀態》（私の居場所はどこにあるの？――少女マンガが映す心のかたち），朝日新聞出版（朝日文庫）。

・Fujimoto, Yukari, 2015, "The Evolution of BL as "Playing with Gender" Mark J. McLelland, Kazumi Nagaike, Katsuhiko Suganuma and James Welker eds., Boys Love Manga and Beyond: History, Culture, and Community in Japan, University Press of Mississippi, 76-92.

・波津彬子，1979，《RAPPORI（らっぽり）YAOI特集號》，同人誌。

・波津彬子，2001，〈波津彬子・坂田靖子 對談訪問〉，《Tears Magazine 特集「兄弟仁義」與其時代》（テ

ィアズマガジン），58。

・波津彬子，2010，〈與藤本由香里對談〉，《波津彬子畫集 萬花筒》（波津彬子画集　万華鏡），小學館。

・波津彬子，2013，〈學術研討會 漫畫與同人誌〉（シンポジウム　マンガと同人誌）發言部分，《漫畫研究》（マンガ研究），19:139-42。

・可兒洋介，2013，《「24年組」相關的二個運動體──增山法惠的「大泉沙龍」與迷宮「狂熱者運動體」》（24年組をめぐる二つの運動体──増山法惠の「大泉サロン」と迷宮の「マニア運動体」），《漫畫研究》，19:29-54。

・中島梓，〔1984〕1998，《美少年學入門》，筑摩書房（ちくま文庫）。

・中島梓，〔1991〕1995，《溝通不全症候群》（コミュニケーション不全症候群），筑摩書房（ちくま文庫）。（現在由天狼Production販售電子書。解說：藤本由香里）

・中島梓，〔1998〕2005，《達拿都斯的孩子們──過度適應的生態學》（タナトスの子供たち─過剰適応の生態学），筑摩書房（ちくま文庫）。

・野火Nobita，2003，《大人們都不了解──野火Nobita評論集》（大人は判ってくれない──野火ノビタ批評集成），日本評論社。

・Suzuki, Kazuko, 2015, "What Can We Learn from Japanese Professional BL Writers?: A Sociological Analysis of Yaoi / BL Terminology and Classifications," Mark J. McLelland, Kazumi Nagaike, Katsuhiko Suganuma and James Welker eds., *Boys Love Manga and Beyond: History, Culture, and Community in Japan,* University Press of Mississippi.

・竹宮惠子，2001，《竹宮惠子的漫畫教室》（竹宮惠子のマンガ教室），筑摩書房。

・竹宮惠子，2015，《少年名叫吉爾伯特》（少年の名はジルベール），小學館；2021，尖端。

・上野千鶴子，1989，〈Genderless World的『愛』之實驗──從少年愛漫畫來看〉（ジェンダーレス・ワールドの「愛」の実験─少年愛マンガをめぐって），《都市2》，都市Design Center。（再收錄：1998，《發情裝置──情色腳本》〔発情装置──エロスのシナリオ〕，筑摩書房。）

第2章　少年愛與耽美的誕生

1970年代的雜誌媒體

Keywords

● 石田美紀

1970年代　雜誌　編輯　讀者　少女漫畫　24年組　少年愛　耽美　JUNE　ALLAN　年輕世代次文化

　　1970年代可謂是YAOI‧BL的前史時期，少女漫畫雜誌中萌生了「女性取向、描寫男男性愛故事」的作品。本章將考察此類型形成的過程，以及雜誌在其中扮演的角色。媒體研究者吉田則昭表示：「報紙以報導為宗旨，使命在於廣泛提供第一手資訊予市民社會；雜誌的對象則限定於對特定主題有興趣的族群，並將資訊加工編輯成更能深度理解的內容」（吉田 2017:12）。

　　此外，雜誌也與廣播、電視不同，「讀者的貢獻度很高，雜誌作為一小媒介（Small Media），與讀者具有強烈『連結』」（:13）。吉田的雜誌媒體特性分析，對思考極具限定性的主題：「女性向描寫男男性愛的故事」，是如何擴展、如何普及化，相當有啟發與幫助。雜誌在此過程中，扮演了讀者們無法忽視的重要角色。本章將關注於組成雜誌的作者、編輯、讀者三者的力學，回顧YAOI‧BL的前史。

1　「少年愛」作品與少女漫畫革命

■　1970年代YAOI‧BL萌芽

　　先不論BL，連YAOI一詞都尚未問世的1970年代初期，女性取向，描寫男男戀愛故事的原型，正悄悄地在少女漫畫的一隅萌芽。

刊載於《別冊少女Comic》1970年12月號的竹宮惠子作品〈雪與星星與天使與……〉，描寫了少年間的戀愛。之後竹宮也間斷地在《別冊少女Comic》發表作品，描寫少年間堅定的關係，竹宮將這些作品稱為「少年愛」。1976年起，竹宮開始在《週刊少女Comic》連載作品《風與木之詩》（1984年連載結束），不只少女們，也引起劇作家、詩人寺山修司、心理學家河合隼雄等男性文化人士的廣大迴響。

萩尾望都在1971年11月號發表了以德國寄宿男子學校為舞台的作品〈11月的文理中學〉，之後又發表了吸血鬼少年為主角的系列作品《波族傳奇》首作〈透明銀髮〉（すきとおった銀の髪，《別冊少女Comic》1972年3月號），接著自《週刊少女Comic》1974年5月5日號起，展開《天使心》的連載。萩尾這一系列以少年為主角的作品，受到以大學生為主、男性讀者居多的廣泛支持，更被評價為「讓漫畫的表現方式更向上提升」（大塚2004）。

此一時期，少年們超越友情關係的主題作品紛紛在《週刊少女Comic》與《別冊少女Comic》亮相並非偶然。接下來就要聚焦在作者、製作人、編輯與讀者這些打造少女漫畫的人們身上，闡述他們各自如何運作，將這些少年們的故事送到世人眼前。

■　作者與製作人

1970年，在萩尾的朋友增山法惠的提議下，還是新人漫畫家的竹宮和萩尾一同住進了大泉的長屋（竹宮等 2016: 160）。有關竹宮和萩尾的介紹，請參考第1章，在此將聚焦於把二人湊在一起、革新少女漫畫界的增山。

增山希望培育少女漫畫成為和少年漫畫具有同等表現力的漫畫，她將自己習慣稱作「Knabenliebe」（德語的「少年愛」）的作品，從描述少年世界的德國文學家赫曼・赫塞（Hermann Karl Hesse）小說，如《車輪下》（1905）、《徬徨少年時》（1919）、《知識與愛情》（1930）開始，到各種相關的文學、繪畫、音樂、電影等相關知識，全傳授給了竹宮和萩尾。

　　二位漫畫家受到增山帶來的新知刺激，嘗試畫起少女漫畫至今不曾涉獵的少年主題（增山 2008: 295-9）。特別是竹宮之前就已深深被稻垣足穗《少年愛美學》（少年愛の美学，1968）感動，進而成為「少年愛」主題的創作核心人物。不過，與稻垣的《少年愛美學》偏愛老少配的權力關係、風俗不同，竹宮的「少年愛」則完全以少年在自由意志下產生的戀愛為主（竹宮 2016: 40-2）。竹宮從少女漫畫之外的作品得到靈感、自由發展，再與少女漫畫的核心主題「戀愛」組合在一起，發展出少年們獨特的世界觀。

　　在「少年」主題的牽引下，竹宮及其製作人增山展開了少女漫畫的革新——借用二人的話，即「少女漫畫革命」（增山 2008: 295），山岸涼子、佐藤史生、笹谷七重子也都參與了這場革命。竹宮和萩尾同住的大泉長屋被稱作「大泉沙龍」，成為年輕女性漫畫家們交流的場域。

　　她們多出生於1949年（昭和24年）前後，自稱「花之24年組」（竹宮 2001: 247-52，參見第1章），也都有自覺要擔起革新少女漫畫推手的責任，一同琢磨起漫畫的表現技巧。

■　遲來的少女漫畫雜誌

　　接著來談談少女漫畫雜誌《少女Comic》和《別冊少女Comic》這二本將竹宮與萩尾的作品，送到世人面前的漫畫雜誌。雖然二部雜誌都是由小學館發行，但其實一直到1968年月刊少女漫畫雜誌《少女Comic》（1969年起每月出刊兩次）創刊為止，小學館都從未正式插足少女漫畫這塊領域。小學館在1959年創刊少年漫畫雜誌《週刊少年Sunday》（週刊少年サンデー），隔年1960年創刊了冠上「Sunday」之名的月刊雜誌《少女Sunday》（少女サンデー，並非漫畫雜誌，而是綜合誌），卻又在1962年停刊。小學館主要經營以少年、少女兩者為主要客群的學年雜誌，他們認為少女漫畫刊載於學年雜誌就好，並未特別看重此一類別。

　　另一方面，講談社和集英社則是很早就開始擴充少女漫畫內容。1954年，

講談社以小學一至三年級為主要讀者層，創刊了綜合雜誌《Nakayoshi》（なかよし）、1955年，集英社同樣以小學低年級為客群，創刊了月刊雜誌《Ribon》（りぼん），這二本綜合雜誌之後逐漸演變為漫畫為主，最後都成為少女漫畫雜誌（別冊太陽編輯部1991: 36）。

1960年代初期，《Nakayoshi》、《Ribon》的讀者逐漸長大，集英社又為這群讀者創刊了《週刊瑪格麗特》（週刊マーガレット，1963年-）。小學館比競爭對手晚了一步才推出《少女Comic》，首先要做的就是確保漫畫家人數。尤其是1970年《少女Comic》轉為週刊，又再創刊了姊妹誌《別冊少女Comic》，編輯部為了尋找足夠的漫畫家費盡苦心（竹宮2016: 19）。最後，這二部雜誌都決定積極採用竹宮、萩尾等新人漫畫家，竹宮也會積極地邀請她覺得「這個好！」的漫畫家到《少女Comic》發表作品，打造出新的潮流（竹宮2001: 251，以及參見第1章）。

■ 作者與編輯的鬥爭

竹宮、增山等人打算掀起少女漫畫革命，再加上之後問世的少女漫畫雜誌《少女Comic》，雙方在1970年交會之際，都已做好準備讓描繪包含性愛場景在內的少年關係少女漫畫，在世人面前嶄露頭角。然而，作者與編輯部並非打從一開始就是並肩作戰。當時編輯部的編輯全是男性，他們無法完全掌握少女讀者們想看的內容。依增山所言，編輯部認為少女們無法理解歷史故事或科幻內容，也不同意讓少年作為主角並登上封面（增山2008: 302-6）。在保守的編輯方針下，作者與編輯經歷了漫長的鬥爭，才終於讓描寫少年間戀愛的竹宮作品〈雪與星星與天使與……〉登上雜誌（圖2-1）。

當時作者刻意隱瞞，一直到快要來不及印刷時才交出與預告完全不同的內容，據說編輯在看到打樣時大為憤怒（竹宮2016: 95-7）。最後因為編輯部沒有可替換的原稿，只好讓這部畫有少年裸體、甚至接吻場景的作品刊載在《別冊少女Comic》上。發行時，作品第一頁印上了編輯部的推薦文，寫道——

圖2-1 〈雪與星星與天使與……〉部分內容

「♥男孩子愛男孩子……描寫特殊的愛戀，竹宮惠子老師力作！！」，這句話也算是編輯部和作者鬥爭戰敗所舉起的白旗吧。

■ 讀者的支持

〈雪與星星與天使與……〉以游擊戰的方式成功出現在讀者眼前，少年愛作品並沒有就此告終，之後竹宮在雜誌上刊載了〈微笑少年〉（ほほえむ少年，《別冊少女Comic》1972年8月號增刊）、〈20的白天與黑夜〉（20の昼と夜，《別冊少女Comic》1973年8月號）、〈Star！〉（スター！，《週刊少女Comic》1974年夏季增刊號）等少年愛短篇作品，之所以可以一再成功刊載，靠的全是讀者的力量。漫畫雜誌設計了讀者投稿欄、讀者問卷、寫給作者的粉絲信函等眾多管道來掌握、觀察讀者對作品的反饋。〈雪與星星與天使與……〉刊登後，竹宮已做好心理準備，認為會接到讀者的反彈，沒想到卻收到了許多支持的

信件，竹宮當時表示「只有滿滿的感謝」（竹宮 1976: 217）。增山也表示：「我們投出了球，讀者馬上用盡所有的力氣把球傳了回來，她們說『我們就是在等這種作品』。因為這和至今的迴響完全不同，編輯部的態度也一百八十度大轉變了。」（增山 2008: 306）。讀者寫信支持作者，也影響了編輯部的判斷與決策。

在此，特別再來詳述讀者支持〈雪與星星與天使與……〉的理由。這部作品並不僅只於主題特別，其敘事手法也是相當嶄新的，開頭的獨白如下：

> 「艾德里爾（Etoile）　艾德里爾　我愛你……　下雪的日子　艾德里爾告別了單方面的戀情　從我的手中　飛走了　只留下燃燒的心給我……艾德里爾　艾德里爾　我曾那麼愛你……」（《別冊少女Comic》1970年12月號：192）

這段獨白是登場人物的台詞，但並非放置於對話框內。背景為從上而下俯視雪中的日光室，畫面中沒有人物，因此讀者並不知道話中的「我」是誰。不過可以知道「我」愛著一個叫做艾德里爾的人，而艾德里爾現在已不在「我」的身邊。翻到下一頁，故事的時間軸回到過去，「我」是一個叫做賽吉的少年，故事描述了他認識艾德里爾的過程，以及艾德里爾雖然愛著賽吉，卻還是選擇了死亡。之後時間軸再次回到現在，隨著賽吉的獨白，賽吉也倒臥在死去的艾德里爾身旁，故事結束。

故事用開頭的獨白讓讀者了解少年為愛所苦的心情，再讓故事回到過去，描述他的愛戀失敗告終的過程。讀者在故事開頭就已經得知，少年間的戀愛並沒有未來，藉此強調少年間悲傷、虛無又夢幻的感情，讀者因此更能敏感地感受登場人物內心細微的情緒，這正是整個故事的精髓。

〈雪與星星與天使與……〉之後竹宮發表的少年愛短篇作品，以及成為她代表作的《風與木之詩》，都共同地以少年的獨白開始、獨白結束。此前，竹宮

幾乎不曾使用過這樣的手法，可見，隨著「少年愛」主題的展開，她對登場人物內心的描寫也更加進化了。竹宮的少年愛作品描寫少年間充滿緊張感的關係，不但主題新穎，故事的完成度也高，因此才能獲得讀者廣大的支持。

■ 為了吸引更多讀者的支持

竹宮的少年愛作品透過讀者的大力支持，成功戰勝了編輯部。然而其作品僅只刊載於發行間隔長、不適合連載的月刊別冊，或是發行次數有限的增刊號上。一直要等到1976年，《風與木之詩》才終於在小學館主打少女漫畫雜誌《週刊少女Comic》上成功連載。竹宮早在1970年12月就有《風與木之詩》的故事構想，並在71年1月就已畫好前五十頁的內容[2]。

雖然編輯部曾多次表示「少年間的戀愛故事想都別想」，始終拒絕刊載《風與木之詩》。然而竹宮沒有放棄，她選擇讓更多的讀者支持她，再去說服編輯。1974年8月起她在《週刊少女Comic》連載古埃及故事《法老之墓》（ファラオの墓），這部作品的主角也是少年，但沒有特別深刻描述其內心世界與獨特的關係性，而是巧妙地利用他與少女們的戀愛，來描寫國家存亡。這是竹宮為了取得讀者問卷投票第一名而精心設計，結合戀愛、動作劇情等多樣元素的娛樂大作。《法老之墓》完結後，竹宮多年來一直渴望繪製的《風與木之詩》終於登上了《週刊少女Comic》本刊。

竹宮在自傳《少年名叫吉爾伯特》中述說了從第一部少年愛作品〈雪與星星與天使與……〉登上《別冊少女Comic》一直到《風與木之詩》在《週刊少女Comic》連載，中間各種苦澀與試煉的過程。此外，她表示「與本刊《週刊少女Comic》不同，別冊的自由度相當高」(:89)，在別冊發表的嶄新主題、手法，透過作者、編輯、讀者三者串連的系統進行篩選、精煉、最終被接納，整個過程中讀者都扮演相當重要的角色。

2 「耽美」的形成

■ 《JUNE》創刊（1978年）

少年愛作品在少女漫畫雜誌體系中成功生存，1978年10月，《風與木之詩》連載進入第三個秋天，Sun出版（サン出版）創刊《Comic Jun》，並在第三號起改名《JUNE》，除1979年9月至81年9月一度停刊外，該雜誌一直持續到1996年，刊行了近二十年。1982年10月，姊妹誌《小說JUNE》創刊，也一直發行至2004年。《小說JUNE》被稱作「小JUNE」，率先創刊的《JUNE》則被稱作「大JUNE」，兩雜誌每個月交互發行。現在的YAOI、BL作品不只漫畫，還涵蓋小說，其源頭可追溯到《JUNE》當時就是同時進行漫畫與小說兩種類型的作品。此外，同人界中也把與該雜誌相關的類型稱作「創作JUNE」、「原創JUNE」，一直到1990年代初期其他出版社加入前，《JUNE》都是女性原創、享受男男性愛物語的據點。《JUNE》可以打造出這般強烈的向心力，是因為它與一般少女漫畫雜誌不同，培養出作者、編輯、讀者三者親密的關係之故。

■ 編輯與作者

首先說明編輯與作者的關係。《JUNE》的創刊，其推手其實是漫畫雜誌《COM》（1967-73）的熱情讀者——漫畫粉絲佐川俊彥。《COM》是標榜「專為漫畫菁英打造的漫畫專業雜誌」，佐川當時對描繪少年世界的「24年組」很感興趣，認為「也就是說，畫的是男性間的故事，但卻是少女漫畫，而且超好看。這到底是什麼？」（2008: 326）。因此他向當時打工的Sun出版提出企劃——「為女性設計的情色，溫和的情色雜誌」（: 327），也就是《JUNE》。其後企劃通過，竹宮認為「作為《風與木之詩》的援助火力，有這樣的雜誌很好」（竹宮 2008: 286），於是積極參與《JUNE》，不只是特別繪製新的故事，更是從創刊號起約十年都一直負責封面彩稿。

《JUNE》的首任總編輯是Sun出版社發行的男同志雜誌《SABU》（さぶ）的總編輯櫻木徹郎（佐川 2008: 327）。有關《JUNE》和《SABU》的關聯，佐川表示：「透過櫻木的介紹，木村Ben（木村べん）先生等《SABU》的作者也都來到《JUNE》發表作品，這是為了告訴這些『心術不正』的女生們，《JUNE》的世界與現實不同，充滿了奇幻。Sun出版同時發行《SABU》，所以也有義務告訴讀者，真正的gay其實不是這樣的，因此刻意多少混了一些偏《SABU》的文章、小說進去」（: 342-3）。的確《JUNE》並非與實際存在的男同志毫無關聯（參見Column④），不過它還是女性創作者與女性讀者所形成的專屬場域，其中談論、描繪的男男愛戀的現象，與「現實」有所距離，也和後述的《ALLAN》的取徑方向有所差異。

有趣的是，《JUNE》既非少女漫畫雜誌，也不是情色雜誌。這也許是因為評論家／小說家中島梓＝栗本薰（下稱中島）從企劃階段就參與之故（有關中島，參見第1章）。中島作為少女漫畫的熱衷粉絲（中島 1978），受到澤田研二主演的電視連續劇《宛如惡魔的他》（悪魔のようなあいつ，1975）中男性角色關係之啟發，開始撰寫以美少年為核心，描寫男人們種種糾葛的長篇小說[2]。《JUNE》創刊後，中島彷彿得到了她專屬的媒體，使用了多個筆名在其中發表小說、專欄，深入描寫了少年間、男性間的性愛故事。

■ 從少年愛到耽美

從少女漫畫界迎來竹宮、從文學界迎來中島，再用佐川的「耽美」一詞整合，《JUNE》的主軸概念（參見第1章 表1-1）就此誕生。創刊號的刊名下方印上英文「AESTHETIC MAGAZINE FOR GIRLS」，用來闡述該刊物的副標題「專為女性打造的耽美雜誌」的概念，並將男性模特兒的照片命名為「耽美」寫真館，多處強調此主題。佐川表示，會選擇此用語，是因為「24年組」筆下的少年個個都是美少年，她們的作品中，美除了是娛樂，同時也具有象徵了理想的功能（佐川 2008: 336）。

《JUNE》加入了電影、動畫、電視連續劇、音樂相關的各種專欄、彩稿、寫真，運用了所有印刷媒體可運用的手段，多樣化地灌注讀者對美少年娛樂之關注（當然其中也含有情色內容）。一直到1990年代初期為止，誕生自《JUNE》的耽美在讀者間，成為了指稱女性們創作來享受之男男性愛故事的代名詞。例如在《耽美小說・男同志文學書籍導覽》（耽美小説・ゲイ文学ブックガイド，柿沼、栗原編著1993）中，便與男同志、女同志小說區分開來，將女性創作、享受男男性愛的小說，稱為「耽美」小說。漫畫上，則傾向將瑰麗纖細的筆觸畫風，在現代評為「耽美」風格（山本＆BL支援者2005:94）。

更重要的是，隨著耽美這一個嶄新的概念問世，不只少年，青年、甚至中年——中島自1981年的復刊號開始連載〈美中年學入門〉——也都被納入此範圍內，捲動了源頭——少年愛之外的種種現象，喚起眾多新的關注，其興盛程度也連結到現在YAOI、BL描寫的多元多樣之男男性愛故事。

3　年輕世代次文化與雜誌創刊

■　雜誌作為表達意見的場域

在竹宮和中島的協助下，打出耽美這個嶄新概念的《JUNE》問世，然而它卻是由「性愛型出版社」（佐川2008: 327）發行創刊，這絕對是個大事件，還是極為符合1970年代風格的事件。不論同人誌還是商業誌，在當時牽引年輕世代的次文化領域中，眾多新雜誌都是由二十多歲的次文化粉絲創刊發行，像是1972年大學生澀谷陽一等人創刊了搖滾同人誌《rockin'on》，1977年成長為人氣商業雜誌。漫畫方面，由漫畫家粉絲、大學漫畫研究社創刊的同人誌相當盛行，其中也有不少之後發展成商業雜誌，像是一直發行到2011年的漫畫情報誌《Pafu》（ぱふ，即雜草社），其前身就是1974年創刊的同人誌。其中需要特別一提的是，1975年第一屆「Comic Market」開辦。關注「24年組」

的漫畫粉絲都集結到即賣會上，關於「24年組」作品的同人誌就在參加者之間熱絡地流通。

對當時的年輕世代而言，雜誌是自己對喜愛類型作品表達支持、闡明意見的場域，也是深化同好間交流的工具；而出版社中機動性較高的中小型出版社更是靈敏地回應了年輕讀者們的需求。動畫上也能看到相似的模式，1974年播出的《宇宙戰艦大和號》（宇宙戰艦ヤマト）受到青年觀眾熱烈支持，1977年，Minori書房（みのり書房）趁著熱潮創刊《月刊OUT》，隔年德間書店創刊了《Animage》（アニメージュ）。換言之，在熱情的二十多歲漫畫粉絲佐川企劃下誕生的《JUNE》，也是1970年代年輕世代文化與雜誌處於蜜月期的典型案例。

■ 與漫畫同人誌共享人才

《JUNE》和漫畫同人誌更是有密不可分的關係——從創刊號開始兩者就共享同一批人才。在《JUNE》創刊號中發表漫畫作品的竹田Yayoi（竹田やよい）、之後以柴門文之名聞名的Ken吉（ケン吉）、負責插圖的高野文子等，都是同人作家，許多同人作家更是在《JUNE》出道成為商業誌作家，像是高野在1979年4月第四號發表作品《絕對安全剃刀》出道，廣受好評。既有的少女漫畫雜誌就難以集結這些陣容，佐川曾表示：「當時我想，若『24年組』不加入，應該還是可以靠這些同人作家完成雜誌」（佐川 2008: 328）。受到「24年組」品質超群的少女漫畫影響，《JUNE》積極採用同人作家作品，也讓少女漫畫不再是由成年人編輯去設想少女們的喜好，而是由年輕世代主動參與、製作，展現自我。

■ 認真與玩心共存

《JUNE》和漫畫同人誌在編輯方針上也有相似之處，「Comic Market」發起人米澤嘉博，他所屬的同人社團「迷宮」發行之評論誌《漫畫新批評大系》

就和《JUNE》有共通點。自1975年7月《漫畫新批評大系》發行創刊準備號起，就一直聚焦於少女漫畫，積極刊載有關萩尾望都、水野英子、山岸涼子、竹宮惠子的相關評論。

1977年12月發行的第二期一號起，戰後少女漫畫研究會開始連載〈戰後少女漫畫的演進〉（戰後少女漫画の流れ），為最早以學術角度編撰的少女漫畫史。此外，該雜誌1978年12月發行第二期四號刊載了特集〈花之24年組總論〉（総括花の24年組），其中包含中島梓的評論〈用愛談木原敏江〉（木原敏江に愛をこめて）、增山法惠的訪談〈熱情才能打開明日之門！〉（熱こそが明日をひらく！）。同時，該雜誌也注入心力刊載現今稱作二次創作的諧擬作品，像是自創刊準備號就開始連載《波族傳奇》的情色諧擬〈波魯一族〉，1977年4月發行的第二期六號也刊載了《風與木之詩》的情色諧擬〈風與木的逆襲〉（風と木の逆襲）。《漫畫新批評大系》一方面認真想要挑起讀者的論戰，一方面保有想要和讀者一同享樂的玩心。米澤的盟友霜月Takanaka（霜月たかなか）表示，兩種面向都是豐富漫畫粉絲共同體必要的元素（霜月 2008: 158-60）。

《JUNE》藉由編輯和作者串連讀者，也一樣是認真與玩心共存。在耽美這個主軸概念下，《JUNE》依然刊載了許多猥褻雜亂的娛樂作品，同時也認真地將竹宮、中島等創作者吸收到的新知、如何成長的內容傳遞給讀者。中島以赤城春奈（あかぎはるな）名義撰寫的專欄〈世界JUN文學全集 西洋篇〉（1978年12月號：131-4）、〈世界JUNE文學全集 日本篇〉（1979年1月號：131-4）中，解說了古今東西男男愛戀小說，也闡明了中島本身的閱讀經驗，更重要的是，《JUNE》總是搶先一步進行和讀者的交流。

4　竹宮惠子‧中島梓對讀者的教育

■　竹宮惠子的漫畫指導──〈惠子（ケーコタン）的繪畫教室〉

　　1982年1月復刊二號起，竹宮開始連載〈惠子的繪畫教室〉（以下稱「繪畫教室」參見Column①）；1984年1月號起中島開始連載〈中島梓的小說道場〉（以下稱「小說道場」），透過這些培育單元，漫畫、小說的新世代創作者輩出。針對這些新連載，佐川表示：「好不容易新的類型逐漸形成，卻苦於創作者不足，我們當然希望增加創作人數」（佐川 2008: 344）。

　　竹宮在雜誌連載單元「繪畫教室」中對讀者公開漫畫家的技法，第一回傳授描繪男性嘴唇、第二回傳授描繪男性手部的畫法。1985年1月號，竹宮在連載實踐篇中開始修改一般的投稿作品，這些投稿者中包含之後著名的漫畫家西炯子──西就是從這裡開始邁向職業漫畫家之路。竹宮積極透過雜誌進行指導，培育後進。

■　中島梓的小說指導──〈小說道場〉

　　至於中島梓的〈小說道場〉，她曾闡述開設道場的理由如下：

> 「……我看了小JUNE、以及佐川君拿給我的小JUNE未採用原稿，總是會思考，這、這樣下去真的好嗎！純真的少年（若真的有的話）少女就這樣一點一滴地誤解這個世界，姐姐覺得這樣真的好嗎？」（《JUNE》1984年1月號：147）

　　「小JUNE」，也就是《小說JUNE》自創刊起便採用了榊原姿保美（《龍神沼綺譚》，1984-85）、吉原理惠子（《間之楔》，1986-87）等新進作家，不過中島還是決定親自培育因自己在《JUNE》發表的小說、專欄而決心從事創作的讀者。中島從「投稿原稿不可用鉛筆撰寫」等基本規範，到人稱、視角須統一

等小說技法一一解說，精準的指導獲得讀者一致好評，雜誌也收到了更多的投稿。進入 1990 年代，中島認為「JUNE 小說」是療癒創作者受家庭、社會病症所苦之手段（中島〔1991〕1995，〔1998〕2005），不過當初只是單純想要將小說技巧傳授給投稿者。最後，江森備（《私說三國志》系列，1985-98）、秋月皓（秋月こお，代表作《富士見二丁目交響樂團》系列，1992-2017）、野村史子（代表作《Take Love》〔テイク ラブ〕短篇小說集，1991）、石原郁子（代表作《月神祭》短篇小說集，1997）等作家輩出，這些作者也成為女性向男男性愛小說類型普及化的核心[3]。

　　《JUNE》的作者、編輯、讀者都對「由女性創作、由女性享受的男男性愛物語」抱持關切的態度，讀者們熱烈的情緒，展露出他們要讓自己心愛的新類型「耽美」就此確立下來的氣概。竹宮回顧《JUNE》的讀者，表示「他們已經有明確的欲望，問題在於要如何展現」，那股欲望是「渴望到令人心痛的表現欲」（竹宮 2008: 292）。公開於雜誌上的表現欲讓讀者與職業創作者直接面對面，透過和讀者的切磋琢磨，讓作者和讀者成為一共同合作的新形態。《JUNE》向心力的來源，「耽美」得以形成一個類型的力量，既不在少女漫畫中，也不在漫畫同人誌中，而是源自作者與讀者共同合作的一股動力。

5 「耽美」的擴展——《ALLAN》（1980 - 1984 年）

　　除了《JUNE》，其實還有另一部耽美雜誌。1980 年 10 月《JUNE》暫時停刊之際，Minori 書房發行了《月刊 OUT》增刊號《ALLAN》，並在封面寫上標語「專為少女打造的耽美派雜誌」。此一時期，《ALLAN》自《JUNE》繼承了「耽美」，並以獨特的方式展現。《JUNE》的作者竹田 Yayoi、久掛彥見、青池保子等人都參加了《ALLAN》，該雜誌也和《JUNE》一樣刊載了讀者投稿等多樣內容，不過《ALLAN》對日本演藝圈、電視連續劇的關注較高，兩者還是有許多不同的地方，其中值得特別一提的相異點在於《ALLAN》有豐富的

訪談報導。

1982年的十一號、十二號，《ALLAN》刊載了讓中島著迷不已的電視連續劇《宛如惡魔的他》的原作者阿久悠（十一號：12-4）及導演久世光彥（十二號：81-4）的訪談，阿久悠也是連續劇主題曲（澤田研二演唱）之作詞人。《JUNE》在提到該連續劇時，完全偏重讀者的視聽經驗，《ALLAN》則是直接傳達當事者的發言，兩者大相徑庭。1983年發行的獨立二號刊載了報導文學〈新宿二丁目〉(: 9-36)，這類的訪談更是開花結果。該特集在男同志雜誌《薔薇派》總編輯伊藤文學經營的新宿二丁目喫茶店中進行問卷調查，並花費了好幾頁的篇幅刊載問卷回答內容，詳細傳遞男同志的聲音，展現出男同志戀愛的真實面一隅，這部分與《JUNE》的耽美一直保有一定的距離。雖然對象、客層與《JUNE》相同，但採取不同的視角，《ALLAN》的出現讓耽美這個類型走向多元性。

1970年代為年輕世代次文化與雜誌的蜜月期，本章在此脈絡下考察了「少年愛」這個70年代誕生的少女漫畫主題之一，一路發展成一確立的類型「耽美」之過程。當時，雜誌誕生自年輕世代的次文化，作者、編輯、讀者共享相同的關注點，雜誌成為同好匯集的場域。《JUNE》就是這樣的雜誌，它建立起作者、編輯、讀者三方的關係，與既有的少女漫畫雜誌、或是與《JUNE》也有交流的漫畫同人誌皆不相同。讀者可以透過各種投稿參與雜誌製作，作者也藉由編輯開啟的新管道和讀者共同協力、向前邁進。

最後，《JUNE》不但培育了眾多新進作者，也貪婪地將少年愛以外的外部題材雜食性地融入耽美中，再加上《ALLAN》的創刊，多樣的觀點讓耽美更加活性化。耽美和之後延續的YAOI、BL的確都成為規模不小的類型。不過，從少年愛到耽美的過程中，作者與讀者及編輯的相互啟發、結合多樣素材的姿態，確實豐富了男男性愛故事的內容。直到現在，由女性創作、享受的男男故事依然不斷變化，不斷產生新的呈現方式，這和當時的過程不無關係。

◆文獻指引◆ 給想要了解更多的人

○竹宮惠子，2001，《竹宮惠子的漫畫教室》，筑摩書房。
在少年愛到耽美的過程中扮演重要角色的竹宮惠子，親自傳授漫畫創作技巧。被譽為少女漫畫評論第一把交椅的藤本由香里則擔任訪談者與編輯，透過其敏銳的提問，可以理解竹宮是如何將漫畫作為對外展現之媒體來運作。

〈註〉

1. 1971年1月繪於素描筆記本中的前五十頁內容，也收錄於《竹宮惠子萬花筒》（竹宮惠子カレイドスコープ）中（竹宮等2016）。
2. 栗本薰《午夜的天使》（真夜中の天使，上、下，文藝春秋，1979）、《午夜的鎮魂歌》（真夜中の鎮魂歌，角川書店，1986）、《有翅膀的事物》（翼あるもの，文藝春秋，1981）等。
3. 〈小說道場〉出身的作家並非只活躍於耽美小說。秋月於1992年以Tatsumiya章（たつみや章）名義發表了兒童文學作品《我的‧稻荷山戰記》（ぼくの‧稻荷山戰記），獲得講談社兒童文學新人獎等各文學獎項。野村則以諮商師之姿面對各種女性問題；石原從性別與性的角度進行電影評論，《異才之人 木下惠介──談論軟弱男性之美》（異才の人 木下惠介──弱い男たちの美しさを中心に，PANDORA〔パンドラ〕，1999）等著作以影評家身分享有極高的評價。

〈引用‧參考文獻清單〉

‧別冊太陽編輯部，1991，《孩子的昭和史 少女漫畫的世界1──昭和20年─37年》（こどもの昭和史 少女漫画の世界1──昭和20年─37年），平凡社。
‧Budouri、Kusuko（ぶどううり‧くすこ），2017，《Boy's Love回顧年表（20170120版）》（ボーイズラブ回顧年表（20170120版），2019年5月8日取得，https://bllogia.files.wordpress.com/2017/01/blchronicle_20170120.pdf）。
‧石田美紀，2008，《祕密教育──「YAOI‧Boy's Love」前史》（密やかな教育──「やおい‧ボーイズラブ」前史），洛北出版。
‧柿沼瑛子‧栗原知代編著，1993，《耽美小說‧男同志文學導覽》（耽美小說‧ゲイ文学ブックガイド），白夜書房。
‧增山法惠，2008，〈訪談 少女漫畫中的「少年愛」策劃人〉（インタビュー 少女漫画における『少年愛』の仕掛け人），石田美紀，《祕密教育──「YAOI‧Boy's Love」前史》，洛北出版，293-324。
‧中島梓，1978，〈成年人不要看漫畫〉（大人はマンガを読まないで），《中央公論》93（11）：248-57。
‧中島梓，〔1991〕1995，《溝通不全症候群》，筑摩書房（ちくま文庫）。
‧中島梓，〔1998〕2005，《達拿都斯的孩子們──過度適應的生態學》，筑摩書房（ちくま文庫）。
‧大塚英志，2004，《次文化文學論》（サブカルチャー文学論），朝日新聞社。
‧佐川俊彥，2008，〈訪談 來往於文學與娛樂之間〉（インタビュー 文学と娯楽の間を行ったり、来たり），石田美紀，《祕密教育──「YAOI‧Boy's Love」前史》，洛北出版，325-52。
‧霜月Takanaka（霜月たかなか），2008，《Comic Market創世記》（コミックマーケット創世記），朝日新聞出版。

・少女漫畫Laboratory圖書之家（少女漫画ラボラトリー 図書の家），2007，《迷宮》（2020年1月16日取得，https://www.toshonoie.net/shōjo/05_list/yonezawa_list_before3_mk.html）。
・竹宮惠子，1976，《在日光室》（サンルームにて），朝日ソノラマ。
・竹宮惠子，2001，《竹宮惠子的漫畫教室》，筑摩書房。
・竹宮惠子，2008，〈訪談　耽美不是用來沉淪，是用來做〉（インタビュー　耽美は溺れるものではなく、するもの），石田美紀，《祕密教育──「YAOI・Boy's Love」前史》，洛北出版，281-92。
・竹宮惠子，2016，《少年名叫吉爾伯特》，小學館；2021，尖端。
・竹宮惠子、原田Maha（原田マハ）、石田美紀、寺山偏陸、齊藤千穗（さいとうちほ）、藤谷誠彥，2016，《竹宮惠子萬花筒》（竹宮恵子カレイドスコープ），新潮社。
・山本文子＆BL支援者，2005，《果然還是喜歡Boy's Love──完全BL漫畫導覽》（やっぱりボーイズラブが好き──完全BLコミックガイド），太田出版。
・吉田則昭，2017，〈雜誌文化與戰後的日本社會〉（雑誌文化と戦後の日本社会），吉田則昭編《雜誌媒體文化史──變遷的戰後模式（增補版）》（雑誌メディアの文化史──変貌する戦後パラダイム〔増補版〕），森話社，9-38。

Column ① 竹宮惠子×西炯子——《JUNE》「繪畫教室」扮演的角色

倉持佳代子

　　BL這個類型尚未確立時，雜誌《JUNE》是當時的先驅之一。本篇專欄將聚焦在《JUNE》連載單元——竹宮惠子的〈惠子的繪畫教室〉。當時西炯子每期都不斷投稿，而竹宮也針對西炯子的投稿進行評論，要說明什麼是「繪畫教室」，這應該是最好的例子了。2019年7月20日京都國際漫畫博物館舉辦對談講座「竹宮惠子萬花筒相關活動　西炯子×竹宮惠子對談會」，由筆者擔任主持人，對談的內容也可看到上述的軌跡[1]。

■ 西投稿至〈惠子的繪畫教室〉，竹宮進行辛辣講評

　　自1978年《JUNE》創刊，約有十年的時間都是由竹宮惠子擔任封面彩圖作畫，當時竹宮正在連載《風與木之詩》，已是明星作家。1982年1月號起，竹宮開設〈惠子的繪畫教室〉連載單元，起初走的是插圖形式的專欄，指導「嘴唇的各種畫法」、「如何繪製Kiss」這類十分符合《JUNE》風格、帶點情色的作畫技法指南。然而，從1985年1月號起，專欄加入了針對投稿作品的講評。投稿條件為「只要是符合JUNE風格的作品，其他無限制」，不過在第八頁則提出設有指定條件的功課，第一回的主題及指定的課題為「『Kiss的前後』——角色走到接吻的過程，以及接吻的瞬間、接吻之後，請以刺激性的內容整合起來。登場人物二人，請下工夫設定年齡、場景、時代等，創作出經典場景」。

　　下一期（因是雙月刊，下一期為3月號）雜誌發表了針對指定課題的投稿作品，並由竹宮進行講評，分為A-E五階段的評比。當時十七歲的西炯子（當時筆名為西圭子）第一次投稿〈小時候發生過的事〉（子供のころこういうことがあった），上方印了竹宮生氣的插圖，寫著「老實說這是失敗作品」。竹宮評論：「以十七歲來說很有趣，可以維持這樣的大膽風格，但要再柔軟一點、畫得美形一點，畢竟是重要的少年啊——！！以『Kiss的前後』投搞來說實屬佳作。——B」。接下來，西幾乎每期都會投稿，而竹宮的評論也總是辛辣，頗具玩味。下一期（5月號）西的投稿作品〈刃〉，竹宮評論：「欸、角色根本分不出誰是誰，構圖也亂七八糟，不要讓我花力氣在『閱讀作品』之外的事上！重點的接吻場景，光看那一個畫面是很美沒錯啦，但希望妳也多花點心思在其他部分。妳的作品總讓人感受到一些奇怪的情色感氣息……——C」，不論評論、分數都很嚴苛。之後的投稿也總是這樣的風格，和其他

〈惠子的繪畫教室座談會紀錄〉

出處：翻攝自《小說June》　100期紀念號（:139）

投稿者相比，竹宮對西總是特別嚴格，這究竟是為什麼呢？

　　（竹宮）我想，我會稱讚的，是可能還畫得不好，但整體結構很優秀，在某種程度上有取得平衡的作品。但西小姐的作品，不論在繪畫力還是構成組織力上，明明都讓人感到很潛力，卻又畫得不好、好像總是缺了點什麼，這就讓我感到很焦躁，總忍不住嚴厲起來。我心中想的是，既然有這麼棒的潛力，就快點過來我這裡（到我這種程度）啊。（略）我在《週刊少女Comic》也擔任審查員，但在那種場合我都只會給予非常冷靜溫和的評語，而《JUNE》就像是我的老家，總是會直接說出真心話。同一時期，中島梓小姐也在《JUNE》連

載講評投稿小說的「小說道場」，她在那裡也是有話直說，我可能也覺得不能輸給她吧。此外，會來《JUNE》投稿的人，應該都和我們理念一致，這也讓我能更放心地說出真心話。

　　《JUNE》的特殊性讓竹宮可以自由地發言，也讓它產生和一般的漫畫教室不同的樂趣——不論是繪者還是讀者都同樣抱持著可以放心直說、同好齊聚一堂的想法。此外，對日後長年在京都精華大學教授漫畫的竹宮而言，這個連載也是她第一次有機會「教人畫漫畫」。從她的評論中，可以看出竹宮有發掘學生潛力、作為教育者的才能。另一方面，西對於竹宮的辛辣講評，又是怎麼想的呢？

　　　　（西）那時本來就是我第一次畫漫畫。（略）每次、每次都讓我覺得好像是去上課。（略）那時自己還搖搖晃晃學步，不論評論說了什麼，我都覺得「啊，原來如此。」（略）更別說每次我的名字被登在雜誌頁上，只會想到「我的名字被全國人看到了！」（略）還有，當時竹宮惠子老師是我根本想都不敢想的大明星，是超強的巨星，這樣的巨星稱我「西小姐」耶，愈被她罵，我愈想要「再多罵一點」，「More 西！」的感覺。

　　投稿《JUNE》的作品竟然是西第一次繪製漫畫，這件事讓人相當吃驚，換言之，西從一開始一直到出道為止，都是一面接受竹宮的教導、一面作畫。同一時期，西也投稿《Petit Flower》（プチフラワー）投稿單元，其中包含竹宮在內，有好幾位漫畫家一同負責講評。透過這兩部雜誌的講評，西逐漸走向職業漫畫家，可以說她戰略性地活用了《Petit Flower》和《JUNE》，習得了漫畫家的 Know-How。

■ 《JUNE》的目標

　　根據當時《JUNE》總編輯佐川俊彥所述：「想做一本雜誌《COM》的女生版」是《JUNE》的起點。1967-73 年，虫製作（虫プロ）發行的《COM》，其標語為「專為漫畫菁英打造的漫畫專業雜誌」，也相當專注於培育新人。竹宮的「繪畫教室」設定詳細條件讓讀者投稿，其實也是參考《COM》而設計的。只不過，「繪畫教室」裡的課題都帶有濃郁的《JUNE》色彩，竹宮在講評時也總是提到這一點——要怎麼呈現出「JUNE」特有的性感風格？有時她也會親自繪製範例來授課。讀者投稿的作品究竟還少了點什麼？要怎麼修改才能更成形？所有的技巧竹宮都毫不保留地傳授給讀者。也因此，西逐漸掌握訣竅，1986 年 9 月號投稿的作品〈太陽下的十七歲〉（太

陽の下の17歲）獲得了Ａ評價，下一期雜誌刊載了全篇內容，西自此於商業誌出道。之後西的投稿屢屢得到Ａ評價，1988年3月號發表西就此畢業：「西炯子小姐以幾乎全勤的腳步，持續在繪畫教室投稿指定課題及自由創作，同時也投稿《Petit Flower》，眾所周知地，她讓JUNE作品更上一層樓。如今確定將在《Petit Flower》正式出道，也要從這裡畢業了，恭喜西小姐♡其他人也不要輸給西小姐的熱情，請繼續投稿哦。」從來沒有看過有雜誌會祝賀將在其他雜誌出道的漫畫家。當時的總編輯佐川表示：「那時抱持著的心情是，把《JUNE》當成跳板成功獨立出去也很棒。」竹宮也表示——

> （竹宮）《JUNE》的頁數不夠，新人只能畫很短的內容。因此，新人不如多多到別的雜誌，獲得更多的頁數，每個月都跳得更遠才好。

竹宮在「繪畫教室」中把「《JUNE》式風格」傳授給所有的投稿者，培育出來的漫畫家傳承了此風格，再像西炯子一樣分散至其他雜誌[2]，這也提升了整個漫畫界的作畫水準。竹宮和佐川當時都沒有想到，「《JUNE》式風格」之後成為孕育出BL這個龐大類型的契機，在同人誌世界發展、隨著市場擴大，最後誕生了眾多專門繪製BL的商業漫畫家。

■ 讓無法統整的內心衝動具體成形

> （西）繪製漫畫的過程，我覺得我的職涯似乎可以分成兩個部分。起初的動機是想把自己心中那些無法統整的東西表現出來。（略）從內心、內在開始描繪的漫畫相當有魅力（略），我捨不得放棄。然而大概已經有十年，我沒有動機了。我想這樣應該已經不行了，於是我不再畫內心、內在的東西（略），而是將案主和我自己擁有的材料結合，畫出客製化的內容，這是職涯的第二階段。那時我大概四十二歲左右。

> （竹宮）我打從一開始，基本上就是打算成為可以配合把指定東西畫好的漫畫家。所以當初我的方向性就只知道要去回應別人指定的東西，結果發現周圍的人都是在畫自己內心的東西，讓我很慌張。（略）我反倒是因此才開始去尋找自己內心想畫的東西。（略）因此，在畫《風與木之詩》、《奔向地球》（地球へ……）時，我才終於知道要怎麼把自己內在的東西呈現出來。

「無法統整的內心衝動」可以說就是《JUNE》這本雜誌的本質，而「繪畫教室」

是這股衝動的發洩口。有上述體驗的竹宮，才有辦法傳授把內心無形世界具體成形的技巧，這也可以解釋為什麼竹宮對西的評語總是這麼辛辣。二人雖然都經歷了相同的煩惱，但其過程卻是完全相反，這樣的二人在「繪畫教室」相遇了。成為職業漫畫家，以此為生計的過程與「內心衝動」，兩者的攻防、投稿者與講評者的熱情，正是讓這個單元如此熱絡、受到歡迎的原因，不是嗎？

1. 本活動完整收錄於《京都精華大學國際漫畫研究中心年度報告書2019》中。此外，該報告書的2018年版收錄了總編輯佐川俊彥、漫畫家波津彬子、竹宮惠子的三人座談，本文也參考了該報告書的內容，希望讀者也可同時閱讀此報告書。
2. 像是《JUNE》的投稿者中還有鳩山郁子、羅川真里茂等人。還有許多漫畫家在其他商業雜誌出道時，也會更改筆名。（《京都精華大學國際漫畫研究中心年度報告書2018》）

第3章　同人誌與雜誌創刊熱潮，以及「Boy's Love」成為類型

1980年代-1990年代

Keywords　　　　　　　　　　　　　　　　　　　　　　　　● 西原麻里

媒體史研究　動畫二創・YAOI　同人誌　二次創作　JUNE・耽美　雜誌創刊熱潮　出版市場　表現的模式化
類型論　正太（正太控）

現在我們熟知的「Boy's Love」(BL) 類型，究竟是在什麼時期確立的呢？
描寫男男愛戀物語的女性取向作品在1960、1970年代就已問世，但依時期、
媒體不同，其名稱也各有不同（參見第1章）。1990年代，媒體等發訊端打算
以包含至今所有名稱、元素的新名稱「Boy's Love」，指稱在商業誌上描繪男
男愛戀物語的作品。接著在1990年後半，為數眾多的作品採用了共通的表現
方式，描寫男男愛戀故事的女性向作品開始出現固定的模式（Pattern）。本章
將從媒體史及表現形式的變遷來確認此過程，並檢視1990年代Boy's Love成
為一類型的軌跡。

1　1980年代──商業誌上「少年愛」的變化與同人誌的「YAOI」、「動畫二創」

■　1970年代晚期至1980年代──商業誌與《JUNE》、《ALLAN》

1970年代晚期至1980年代，大約可劃分出三種主要刊載描寫男男關係作
品的女性向媒體。首先是小學館、白泉社、新書館、秋田書店等出版社發行
的漫畫雜誌。1974年《花與夢》（花とゆめ，白泉社）、1976年《LaLa》（白泉
社）率先創刊，接著1980年《Petit Flower》（プチフラワー，小學館）、1981

年《Grape Fruit》（グレープフルーツ，新書館）、1982年《WINGS》（新書館）、1985年《ASUKA》（角川書店）、《Desir》（デジール，秋田書店）、1986年《Bonita》（ボニータ，秋田書店）等相繼創刊。發行這些雜誌的出版社在1970年代起已刊載許多少年愛主題的人氣作品，到了1980年代，他們開始在雜誌上刊載河惣益巳的《雙面間諜》（ツーリング・エスクスプレス，《別冊花與夢》〔別冊花とゆめ〕連載，1981-）、秋里和國《睡美男》（眠れる森の美男，《Petit Flower》連載，1986-）等聚焦於男性間強烈羈絆，而非以性愛為主題的作品。

其二為《JUNE》與《ALLAN》（Minori書房）雜誌。這些雜誌也是商業出版雜誌，但卻和大型出版社針對一般大眾發行的雜誌不同，是專為狂熱粉絲發行的次文化雜誌。它們在1980年代以來，男男物語的擴展與普及中，扮演了極重要的角色。《JUNE》以「耽美」作為主軸關鍵字，由竹宮惠子繪製封面彩圖，並匯集了Matsuzaki Akemi（まつざきあけみ）、矢萩貴子等畫風華麗的漫畫家作品，這些都是《JUNE》的特徵。《ALLAN》最初是以動畫情報誌《月刊OUT》11月號增刊號的方式創刊，1983年獨立為《ALLAN》（參見第2章）。

這些雜誌刊載的內容不只是小說、漫畫，還包含了國內外的電影、音樂、舞台劇等和男男愛戀幾乎無關的演藝娛樂資訊。觀察《JUNE》早期內容，會發現其中也有非描寫男男關係、戀愛主題的作品。與其說讀者用「耽美」的角度來凝視這些資訊，不如說他們從既有作品的男性中，找到原本由女性展現的「美」，並將男性間的親密轉換為戀愛，積極投稿。參考現實中與男男同性愛戀無關的內容，將其置換為「耽美（式）」角度，這類創作活動也是此類雜誌的特徵。

■　Comic Market 與「YAOI」、「動畫二創」

象徵此時代的第三類媒體則是同人誌。1975年12月，「第一屆 Comic

Market」於日本消防會館舉行，之後持續舉辦，規模也逐漸擴大。Comic Market初期的參加者、社團就以女性居多，萩尾望都等人描繪的「少年愛」作品人氣高漲也影響了活動。

同人誌界所說的「YAOI」一詞——意指描寫男男戀愛的女性向（由女性作家創作、由女性閱讀）作品——開始逐漸擴張、普及（參見第1章）。「YAOI」指稱的作品多為二次創作，不過之後也包含了原創的男男愛戀、性愛作品，同時也成為含有性愛場景、性表現之意的詞語。

「二次創作作品」指的是粉絲運用既有作品中的角色進行創作，在同人誌媒體中特別受歡迎。自1970年代起就有把男性角色、歌手描寫為「同性戀者」的諧擬作品，不過自1985年12月舉辦的「Comic Market 29」開始，高橋陽一的少年漫畫作品《足球小將翼》（《週刊少年JUMP》連載，1981-）之YAOI作品獲得廣大人氣（Comic Market準備會篇 2005: 120），這類諧擬作品的人氣開始凌駕於至今活動中盛行的男性向蘿莉控漫畫。自此以後，同樣以少年漫畫、電視動畫等男性取向作品為原作的YAOI同人誌引發熱潮，Comic Market上甚至將各個原作（原眼）取了不同的類型代號，吸引眾多粉絲加入參與。

少年向的動畫作品特別受到歡迎，《鋼彈》（ガンダム）系列（系列最早作品為1979年播出的《機動戰士鋼彈》〔機動戦士ガンダム〕，日本SUNRISE）、《聖鬥士星矢》（原作為少年漫畫〔集英社，1985-〕，動畫化後人氣高漲（東映動畫，1986-）、《鎧傳》（鎧伝サムライトルーパー，SUNRISE，1988-）等作品的二次創作，也就是動畫（Anime）的諧擬（Parody）作品，簡稱「動畫二創」，許多已是職業作家的創作者都加入創作。二次創作的原作不限於動畫，其他從漫畫、小說、連續劇，有時像藝人、歌手、運動選手等實際存在的人物也會是二創的對象。

包含Comic Market在內的同人誌即賣會，最大的特徵在於不論是業餘作家、商業誌作家，所有的粉絲都可參加。也有許多業餘作家在同人界中大受歡迎，進而在商業誌出道，像是高河弓、麻麻原繪里依（麻々原絵里依）、尾

崎南、CLAMP等1980年代出道成為職業漫畫家、活躍於商業誌中的作者，都是這類型的代表性作家。

■ 新作家登場

1970年代以男男關係為主題、在商業雜誌上長篇連載的作品，在進入1980年代後紛迎來完結篇，像是竹宮惠子的《風與木之詩》（《週刊少女Comic》連載，1976-）和木原敏江的《摩利與新吾》（《LaLa》連載，1977-）都在1984年結束連載。宛如無縫接軌般，新作家接二連三誕生，河惣益巳、高口里純、秋里和國、東宮千子等人的作品不再僅是1970年代少年愛特徵的悲劇性故事，還描寫了喜劇、浪漫愛情，甚至動作片等，題材廣泛。而描寫僅由男性組成空間中，男性間發展出的親密友情、或可解讀為戀愛關係的作品相當受歡迎（如東宮千子的《明色青春的友情》〔明るい青少年のための恋愛，《LaLa》連載，《Bonita》，1986-〕、那州雪繪《夢回綠園》〔ここはグリーン・ウッド，《花與夢》連載，1986-〕等）。也有男性角色之間沒有明確成為戀人，但故事本身是好結局的作品（岸裕子《我們的關係》〔ぼくらちの関係，1986《Desir》刊載〕等）。可以發現，如與少年愛作品多以悲劇收場不同，1980年代後半起明快傾向的作品紛紛問世，並逐漸受到歡迎（不過，1970年代的少年愛作品中也是有喜劇發展的人氣作品，參見第1章）。

漫畫情報誌《Pafu》（ぱふ，即雜草社）在1986年12月號刊載了「35年組大研究！！」特集，效仿「花之24年組」，介紹了當時活躍的新世代女性漫畫家，並將她們稱為「35年組」（: 3-18）。特集中以「現在竟然多是35年出生、新世代的少女漫畫家們在最前線支持著少女漫畫」的方式介紹了秋里和國、樹夏實、東宮千子等當時在商業雜誌中以描寫男男關係作品博得人氣的漫畫家。同時，報導中也指出35年組描寫的男男物語和少年愛、《JUNE》有所不同。

例如，秋里和國在訪談中表示，受「24年組」作家們描寫少年愛作品影響，35年組將描繪男男關係物語「視為理所當然的事」（: 4）。不過即便是1980年

圖3-1 《Pafu》內頁

出處：翻攝自《Pafu》1992年2月號

代，男性間的戀愛依然被視為禁忌，是「危險」、「不應當」之事，但也正因為是禁忌，反而被視為「很時尚前衛」(: 13)。以現代的觀點來看這應該算是歧視發言，不過，在當時的女性向漫畫文化中，男男戀愛物語有多麼潮，就顯示出它有多麼受到支持。描寫男男關係已度過了破天荒行為的時代，1980年代後半起，與其說這已經成為一個確立的故事題材，不如說可以確認女性們凝視的目光已經轉為「時尚」，也就是潮流、娛樂的故事，那些對社會規範的糾結、抵抗都已經消失了。

1980年代後半至1990年代前半，男同志在演藝娛樂雜誌、女性取向文化雜誌，或是小說、電視連續劇中都廣受關注。1988年的《週刊明星》中，一同介紹了1970年代的《風與木之詩》與電影《墨利斯的情人》，1991年《CREA》、

《MORE》等雜誌特集在熱烈的「男同志熱潮」中扮演了重要的角色。雖說並非只有女性向雜誌支持男同志熱潮，但這些雜誌中將男同志視為「特殊的存在」、「女性可以放心交際的朋友」等，產生了刻板化的印象（石田2007）。

2 1980年代晚期至1990年代前半——專門雜誌登場

■ 專門雜誌登場——Boy's Love前身

動畫二創、YAOI同人誌的人氣直逼商業出版，1986年《COMIC BOX》（12／1月合併號，ふゅじょんぷろだくと）刊載了《足球小將翼》特集，87年再出版了僅以《足球小將翼》同人誌作品選集《小將翼百貨店》（つばさ百貨店，ふゅじょんぷろだくと）。ふゅじょんぷろだくと和現今的BL類型作品代表性出版社Libre（リブレ）前身之——青磁BiBLOS（青磁ビブロス）等出版社，透過發行同人誌選集業績長紅，讓其他商業出版社也開始關注起YAOI作品。於是，小鷹和麻（こだか和麻）等同人誌作者們開始出現在商業出版中。而專門刊載男男愛戀主題女性向漫畫、小說的雜誌、系列書系也接二連二地問世。

到了1980年代晚期，以男男戀愛為主題的全新女性向雜誌紛紛登場。從1989年的《KID'S》（ふゅじょんぷろだくと）、《Patsy》（パッツィ，青磁BiBLOS）開始，到1990年代有櫻桃書房的《BOY'S & BOY'S》、1991年《b-BOY》（青磁BiBLOS）創刊。《JUNE》、《ALLAN》的投稿者、動畫二創及YAOI同人誌的人氣作家們都來到這些雜誌發表作品。此外，同人社團「吉祥寺企劃」也在商業出版市場發行單行本，1992年雜誌《Racish》創刊，同人誌動向每每影響商業出版。接下來光是1992年至1994年，就有十七部漫畫雜誌／漫畫·小說混合雜誌創刊，市場不斷擴大，可謂是進入雜誌創刊熱潮。1990年後半，專門雜誌的創刊熱潮雖然稍微平息，但依舊持續，匯集特定主題作品的選集紛紛出版、野火Nobita的《飛行少年Zu》（飛行少年ズ，太田出

版，1995）等二次創作也發行了單行本。

隨著市場擴大，創作者急速增加，然而另一方面，1980年代前刊載眾多男男戀愛作品的大型出版社（如小學館）商業雜誌，幾乎已看不到男男主題的故事了。換言之，1990年代隨著專門雜誌紛紛登場，專門刊載男女愛情故事的雜誌／以男男戀愛物語為主的雜誌，劃分為不同的「類型」分道揚鑣[1]。

此外，「Boy's Love」一詞在1991年的商業雜誌中首次登場，但並沒有立即普及、擴散。齋藤Mitsu（斎藤みつ）表示，以1990年代相繼創刊的專門雜誌為核心，「在經歷了多次的嘗試、失敗、再嘗試後，才終於創出了『Boy's Love』（BL）」（齋藤2009: 11）。1990年代中期至後半，各媒體都戰略性地積極使用「Boy's Love」一詞，在1990年代末終於成為固定說法（參見第1章）。以此回溯，1990年代前半可視為「Pre-Boy's Love」時代。

■ 角色呈現的「規則」

雜誌相繼創刊、市場擴大，再加上同人誌人氣作家們的活躍，把動畫二創及YAOI同人誌在故事、角色創作的模式，也就是「規則」，帶進了商業雜誌中。所謂「規則」，指的是在描寫故事時會不斷固定出現的符碼性要素，該類型的閱聽人對這些要素需有廣泛的共識，讀者也必須了解這些符碼的意義，規則才得以成立。

動畫二創、二次創作的YAOI為原作的男性角色進行關係性配對，置換為因強烈羈絆結合在一起的戀愛關係。二創過程中，須費心進行角色個性設定、職業設定以至於外表，讓讀者了解角色和原作是同一人物，同時，創作者詮釋的配對特徵、攻‧受的個性也必須描繪出來。如何詮釋角色、配對，以及如何劃分攻‧受，都是二次創作的重點。

西村Mari（西村マリ）表示，1988年於電視播放的《鎧傳》（前述），其YAOI二次創作「讓至今從同人界發展出來的種種規則明確地固定了下來」（西村2002: 76）。規則包含了攻‧受角色的性格、職業設定，以及外觀的差

異等，像是攻常會設定為組織中的領導者、外表也較為男性化，受則是相對來說個性較不穩定、外表也偏向可愛（: 78-81）。

西原麻里按時代分析了2000年前出版、描寫男男戀愛的商業漫畫作品共一千四百六十二部之內容、角色的描寫方式等（西原 2013）。從男性配對間的差異來看，1990年初期的作品中，戀愛上積極採取行動、或在性愛時插入男性性器那一方的角色，外表多是身高較高、眼睛較小，相對而言比較成熟、男性化；而接受對方追求、或是被男性性器插入的那一方，其角色外表則多是較為孩子氣、中性（: 133-4）[2]。這樣的傾向在1990年代後半起逐漸顯現，最後成為「Boy's Love」類型中特有的角色塑造特徵。

■ 「普通」男性的戀愛故事

閱讀1990年代初期的作品，會發現故事的主軸大幅變化，不再是少年愛或耽美作品必備的美少年，也不再僅以非日常空間為故事舞台。例如在角色設定上，高中生角色通常是沒什麼特權的存在，像這樣「普通」學生的角色大幅增加（西原 2013: 127）。

此一時期的作品產生了大幅的變化，與過去少年愛詮釋的「反抗保守的婚姻觀、社會觀、性別觀、倫理觀等狀態」（中島 1997: 184）不同。以往失去雙親、家人，或是家庭關係不和睦等家庭環境問題一直是「JUNE風格作品世界觀」中「重要的主題」之一（中島 1991: 182-8；栗原 1993）。然而進入1990年代，在角色設定、生活風情、家庭環境上的糾葛、孤獨或非日常性都大幅減少，反而多是描繪高中生活友誼等日常性的內容。

作家組合「EMIKURI」（えみくり）自1980年代後半一直到現在都活躍於同人、商業媒體，他們在此一轉變中具有革命性地位。EMIKURI由漫畫家「EMIKO山」與小說家「KURIKO姬」組成，從1980年代起就持續活躍於同人「創作JUNE」等類型中。編輯山本文子在提到「BL源起」時，提及EMIKURI：「追溯輕度BL的起源，應該就是EMIKURI，至少在我心中，BL

的起源就是這樣開始的」（山本 2007: 194）。

　　EMIKURI的作品並非描寫異性戀的愛情故事，但也不是1970-1980年代前半的少年愛或《JUNE》風格物語，他們稱自己的作品為「EMIKURI本」（EMIKURI, 1992），解釋自身作品的角色設定：「乍看之下就只是長得比較好看的普通少年們，他們談著普通的戀愛、普通地生活，這些是我們得心應手的」(: 105)。這裡的「普通的少年」、「普通地生活」，指的是這些角色沒有顯著的特徵，他們沒有突出的藝術天分或運動才能，也不是不良少年或有錢人，就只是一般的普通高中生。此外，角色的外貌只需「長得比較好看」就可以了，而非1970年代少年愛作品，須具備特別或非日常的「美貌」等。隨著時代進入1990年代，形容角色外貌的詞語是「好看」這種抽象的形容詞，並且逐漸趨向「普通」。

　　在轉向「普通」的過程中，眾多故事舞台都設定在作品發表當下同時間軸的學校、職場、街道等日本隨處可見的風景中（西原 2013: 124）。雖然當中還是有像是鳥人彌已（鳥人ヒロミ）的《大氣層的燈》（成層圏の灯）系列（《小說b-boy》連載，1993；東立，1998），描繪了虐待、依對象變換攻・受的作品，但整體來看僅是少數。「孤獨的美少年被愛療癒」這種帶有少年愛、《JUNE》作品特色的故事減少，對女性讀者而言的他者，生活在日常中的「普通」少年／男性增加，可謂是1990年代前半的特徵。

3　1990年代中期至1990年代晚期──「Boy's Love」形成

■　「Boy's Love」類型形成

　　進入1990年代後半，「男男關係物語」的世界觀、要素又再次產生了變化。簡單來說，遵循某種模式的刻板印象式戀愛、性愛為此一時期的特色。故事舞台設定在現代日本的學校、公司等隨處可見的環境，攻方與受方在其中戀

愛、發生性關係，最後獲得圓滿結局，這就是基本的故事模式。

此一時期發表的約一千部漫畫作品中，角色戀愛關係確立、最後結局圓滿的故事約占了七成左右（西原 2013: 166）。此外，從角色的職業設定來看，學生、上班族設定約占了整體的五成（西原 2013: 169）；超過兩成的故事會提到角色的家人或家庭環境（: 171），其他多是沒有特別要素的人物。同時，少年愛、耽美時代的關鍵字——「美」，此時已鮮少出現，在描述角色外貌時，使用美人、漂亮等「美貌」的詞語占整體的兩成多。然而，約有六成以上的角色完全沒有提及其外貌（: 172）。

此外，同人誌或商業雜誌作品自1980年代晚期起出現的攻・受差異，幾乎在此一時期所有的作品中現身。即便是同學、公司同事等沒有年齡差異、社會地位差異的CP，也能看到攻方比受方身高更高、長相也更男性化；受方則是較為矮小、臉蛋可愛（西原 2013: 174-6），永久保陽子的小說中就明確描寫了CP間的外觀差異（永久保 2005）。從角色的行動也能看出攻・受的呈現方式差異。性愛場景中，不只是男性性器插入／被插入的不同，「攻」方多是積極追求對方，在約會或性愛場景中處於主導的一方；「受」方則多是接受對方的追求、被玩弄等，這樣的組合為數眾多（西原 2013: 176-7）。

此一時期的「男男關係物語」中，性表現（性愛場景）占有相當重要的地位。1990年代中期至晚期發表的漫畫作品中，約有超過六成都描繪了超過一格以上的性愛場景（西原 2013: 167-8），描寫也比1970年代、1980年代更為具體。不只心情，攻・受在性行為中的表情、身體的動作，甚至出現許多明顯描繪男性性器的作品。Boy's Love成為回應女性性欲幻想的作品類型。

1970年代的少年愛、《JUNE》作品中，以身為男性卻多半擁有宛如女性的身形的美少年為主角，也因此故事發展可以不受異性戀框架下的性別、性別分工等規範束縛。然而，由1980年代的商業誌與同人誌混種而成的90年代作品中，二位男性角色相遇、跨越同性這層「障礙」再結合，儘管過程中發生摩擦、錯過，最後還是會永遠相愛在一起，這樣諸多故事的展開，最終讓90

年代的類型轉變成為浪漫愛情意識形態的類型。

■ 與過去有所差異化的「Boy's Love」

如同上述，1990年代後半起，角色或關係的描述方式有了改變，但這並不代表切斷了過去發展而來的延續性。1970年代少年愛作品描繪的內容衍生出80年代的商業雜誌、《JUNE》、《ALLAN》與動畫二創、YAOI同人誌，接著為數眾多的創作者自80年代晚期開始登上如雨後春筍般創刊的商業雜誌，最後才形成了90年代「Boy's Love」女性取向娛樂性類型。帶有流行性、故事明快的村上真紀作品《萬有引力系列》（グラビテーション，《你和我》〔きみとぼく〕連載，1996-）、描寫高中生故事的石原理作品《溢滿之池》（あふれそうなプール，《MAGAZINE BE × BOY》連載，1996-）都大受歡迎。之後被譽為BL類型代表作的《戀愛暴君系列》（恋する暴君）前身《愛的挑戰者系列》（チャレンジャーズ，《花丸漫畫》連載，1995-）也是在此一時期開始連載。此外，在二次創作同人誌上獲得絕大支持的吉永史、雁須磨子等人也從1990年代中期開始登上商業雜誌發表作品。1980年代在《JUNE》系列相當活躍的Akemi Matsuzaki等人也和小野塚KAHORI（小野塚カホリ）、語SHISUKO（語シスコ）等新人作家一同登場，以多樣的風格描繪了激烈的戀愛情感、性愛禁忌等故事。

觀察1990年代中期之後讀者的感想，會發現他們積極地接納這類題材寬廣、故事明快的故事。為了理解這個時期在論述上的變化，必須特別關注積極地開始使用Boy's Love這個類型名稱的《Pafu》特集。1990年代，《Pafu》共在1994年8月號、1996年6月號、1999年2月號針對BL主題進行了三次特集。1990年代後半，《Pafu》開始連載描繪男男戀愛作品的新人作家訪談，刻意地帶出「Boy's Love」這一類型。

首先，在1994年8月號「Boy's Love Magazine 完全攻略指南」（: 52-9）特集中，《Pafu》將此一時期描寫男男關係物語的作品定義為「與所謂『少年愛』、

『耽美』作品不同，嶄新的漫畫＆小說」（: 52）。「Boy's Love」一詞僅作為報導文章的標題，其中刊載了Magazine‧Magazine、青磁BiBLOS（青磁ビブロス）等編輯的訪談，並寫到當時的作品與「JUNE」、「耽美」、「少年愛」有微妙的不同（: 53），故事的重點也不僅限於激烈的性愛場景（: 54-5）。

1996年6月號則在刊頭打出大大的標題「大特集　男男的戀愛」（: 14-38），這篇報導中寫道「現在男性間的戀愛故事　＝『BOY'S LOVE』，已不是什麼稀奇獨特的類型了」（: 14），並介紹「宛如原創同人誌般有趣作品的青磁BiBLOS」（《MAGAZINE BE × BOY》: 15），可謂是帶頭拉抬此類型的雜誌。

這篇報導特別有意思的地方，是為了介紹人氣作家、推薦作家所設計的「充滿獨斷與偏見的圓餅圖」裡的項目除了「嚴肅度」外，還有「暖心一笑度」、「搞笑度」的項目，這樣的設計不但呈現出「BOY'S LOVE」的傾向，也和少年愛、耽美作品作出了區別。此外，在讀者投票選出類型名稱的單元中寫道：「這份問卷的主題『BOY'S LOVE』正是如此，這個名稱超棒！！」編輯也以「結果來看，這樣的意見占最多數」（: 33）為這個特集作結。可以得知，《Pafu》積極地採用「BOY'S LOVE」作為類型名稱。

1999年2月號是1990年代最後的特集，以刊頭彩頁標示出特集〈Boy's Love導覽1999〉（: 14-31），在報導中將男男戀愛漫畫劃分為「可愛的戀愛」、「純真的戀愛」、「穩定的戀愛」、「互相渴求的戀愛」、「性欲的戀愛」、「該不會是正太控？」等六個分類。由此可知，《Pafu》的故事重點在於「戀」，而非耽美式、嚴肅的風格。其他頁面基本上都是統一使用「Boy's‧Love」、「Boy's Love」指稱，完全看不到「耽美」、「少年愛」等詞語。

從類型形成、定義建立的變化來看，比起抵抗社會規範、內心糾葛、靈魂救贖等要素，1990年代後半的作品更重視「戀愛」的愉悅，而這也成為「Boy's Love」類型的主軸[3]。角色、CP的模式化，再加上媒體等發訊端戰略性使用「Boy's Love」一詞，使得2000年代至今，BL成為一固定的類型。

1990年代的Boy's Love因為故事大綱、呈現方式模式化、淺顯易懂，被許

多評論家批判品質較不如過去少年愛、《JUNE》的耽美作品，或是強化了異性戀規範。引領少年愛、《JUNE》的中島梓即批判1990年代的作品為「淑女漫畫（Lady Comic）的變種式禾林羅曼史[4]YAOI和明朗學園JUNE的暴風雨」，當中沒有對社會規範的抵抗或糾葛，只有開朗、無腦的戀愛故事（中島 1997:174）。然而，1990年代的讀者們卻相當支持這些明快的故事。

■ Boy's Love文化的子類型 ── 正太（正太控）

如同《Pafu》在1999年2月號介紹的人氣子類型中加入了「正太控」，1990年代之後，Boy's Love（BL）中有幾個雖然稱不上王道路線，卻相當有人氣的熱潮，其中「正太」（正太控[5]）就是1990年代的代表性風潮。1990年代中期有眾多聚焦在正太控的選集出版，自1995年發行的《TIP TAP》（EICOH出版）起，同年《泰迪男孩》（テディボーイ，竹書房）、隔年96年《TAKERU》（タケル，松文館）、97年《HAPPY TOY》（櫻桃書房）、《廚子王》（松文館）紛紛發行[6]。

正太控原是男性取向的作品，隨著動畫二創、YAOI同人誌作家們開始執筆，「從『正太控』轉變為將描繪正太那般可愛少年、或少年間的戀愛漫畫、小說，稱作『正太』」（渡邊 1998: 22）。「正太控」雖然也是描寫年幼少年，但與1970年代的少年愛作品完全不同，「以動畫風格的輕鬆畫風為主，不論是H還是普通級內容，全都以『可愛』為主軸」。

此外，不論再怎麼可愛，還是要讓讀者感受到「雖然像女生一樣，但終究是男孩子」，這就是「只有正太少年可以擁有的不可思議魅力」（渡邊 1998: 38）。分析此一時期的BL漫畫，可以發現許多作品的主角是中學生或小學生，而角色的設計也都突顯了「可愛」（西原 2013: 185-8）。這些角色的外貌沒有少年愛、耽美時代的美少年式女性風格，而是保有調皮、活潑的行動力等「男性化」特色，再加上「可愛」。

為什麼不要「美貌」，而是要「可愛」呢？「可愛」給人「容易親近、容易取

得」、「想要保護他」的心理印象，對象與自己同等、或在自己之下；而「美貌」則給人「神聖完美」的印象，有距離感（四方田 2006: 76）。不是為了憧憬或崇拜，這些男性角色是為了讓女性疼愛而設計，因此運用容易親近的「可愛」來呈現。此外，1990 年代多數作品的故事舞台都在高中、大學、職場等日常性場景，因此明朗、活潑的可愛少年比特別、彷彿不存在於現實世界的美少年，更受到歡迎。高島奈月（こうじま奈月）等描繪的「正太少年」一直到 2000 年代之後都還是持續受到喜愛，BL 中「可愛又元氣的受」角色成為一固定類型。

從少年愛、耽美時代，對於女性而言，作為自己的心靈依託、或是一個特別存在的美少年，逐漸轉變為相當「普通」的他者之少年／男性角色。讀者不再是享受著眺望擁有女性之美的男性角色，而是將男性角色視為男性來鑑賞。自誕生起經歷了三十年，Boy's Love 終於在 2000 年代要迎向成熟期。

◆文獻指引◆ 給想要了解更多的人

①阿島俊，2004，《漫畫同人詩 et cetera 1982-1998——從狀況論與回顧看御宅族史》，久保書店。
主辦 Comic Market 的負責人阿島（米澤嘉博）以廣泛的視角回顧、評論 Comic Market 的同人誌及其作者。不只是 YAOI 及其他類型的變化、同人誌媒體的風潮，透過本書還能理解同人文化與商業雜誌的關係。

②美青少年探求俱樂部編，1994，《友愛漫畫導覽》，藝文社。
本書聚焦於 1980 年代至 1990 年代初期的男男關係漫畫作品＝「友愛漫畫」，作了完整的導覽。若想知道 1970 年代的「少年愛」與 2000 年代的「Boy's Love」之間是怎樣的時代，絕不能錯過本書。

③永久保陽子，2005，《YAOI 小說論——為女性設計的情色表現》，專修大學出版局。
作者仔細調查了 1990 年代中期商業出版、描寫男男戀愛的小說＝「YAOI 小說」之構成。攻・受角色的設計、性愛場景的描寫方法，許多方面與漫畫也有共通點。

〈註〉

1. 同一時期，專門描寫性愛表現、刺激性戀愛內容的「Lady Comic」雜誌也相繼創刊。不論是男男還是男女，1980年代末至90年代前半，以女性為客層讀者的戀愛、性愛作品雜誌本身就已進入創刊熱潮。雖然數量不多，但Lady Comic中也有少量刊載男男關係作品，作家也會橫跨眾多雜誌、類型，活躍於各處。

2. 這樣的表現模式和1970年代的少年愛時代相異之處在於，少年愛時代作品中，少年擁有女性般的美貌，成年後則偏向男性化，但在配對間則沒有明顯的差異。此外，擁有女性般外表的美少年積極採取行動等，所謂攻、受模式還未出現，這些都是不同之處。

3. 一直到1990年代中期都擔任《JUNE》總編輯的佐川俊彥表示，此一時期有讀者在回函中寫道「我特別花錢買來看，結果竟然是悲劇收場，覺得很划不來」，與過去的時代有很大的不同（佐川 2010: 116）。從讀者對《JUNE》需求的變化來看，也可以感受到男男戀愛故事之圓滿結局更有市場。

4. 監校註：禾林（Harlequin）出版社是一家成立於1949年的加拿大出版社，以出版西洋羅曼史小說聞名，可以說羅曼史小說類型的公式——男女相識、經過誤會磨難分離、完美大結局——是透過禾林出版社小說形成的。

5. 「正太控」指的是從幼小男孩找出可愛、「萌」的嗜好，正太的名字來自橫山光輝作品《鐵人28號》（鉄人28号）中穿著短褲的角色「金田正太郎」，「正太控」一詞則是由雜誌《Fanroad》（ファンロード）總編輯小牧雅伸所創（渡邊 1998: 32）。

6. 不過，2000年代前半起，正太系列作品逐漸轉向男性向。商業BL中雖然有數位作家描寫的故事主角為小學生左右的少年，但整體來說僅算少數。

〈引用・參考文獻清單〉

・阿島俊，2004，《漫畫同人誌et cetera 1982-1998——從狀況論與回顧看御宅族史》（漫画同人誌エトセトラ 1982-1998——状況論とレビューで読むおたく史），久保書店。

・美青少年探求俱樂部編，1994，《友愛漫畫導覽》（友愛コミックガイド），藝文社。

・EMIKURI，1992，《突然最終回特別篇》（突然最終回スペシャル），青心社。

・石田仁，2007，〈與男同志共鳴的女性們〉，《Eureka總特集＝腐女漫畫大系》（ユリイカ 総特集＝腐女子マンガ大系），39（7）：47-55。

・伊藤剛，2007，《漫畫在改變——從「談漫畫」到「漫畫論」》（マンガは変わる——"マンガ語り"から"マンガ論"へ），青土社。

・Comic Market準備會編，2005，《Comic Market 30's檔案——1975-2005》（コミックマーケット 30's ファイル——1975-2005），Comic Market。

・栗原知代，1993，〈概論1　何謂耽美小說〉，柿沼瑛子、栗原知代編著，《耽美小說・男同志文學導覽》，白夜書房，325-35。

・永久保陽子，2005，《YAOI小說論——為女性設計的情色表現》（やおい小説論 ——女性のためのエロス表現），專修大學出版局。

・中島梓，1991，《溝通不全症候群》，筑摩書房。

・中島梓，1997，《新版 小說道場4》，光風社出版。

・西原麻里，2010，〈大眾媒體反映的「YAOI」之姿——論述分析〉（マスメディアが映し出す「やおい」

の姿——言説分析による)，《論叢酷兒》（論叢クィア），3: 62-85。

・西原麻里，2013，〈女性向男男同性戀漫畫表現史——1970年至2000年〉（女性向け男性同性愛マンガの表現史——1970年から2000年まで），同志社大學研究所社會學研究科媒體學專攻博士學位論文（未公開發表）。

・西村Mari（西村マリ），2002，《動畫二創與YAOI》（アニパロとヤオイ），太田出版。

・佐川俊彥，2010，〈《JUNE》創刊後記（上）〉（《JUNE》創刊のあとさき〔上〕），《ビランジ26》，同志社大學社會學部竹內長武研究室，152-69。

・齋藤Mitsu（斎藤みつ），2009，〈「YAOI・BL」的魅力為何？——年輕女性們的「愛與性的教養書」〉（「やおい・BL」の魅力とは何か？——若き女子たちの「愛と性の教養書」），日本性教育協會編，《腐女文化的性》，（腐女子文化のセクシュアリティ），日本性教育協會。

・渡邊由美子，1998，〈御宅族之性I「正太研究」〉（おたくのセクシュアリティI「ショタの研究」），岡田斗司夫編，《國際御宅族大學——1998年前線研究報告》（国際おたく大学——1998年最前線からの研究報告），光文社，31-55。

・山本文子，2007，〈腐女們的聖經50 EMIKURI〉（腐女子たちのバイブル50 えみくり），《Eureka總特集＝腐女漫畫大系》，39（7）：194。

・四方田犬彥，2006，《可愛力量大》（「かわいい」論），筑摩書房（ちくま新書）；2007，天下文化。

・《Comic Market作家導覽》（コミケ作家ガイド），1994，太田出版。

<table>
<tr><td>第4章</td><td>**BL的滲透與深化，擴大與多樣化**
2000年代-2010年代</td></tr>
</table>

Keywords　　　　　　　　　　　　　　　　　●堀亜紀子、守如子

網路　SNS　腐女　粉絲社群　全球化　子類型　BL多樣性　故事設定　角色設定　媒體變化

　　BL在1990年代形成一類型後，在2000年代至2010年代又產生了怎樣的變化？此一期間，BL所處的環境產生一巨大變化，那就是網路的普及。網路不只讓粉絲社群形式產生變化，也促進了全球化。此外，BL作品的出版作品數量急速增加，出現了許多無法歸類於「明快圓滿結局」這類「模式」或「規則」的作品。筆者將從次文化的視角來檢視此年代BL的多樣性，並分別從故事設定、角色設定來找出其特徵。同時也延伸至多樣媒體的BL，考察BL的滲透與深化、擴大與多樣化。

1　網路時代

　　2000年之後，BL所處的環境最大的變化就是網路的普及。1990年代為止都屬電腦通訊時代，社群的交流多以文字訊息為主，僅為封閉式的關係[1]。隨著網路的普及，任何人都可以利用網站、部落格、揭示板等多種SNS（社群媒體，Social Networking Services）輕鬆地接收、發送多樣的資訊。

　　現今（2020年），對BL愛好者而言最重要的SNS應該是Twitter（推特／X）和pixiv吧。Twitter（X）在2008年開放日語版，可發送上限一百四十字的訊息「推文」（tweet），擴散性強，2011年起也可發送圖像互動。此外，2007年起，

標榜「可投稿及閱覽插圖、漫畫、小說的『圖像式社群服務』」（擷取自官方網站上說明）之pixiv問世。

■ 從紙本媒體到網路

網路讓BL作為媒體的形式大為改變。首先，以往BL作品都是以雜誌、單行本、同人誌等紙本媒介為主要媒體，近年許多創作者則多把作品上傳至漫畫網站、pixiv等SNS。其中一些過往以紙本媒介為主的多樣活動，也轉為網路上進行，這一點也相當重要。東園子討論了同人誌機能在網路普及下產生的變化（東 2013），她將網路普及前孕育出的「創作者的同人誌機能」分為以下四大點：

> 第一個機能為「發表作品」──想把自己畫的東西展現給別人看，這是製作同人誌的一大動機；其二為「發布活動資訊」，讓讀者今後也能持續購買同人誌；第三項機能為「討論萌點」（萌え語り），喜歡YAOI的同好互相討論自己喜歡的角色等感想，被稱作「討論萌點」，通常在作品後記等自由書寫的單元，都會寫上這些討論萌點相關的文字內容；第四個機能為「交流」。（中略）創作者在後記採用直接和讀者交談的語氣，主要應是為了和讀者交流。（東 2013: 35）

東在2013年透過訪談調查，闡明以往全由同人誌一手擔負的四項機能，如今劃分為紙本媒體與電子媒體共同負擔。東進行調查當時，「發布活動資訊」主要是在pixiv進行，「討論萌點」則以Twiiter為主要場域。另一方面，也有許多受訪者表示，為了達到「讓自己的作品受到認可」、「想和同好、夥伴們串連」這些目的，非常重視同人誌、同人誌即賣會（東 2013: 44-5）。如同東指出的重點，網路的普及並沒有讓所有機能都從紙本媒體轉移至網路，紙本媒體還是有紙本媒體獨特的優勢。到了現在，媒體技術依然不斷發展，隨著

媒體技術的變化，BL所處的環境又受到怎樣的影響，這是值得關注的主題。

■ 「腐女」一詞的成立與滲透

隨著網路普及，BL愛好者間的交流變得更加容易，也可以透過網路發布各式各樣的新詞語。「腐女」就是源自網路，現在廣為流通的詞語之一。在這之前，並沒有一個固定的詞語指稱「喜歡YAOI・BL的女性」。「御宅族」給人的印象多是指稱男性，喜歡同人活動的女性則被稱作「同人女」，雖然和「喜歡YAOI、BL的女性」有所重疊，但並非完全等同。

「腐女」一詞約在2000年前後出現於網路上，2005年左右起，雜誌《AERA》等刊載了特集，一般人開始迅速地認識到這個詞語。此外，此一時期小島AJIKO（小島アジコ）以腐女女友為主角繪製部落格漫畫《我的801女友》（とばりの801ちゃん，2006-）大受歡迎，寫手杉浦由美子也相繼出版了多本針對一般人而寫，書名卻冠上「腐女」的書籍（杉浦2006a，2006b），腐女開始受到社會的關注。

此一時期之後，以《我的801女友》為首，許多漫畫中都出現了「腐女」角色。初期不少作品是由男性作者描繪腐女角色為「有點可愛的女友」（相田2014）。近年，則有許多重視女性間關係的作品，像是つづ井（Tsudui）的《這個腐女子不得了：津々井小姐的無節操日常》（腐女子つづ井さん，2016年書籍化）、鶴谷香央理的《春心萌動的老屋緣廊》（メタモルフォーゼの縁側，2018-），這些超越原有框架的多元作品也廣受歡迎。

「Boy's Love」、「腐女」這些詞語開始流行的同時，學術界也開始關注起BL。從永久保陽子的《YAOI小說論》（2005）開始，眾多以BL為主題的專業書籍紛紛出版，藝文雜誌《Eureka》（ユリイカ）也刊載了特集「腐女漫畫大系」（2007年6月號），因銷量極佳，之後又多次刊載了BL相關的特集（參見第5章）。

■ 粉絲、溝通的變化

網路普及對從事二次創作的腐女社群（參見第9章）帶來怎樣的變化？大戶朋子對此進行了研究。2000年左右開始，許多同人作家開設起網站，大戶從「匿名性」之觀點解讀這層變化（大戶2014）。網路普及之前，即便使用筆名進行匿名交流，但為了實際互動、寄送信件，還是必須提供地址、本名等，同人誌的版權頁等也會印上作者的地址、本名。此外，同人誌社群的成員為了和其他成員交流，必須取得「社團報」（サークルペーパー，刊載新刊資訊、既有刊物郵購資訊等的印刷物）、或是實際和本人見面。然而網路普及後，就算不直接見面、不知道對方住在哪裡、沒有明確資訊也一樣可以交流。大戶指出：「脫離了實名性，創造了匿名個人間可相互連結的資訊環境」（:71）。

大戶表示，相同原作的粉絲會視彼此為「同樣的夥伴」，彼此對等且平等、進行親密交流，腐女在交流時也會不自覺地避免使用帶有高下、歧視的發言，這符合社會學者安東尼·紀登斯（Anthony Giddens）的「純粹關係」概念。紀登斯指出，近代後期，親密關係脫離制度性規範，「純粹關係」取而代之受到重視。大戶認為，正因為透過匿名，腐女們才得以建立起純粹的關係（大戶2014: 72-4）。

此外，網路普及還帶來了另一項交流上的重大變化，腐女社群和外部接觸增加，讓非腐女的人注意到BL，批判腐女的言論也隨之增加。北村夏美將此現象分為網路上的反腐女言論，以及腐女們的「隱藏」戰略（參見第12章）結構來分析（北村2010）。

此外，和外國人士直接交流較以往來得容易許多，這一點也是不容忽視的。金孝真考察了韓國女性的同人活動狀況，表示2000年之後，同人文化明顯趨向全球化（金2015）。金表示，透過以插圖、漫畫為主的pixiv，同好們超越國籍、文化、語言，喜歡相同作品、角色的粉絲都能互相交流（參見第14章）。

2　BL作品的作品數量增加與多樣化

BL所處的環境隨著網路產生了巨大的變化。那麼又該如何看待BL作品本身的變化呢？筆者將以商業BL漫畫為主，整理其大致的變化方向。

■　BL導覽問世與梳理BL的嘗試

Boy's Love此名稱誕生於1990年代初期的商業BL雜誌創刊熱潮時期（參見第1章）。這波創刊熱潮一直持續到1990年代中期，此時BL多是以評論、批評等方式被討論。之後，進入2000年代，以學術為基調的論述成為主流（參見第5章），不過在此要關注的是與評論、論述都有些許不同的BL導覽、導覽書的問世。

2005年，山本文子＆BL支持者（山本文子＆BLサポーターズ）出版了《果然還是喜歡Boy's Love——完全BL漫畫導覽》（やっぱりボーイズラブが好き——完全BLコミックガイド）。該書後記寫道——和1990年代前半「幾乎所有雜誌、所有新出刊漫畫都能全數讀盡的時代不同，現在BL已成為一巨大的類型，沒辦法讀遍所有作品了」（: 213），而這也是製作此導覽書的目的[2]，「依類型作品指南」為讀者介紹、導覽[3]「廣大的BL界」（: 214）。隔年2006年出版的三浦紫苑（三浦しをん）《腐興趣～不只是興趣！》（シュミじゃないんだ）也可以算是由作家三浦紫苑的視角撰寫的BL導覽書。這些導覽書的問世，也側面印證了雜誌創刊熱潮，以及作品數量大增，BL市場巨大化，單憑個人已無法掌握所有新刊漫畫。

此外，金田淳子依照作品風格，將BL漫畫家分為四象限，繪製了地圖（金田 2006）。主要是為了批判認為YAOI、BL「『每個作品看起來都一樣』沒有評論價值」的言論（: 167），而將BL的多樣性以視覺方式展現於圖表上。金田的象限圖之縱軸表示漫畫呈現出的攻・受外貌差異；橫軸則是分為「天動說」——「明確詳細描述一對CP的戀愛、性愛生活」，與「地動說」——「不

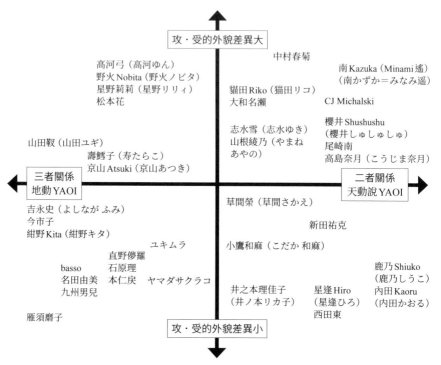

圖4-1 以象限呈現BL漫畫家地圖

攻·受的外貌差異大

中村春菊

高河弓（高河ゆん）
野火Nobita（野火ノビタ）
星野莉莉（星野リリィ）
松本花

南Kazuka（Minami遙）
（南かずか＝みなみ遥）

貓田Riko（貓田リコ）
大和名瀨

CJ Michalski

志水雪（志水ゆき）
山根綾乃（やまね
あやの）

櫻井Shushushu
（櫻井しゅしゅしゅ）
尾崎南
高島奈月（こうじま奈月）

山田靫（山田ユギ）
壽鱈子（寿たらこ）
京山Atsuki（京山あつき）

三者關係
地動YAOI

二者關係
天動說YAOI

草間榮（草間さかえ）

吉永史（よしなが ふみ）
今市子
紺野Kita（紺野キタ）

新田祐克

ユキムラ

小鷹和麻（こだか 和麻）

直野儚羅
basso   石原理
名田由美　本仁戾　ヤマダサクラコ
九州男兒

鹿乃Shiuko
（鹿乃しうこ）
内田Kaoru
（内田かおる）

井之本理佳子
（井ノ本リカ子）

星逢Hiro
（星逢ひろ）
西田東

雁須磨子

攻·受的外貌差異小

出處：金田 2006: 170

只CP本身的封閉故事，還描繪了與他者間的生活點滴」（: 172-3，圖4-1）。金田根據此論述，表示「身體外貌差異大兼天動說」的作品風格為「最具有『經典BL性』的作品，『正因是BL才畫得出這樣的內容』」（金田 2018: 190）。

　　如同金田的分析，2000年代至2010年代的BL作品，許多都是以攻·受二者關係為核心的作品。在有限的頁數內描繪了二人相遇、戀愛開花結果、發生性關係，最後為「明快愉悅的圓滿結局」。這樣的「模式」成為商業BL的主流。

■　從子類型看BL的多樣性

　　金田透過象限地圖展示出BL的多樣性（金田2006），不過，作品故事除了「天動說」、「地動說」之外，還可劃分出其他種類。在此將聚焦於BL漫畫作品的子類型，從別的面向來考察BL的多樣性。筆者將《果然還是喜歡Boy's Love》（2005）與《這部BL不得了！》（2008-19）中提到的所有子類型都整理出來，從故事設定與角色設定來區分[4]，並同時列舉2000年代至2010年代大受歡迎的作品，來看這些子類型的特徵。

(1)　從故事設定看BL的多樣性

　　首先概觀總覽故事設定，最常出現的設定為校園，其次為上班族（西裝）、奇幻&非人架空、歷史、身分差異、療癒系。

【校園故事】

　　BL總是大受歡迎的舞台設定就是校園（學校）。中村明日美子的《同級生》系列（2008-）可謂是此年代的學園故事代表作之一。如同中村所述「如樹狀圖般，故事不斷延展」[5]，故事描繪了登場角色們各式各樣的戀愛樣貌。總集篇形式的《O.B.》（2014）、《blanc》（2018-）則描繪了成為情侶的主角們離開校園，面對雙親、家人的故事。校園類型之所以人氣高漲，是因為其中包含了青梅竹馬、同學、學長學弟、老師與學生等，主角CP外的角色也很容易描繪，還能把從學生進入社會的變化也寫進故事中。

　　校園故事除了以棒球社為舞台的京山Atsuki（京山あつき）作品《聽不見的聲音系列》（聞こえない声，2009-）、透過共同在圖書室過度寧靜時光，孕育出愛情的市川Kei（市川けい）作品《湛藍色的愛戀》（ブルースカイコンプレックス，2014-）等以學校特有的空間為舞台的作品外，也有許多喜劇風格的作品，像是門地香（門地かおり）的《對學生會長的忠告》（生徒会長に忠告，2012-）、帶有搞笑風格的大和名瀬作品《我的男朋友》（ちんつぶ，

2003-)、紅蓮Naomi（紅蓮ナオミ）的《意想不到的金太狼》（まさかの金太狼，2010）、SHOOWA的《黑毛豬與椿之戀系列》（イベリコ豚と恋と椿，2012-）、Panko。（ぱんこ。）的《性格扭曲的追求者系列》（ひねくれチェイサー，2014-）、Ogeretsu Tanaka（おげれつたなか）的《無節操☆bitch社》（ヤリチン☆ビッチ部，2016-）等都相當受歡迎。另一方面，本仁戾的《飼育系・理伏系列》（1999-）、緒川千世的《格差天堂》（カーストヘヴン，2015-）、桂小町的《ROUGE》（2016）等作品則是描繪了暴力、權力關係，主題較為黑暗的作品。

【上班族（西裝）故事】

　　上班族故事的人氣也很高，可分為以職場為舞台的故事，以及角色職業為上班族的故事。像是九州男兒的《課長之戀》（課長の恋，2003-）、山田靫（山田ユギ）的《停駐你心門系列》（最後のドアを閉めろ！，2003-）、富士山Hyouta（富士山ひょうた）的《純愛》（2007-）、夏水Ritzu（夏水りつ）的《這裡禁止通行喔系列》（通り抜けできません，2008-）、夏目維朔（夏目イサク）的《無所適從的情衷》（どうしようもないけれど，2007）、米田香（ヨネダコウ）的《無法觸碰的愛》（どうしても触れたくない，2008）等都是以職場為舞台的人氣作品。職場設定的優點在於，可以同時從工作／ON（職場）與下班／OFF（私底下）兩種面向來描寫二人的關係。此外，BL中的上班族角色設定，大多不是沒有個性、疲勞的中年男性，而是「帶有成熟男性性感魅力」的西裝男性，這也是BL的「規則」之一。西裝本身就是萌點之一，其中也有將西裝角色描繪得性感不已的西田東（西田ヒガシ），或是描寫西服裁縫店的作品（Scarlet・Beri子〔スカーレット・ベリ子〕）等。

　　既然是成熟男性，其中自然也有已婚者。刊載於非BL的女性漫畫雜誌《NIGHTY Judy》（小學館）中，水城雪可奈（水城せとな）作品《愛在末路之境系列》（窮鼠はチーズの夢を見る，2006-）多被劃分為BL作品，描述已婚

上班族男性和其他男性發生外遇，與一般的BL「規則」設定不同，其中描寫了異性戀者與同性戀者的性愛，以及包含女性在內的多樣人際關係。

【奇幻＆非人架空故事】

奇幻＆非人架空（非人類的種族）之設定，在現今的YAOI作品中算是大宗，商業BL漫畫則是在2000年代之後才逐漸突出的一種類型。志水雪（志水ゆき）的《是—ZE—》（2004-）描述「言靈師」與守護言靈師的「紙樣」的故事；壽鱈子（寿たらこ）的《SEX PISTOLS》（2004-）則是描寫「人類」、「斑類」兩種人類，以及男男間的繁殖等。其他像是神葉理世、鈴木蔦（鈴木ツタ）、明治KANA子（明治カナ子）等作者的人氣系列作品、描寫人類與半人馬之戀情的es&em（えすとえむ）作品《equus——戀馬狂》（2011）、機器人之戀的山中Hiko（山中ヒコ）作品《500年的依戀》（500年の営み，2012）、描寫以動物之姿出現的神明與人類之關係的元Motohira（元モトヒラ）的《麻羽里與龍》（マウリと竜，2015-）、描寫獸人族的Watanabe Asia（わたなべあじあ）作品《ROMEO 羅密歐》（2015-）、描寫狼人與人類性愛的座裏屋蘭丸作品《Coyote 郊狼》（コヨーテ，2016-）、描寫鳥人的文善Yayohi（文善やひ）作品《鴆——比翼之鳥——》（鴆—ジェン—，2018）、描寫惡魔世界的硯遼作品《MADK　惡魔調教》（2018-）等，內容設定非常廣泛多元。

【歷史故事】

日高Sho-ko-（日高ショーコ）描繪明治到大正時期貴族物語的《憂鬱之朝》（憂鬱な朝，2009-）大受歡迎，內容描寫子爵與執事的身分差異、時代變遷下的種種事件，故事充滿戲劇性、相當精彩。Yuki林檎（ゆき林檎）的《玉響》（2014）以大正時代為舞台，彩景Deriko（彩景でりこ）的《螳螂之檻》（螳螂の檻，2016-）描繪昭和初期的故事，草間榮（草間さかえ）的《賣火柴的男人系列》（マッチ売り，2010-）則是描寫二戰剛結束的故事，這些歷史背景故

事都帶有「耽美」的氛圍。岡田屋鐵藏的《千系列》(2010-)、高橋秀武的《雪與松》(雪と松，2017-)、紗久樂Sawa(紗久楽さわ) 的《百與卍》(百と卍，2017-) 則是以江戶時代為舞台。其中《百與卍》中描寫了月代髮型CP，這也是月代髮型角色在BL中首次大受歡迎的例子(雲田等 2019)。

【華麗・黑社會故事／療癒・日常故事】

　　也有符合BL經典設定，以豪華、華麗的演藝圈、上流社會、政界等世界為舞台，描寫「Super Darling」(收入高、身高高、學歷高、顏值高，所有標準值都超高的角色) 的作品，像是中村春菊的《純情羅曼史》(純情ロマンチカ，2003-)、描寫菁英官僚的丹下道作品《戀愛諜報機關》(恋するインテリジェンス，2014-) 等都屬此類型的作品。

　　與華麗設定的世界觀不同，但也同樣可稱作經典設定的故事類型則是描寫「黑社會」的故事類型。像是山根綾乃(やまねあやの) 的《Finder系列》(ファインダー，2007-)、阿仁谷Yuiji(阿仁谷ユイジ) 的《刺青之男》(刺青の男，2008)、池玲文的《媚之凶刃系列》(媚の凶刃，2008-)、米田香(ヨネダコウ) 的《鳴鳥不飛》(囀る鳥は羽ばたかない，2014-)、Nobara Aiko(のばらあいこ) 的《寄養犬、輾轉夜》(寄越す犬、めくる夜，2015-)、梶本Reika(梶本レイカ) 的《冰鬼》(コオリオニ，2016-) 等作品，都描寫了暴力、抗爭、黑道與警察，以及反映了其氛圍的暴力性行為。以藥物、毒品為故事重要關鍵的蛇龍Dokuro(蛇龍どくろ) 作品《無盡的世界》(エンドレスワールド，2008) 應該也能算在此類型。另外還有描寫男公關世界的新田祐克作品《當男人愛上男人系列》(男が男を愛する時，1997-)、鹿乃Shiuko(鹿乃しうこ) 的《P.B.B. Playboy Blues》(P.B.B.プレイボーイブルース，2003-)、扇Yuzuha(扇ゆずは) 的《男公關白皮書》(レオパード白書，2009-)，以及描寫性工作者的紫能了、楢崎Neneko(楢崎ねねこ) 等人的作品。

　　與上述這些描寫上流社會、黑社會等非日常世界的故事相反，繪寫療癒內

容、日常生活的故事，也可謂是BL的經典類型。紺野Kei子（紺野けい子）的《愛情便利屋》（コンビニ，2000）、腰乃的《鮫島君與笹原君》（鮫島くんと笹原くん，2011）都是描寫兩名在超商打工男性的故事，充滿了生活感。描寫細微日常瑣事的還有新井煮干子（新井煮干し子）、紀伊Kanna（紀伊カンナ）、波真田Kamome（波真田かもめ），以及以公寓為舞台描寫日常生活的雲田晴子（雲田はるこ）作品《可愛的貓毛情人系列》（いとしの猫っ毛，2011-）、羽生山Hebi子（羽生山へび子）的《我在若葉莊的日子系列》（晴れときどき、わかば荘，2013-）等，這些作品故事中沒有什麼特別的戲劇性事件，而是以每天細微的心情變化，以及主角CP與其他居民的交流為主軸。

【ABO世界觀】

ABO世界觀設定的作品在2015年左右開始於日本商業出版，不過一般來說，這類型的作品是來自於北美的粉絲同人創作（Fan Fiction）[6]。依製作者不同，內容也有多樣的樣式，並沒有一個正確的設定基準，不過可整理出以下的特徵：除了男女之外，還有Alpha（α）、Beta（β）、Omega（Ω）三種性。Ω不論男女都能懷孕生育，而大多數的人口皆為β，菁英層則為α，Ω則是人數最少、處於最底層。固定的階級差異，α受到發情期的Ω散發出的費洛蒙吸引而發情，α啃咬Ω的後頸，兩者形成「番」之關係，而Ω只能和成為「番」的α做愛等，有許多獨特的設定。ABO世界觀最大的特徵在於身分差異，這讓故事可以輕易地產生精彩的戲劇性，費洛蒙、發情期等設定，也讓故事能輕易直接地連接至性愛場景。這樣的設定被認為含有「男尊女卑、種族歧視等社會諷刺性要素」（《ABO世界觀Project I》〔オメガバースプロジェクトI〕）。然而，被歧視的階層Ω被菁英層α解救，這樣的故事發展，依照描寫方式反而可能造成社會階層被娛樂化，變成僅是在享受身分差異這種設定而已，採用時必須特別注意。

當然，也有許多描寫想要打破固定身分差異的作品，像是Sachimo（さちも）

的《恭敬從命系列》（かしこまりました、デスティニー，2016-）便描寫了對於命運性互相吸引的「靈魂之番」之抵抗，α（次郎）與Ω（葵）抗拒了本能上可望相互結合的對象，而自主選擇了自己的伴侶，以及「靈魂之番」的Ω（Hajime）出現在α（工藤）面前，儘管本能上受到吸引，α（工藤）還是選擇了和β（宮內）在一起，描寫了種種克服與生俱來的歧視、命運的故事。其他還有羽純Hana（羽純はな）等將ABO世界觀設定運用在獸人與人類之關係的作品。

（2）從角色設定看BL的多樣性

接下來，將以角色設定來看BL漫畫作品的子類型。角色設定中最多的是眼鏡外型，接著是年齡差距、大叔、鰥夫、心理創傷&自卑、女裝男子、「暴力性愛」等。以下將從這些類別中整理出2000年代起較具特徵的作品來介紹。

【大叔】

2000年代前，也有像是今市子的《成人的問題》（大人の問題，1997）這樣描寫中年男性的作品，不過在此想要特別舉出山下知子（ヤマシタトモコ）的《居酒屋明樂》（くいもの処 明楽，2007），可謂是此一類別的引爆劑。「開朗天然呆的大叔受」設定不但帶來衝擊，也獲得了熱烈的支持。明樂隨性的鬍渣已夠讓人吃驚，然而內田Kaoru（内田カヲル）的《之後，如果還能再繼續》（そして続きがあるのなら，2009-）甚至還有角色畫出了腿毛、腋毛。不過即便現在，BL中的男性角色在體毛上基本還是以「光滑無毛」為主流。

如同體毛，BL使用少女漫畫的呈現方式，因此就算角色設定為中年，外觀看起來多還是二十多歲。不過，進入2010年代後，外貌看起來就是中年男性的角色明顯增加，角色的年齡也增長，這樣的傾向也讓年齡差距大的CP更加顯著。像是直野儚羅的《戀愛年齡》（2010-）、未散苑緒（未散ソノオ）的《KOH-BOKU》（公僕，2014）、市ヶ谷茅的《被煙環繞》（けむにまかれて，

2015）等作品，都是二十至三十多歲的角色與五十至六十多歲的角色配對，並描寫了年紀輕的角色（過度）擔心年長角色的身體等劇情。

另一種模式則是數十年來的兩位老友，隨著年齡增加最後成為伴侶，像是KATSURAGI（かつらぎ）的《願望迎著陽光》（願いごとはひだまりで，2012）、KASAIUKA（カサイウカ）《兩情相悅開什麼玩笑》（両想いなんて冗談じゃない!!，2014）、梅松町江的《老派巧克力蛋糕》（オールドショコラ，2017）、菅邊吾郎的《Daddy Darling》（ダディダーリン，2017）等作品都是描寫相識多年的朋友在四十至五十多歲時成為伴侶的故事。

此外，也有從青年期開始交往的CP一起邁入中老年的故事，像是sono.N的《愛憐歲月系列》（いとしき日々，2019電子書）便是描述從高中時期開始交往的情侶來到五十多歲與六十多歲的故事；常倉三矢的《Life 線上的我們》（Life 線上の僕ら，2017）則是描述十七歲墜入情網的二人在分手後再次相遇，並在六十九歲時看護並面臨死別，描繪了因高齡而死別的劇情。

其他還有因長期連載，角色也隨著時間逐漸成長、變老的作品，像是新田祐克的《擁抱春天的羅曼史ALIVE系列》（春を抱いていた）在1999年開始連載時，攻方香藤二十二歲、受方岩城二十七歲，到了系列尾聲，二人已經是四十多歲的情侶，岩城還因為過勞而發生心律不整的症狀。另外雖然不是BL，在青年雜誌《Morning》（モーニング）連載的吉永史作品《昨日的美食》（きのう何食べた？，2007-），連載當時史朗四十三歲、賢二四十一歲，如今兩人都已五十多歲，劇情中也描寫了中年發福、掉髮的煩惱，以及死後墓地、在職場成為管理職等等的內容。這些真實的「變老」，也可以說是BL的嶄新呈現方式之一。

【鰥夫（單親爸爸）】

單親爸爸一直以來都是BL人氣主題，在進入2000年代後，用更寬廣的角度來詮釋「家人」的作品增加，從僅只於CP二人與小孩的世界，擴展到與其

他人的關係。像是雲田晴子的《野玫瑰》（野ばら，2010）便是成為單親爸爸的神田和經營食堂的武墜入情網，武和年邁的母親同住，而母親也認同了主角二人，神田便和女兒一同住進武的家一起生活。CP和雙親、孩子一同居住生活的三代同堂故事，在BL中相當少見。

南月Yu（南月ゆう）的《雛鳥熟睡於海風中》（雛鳥は汐風にまどろむ，2018）、Ri-Ru-（りーるー）的《飄然滿足》（ひらひら満ちる，2019）則都是在描寫受家庭所苦的男性們，隨著養育小孩而逐漸形成「家人」，自己也重獲新生的故事。ABO世界觀的Ichikawa壱（いちかわ壱）作品《我回來了、歡迎回家系列》（2016-）則描寫了CP透過養育小孩而成長的故事。其他像是Ishino Aya（イシノアヤ）的《椿日和系列》（椿びより，2009-）並非以戀愛為主軸，而是BL中較為獨特的育兒故事。

【性別認同與女裝】

BL中的男扮女裝多是用來搞笑、或是在較為輕鬆隨性的場景出現，不過近年將重點放在跨性別、性別認同的猶疑等情境的作品逐漸增加。像是中村明日美子的《J的故事》（Jの総て，2004-）、雲田晴子的《Mimi君系列》（みみクン，2010）、永井三郎的《彷彿清新氣息》（スメルズライクグリーンスピリット，2012-）等作品，都描寫了多樣的性別樣貌。秀良子的《在宇田川町等我喔！》（宇田川町でまっててよ。，2012）則描寫了女裝與性欲等，並對各種複雜的欲望抱持肯定的態度。

山下知子的〈夢在夜晚開啟〉（夢は夜ひらく，收錄於《YES IT'S ME》，2009），故事起始於出櫃自己是跨性別者的女性，被人回以毫無同理心的回應：「欸？所以妳以前是男生？那妳是喜歡男生吧？天啊，有夠禁忌的那種？」看到跨性別的女性因此很受傷，身為美容顧問的主角刀根上前關心。刀根的同事對跨性別的女性說：「想要變美這樣的意志是任何人都有的，這是自由的。」刀根因而告白：「我也想成為女性。」雖然是短篇作品，卻確實描

述了社會對跨性別的歧視、在各種人心中產生的性別認同迷惘，實屬佳作。此外，BL中登場的男同志多是「人妖姐姐」風的配角，然而成瀨一草的《喜歡美麗姊姊嗎？》（オネエさんは好きですか？，2016）、古宇田En（古宇田エン）的《我、人家與新世界》（おれとわたしと新世界，2017-）則是直接以這樣的角色作為主角。

【暴力性愛、疼痛系】

「暴力性愛」、「疼痛系」（參見第8章），指的是透過暴力來描寫欲望與愛情的類別，Tanato（たなと）的《Sneaky Red》（スニーキーレッド，2013-）可謂是先鋒。Ogeretsu Tanaka（おげれつたなか）的《戀愛的正確標記法系列》（恋愛ルビの正しいふりかた，2015-）中，《在鏽蝕之夜對你呢喃愛語》（錆びた夜でも恋は囁く，2015）描寫了激烈的DV（家暴），而HARADA（はらだ）的《祕愛色譜》（カラーレシピ，2016-）、TAMEKOU（ためこう）的《泥中之蓮》（泥中の蓮，2016）、森世的《不可告人的戀情》（みっともない恋，2016）等作品則描寫了追求逼迫對方的執念、扭曲的愛情。此外，近年也出現了所謂「Merry Bad End」作品，即對主角們而言是幸福圓滿的結局，但周圍看來卻是相互依存的悲劇[7]，與BL的特徵「明快的圓滿結局」恰恰相反。像是梶本Reika的《高三限定》（2012-）、槇Ebishi（槇えびし）的《水之色。》（みずのいろ，2015）、Harada的《哥哥》（にいちゃん，2017）都是這類型的故事。

此外，對娛樂作品來說難度較高的殘疾、病痛等主題作品也開始增加。寶井理人的《10 count》（テンカウント，2014-）描寫患有潔癖症的主角與心理諮商師的故事，細膩描繪了主角強迫症下的想法與恐懼，以及生活上的種種困難。文乃Yuki（文乃ゆき）的《聽見向陽之聲系列》（ひだまりが聴こえる，2014-）則描寫了患有聽覺障礙的主角與聽力正常的主角二人難以進展的關係，其中也纖細地描繪了聽覺障礙程度的差異、溝通方法的不同等。

2005年筆者進行了與BL作者、編輯的訪談，有受訪者表示：「讀者不接受

SF、古裝劇、奇幻、悲劇結局（所以不會通過）」。然而在2009年，出現了文藝復興吉田（ルネッサンス吉田）的《茜新地花屋散華》、ARUKU的《猿喰山疑獄事件》等相當具有個性的話題作品，跳脫至今「規則」、「模式」的作品逐漸增加。2000年代至2010年代的特徵在於從「BL的滲透與擴散」（金田、永久保 2012），發展到「透過滲透開始『深化』，透過擴散開始『更加多元化』」（石田 2012: 130）的階段。BL主題的多元化與追求角色、關係性呈現方式、深入刻劃，讓BL這個類型出現了更多的多樣性與細分化。

3　相互交叉的BL

■　跨越雜誌類型界線

最後，也來探討BL與其他媒體相互交錯的現象。

首先，在BL雜誌外活躍的BL作者明顯增加。吉永史、雁須磨子、星野莉莉、櫻井Shushushu、草間榮、中村明日美子、basso（Ono·Natsume〔オノ·ナツメ〕）、黑娜Sakaki（黑娜さかき）、Bikke（びっけ）、Tojitsuki Hajime（トジツキハジメ）、日高Sho-ko-、es&em、岡田屋鐵藏（岡田屋愉一）、山下知子、槙Ebishi、寶井理人、阿仁谷Yuiji（阿仁谷ユイジ）、山中Hiko、琥狗Hayate（琥狗ハヤテ）等作家都活躍於各青年雜誌、女性漫畫媒體中。

與上述相反，也有活躍於一般雜誌的作者開始畫起BL作品，有像紺野Kita（紺野キタ）這類活躍於各種類型作品中的作者，也有知名少女漫畫雜誌作家Monden Akiko以モンデンアキコ（Monden Akiko的片假名標示）名義在BL雜誌中連載，少年漫畫雜誌出身的高橋秀武也加入BL雜誌連載的行列。此外，也有刊載於一般漫畫雜誌，但內容幾乎可視為BL的作品，像是渡瀨悠宇的《櫻狩》（櫻狩り）刊載於《月刊Flowers增刊凜花》中；新條真由（新條まゆ）的《教師的純情　學生的欲望》（教師の純情　生徒の欲望）刊載於電子版《瑪格麗特》（マーガレット）；須久Neruko（須久ねるこ）的《眨眼之間》（まばた

きのあいだ）則是在電子書Manga Box上連載，並由講談社Comics出版。

　　也有原本刊載於一般雜誌的作品之後轉在BL雜誌連載（如本橋馨子的《草莓頹廢派》〔ストロベリー・デカダン〕、《草莓頹廢派 Eternity》〔ストロベリー・デカダンEternity〕等），或是原本刊載於BL雜誌的作品之後於一般雜誌中連載（如井上佐藤的《10 DANCE》等）。此外，人氣的同人誌、電子書作品發行商業書籍的數量也增加，像是圖騰柱（トウテムポール）的《東京心中》便在2013年一口氣發行了四本書，引來話題。

　　至於外國的翻譯出版（很遺憾，其中也包含了盜版），則不只是最新刊作品，連「24年組」的作品都有翻譯。竹宮惠子在訪談中回答如下：

> 「我的故事中描繪的是四十年前的日本，然而現在，在世界各處卻還對此有所需求。世界各地都會閱讀日本的漫畫，也讓作品的壽命延長了，我感到很開心。」

　　除了竹宮提及的翻譯出版，電子書網站上舊作與新作同樣陳列於網頁上，作品超越了地點、時間，直接傳遞到讀者的手邊。活躍於美國漫畫界的作家咎井淳（Guilt Pleasure）參與的作品《言之罪系列》（In These Words，2012）也發展出BL作品，各式各樣的跨界模式正不斷發展當中。

■　跨越媒體界線與BL作品的增加

　　除了跨越作者、刊載雜誌的跨界發展，BL的多媒體化也成為一大現象。伴隨聲優人氣高漲，BLCD（BL有聲劇CD／Drama

圖4-2　《百與卍》（百と卍）

出處：紗久楽さわ，《百與卍 3》，台灣東販，2020

CD）、BL遊戲（參見第11章）、2.5次元舞台（參見Column⑤）、BL原作改編的動畫作品、連續劇、電影也大增。

除了這類BL的多媒體跨界外，近年BL式作品廣受歡迎也是一大特徵。動畫《YURI!!! On ICE》（ユーリ!!! On ICE，2016年10-12月於朝日電視台等播放）大受歡迎，世界各地的粉絲都透過SNS投稿二創彩稿（Fan Art）。其他像是連續劇、電影《大叔的愛》（おっさんずラブ，2016年12月於朝日電視台系列單集放送，2018年4-6月播出第一季、2019年8月電影版上映，同年11-12月播出第二季），以及改編為連續劇的《昨日的美食》（2019年4-6月東京電視台系列播出，2020年1月單集播放）雖然都稱為BL作品，但它們從未刊載於BL雜誌。目前的狀況來看，BL式的再現（Representation）頻繁地出現在眾媒體上，然而社會依然對男同志帶有難以動搖的歧視，關於作品是如何面對這些歧視的問題，研究時必須像溝口彰子或藤本由香里那般，一一考察每部作品才行（溝口 2015；藤本 2019）。此外，男同志歧視對於以男男戀愛、性愛故事為樂的腐女而言，是相當深刻相關的問題，這點必須先明確指出（參見Column⑥）。

■ 當BL不再是社會污名時

最後還有一點，BL所處的狀況有了巨大的變化。2019年，紗久樂Sawa的《百與卍》獲得日本文化廳媒體藝術祭漫畫部門優秀獎（圖4-2），這是BL作品首次獲得這類獎項。可以說，這次的得獎代表了漫畫界終於認可BL也是值得好評、有其價值的類型了。

BL構築起包含人與人的關係性、人生、性與欲望、愛與暴力等，各式各樣主題的芳醇土壤。被男男性愛所吸引不再是社會污名，而是得以作為「文化」傳播，是這半世紀的歷史中，最大的變化。

◆文獻指引◆ 給想要了解更多的人

①日本漫畫學會，2019，〈學術研討會 數位時代的漫畫〉，《漫畫研究》，25: 144-242。
　　2018年日本漫畫學會舉辦的學術研討會「數位時代的漫畫」之紀錄。日本漫畫單行本出版市場在2017年時，電子書首度超過紙本書。在考察日本以外各國的狀況下，從作者、編輯、通路各立場討論數位時代的漫畫。

②山田獎治編著，2017，《用漫畫・動畫寫論文・報告——把「喜歡」化為學問的方法》，ミネルヴァ書房。
　　本書從文學、社會學、比較文化學等各種立場來討論漫畫・動畫文化。雖然不是以BL漫畫為主題，但討論了數位時代的漫畫（第2章）、漫畫・動畫的聖地巡禮（第6章）等，可以獲得許多思考現代漫畫・動畫文化的啟發。

③NEXT F編輯部《這部BL不得了！》（2019年度版為止為宙出版，2020年度版開始為NFXT F）
　　每年12月發售的雜誌，以排行榜的方式介紹該年度的BL漫畫與BL小說。不但能作為驗證BL趨勢的參考，當中也有豐富的訪談、特集，資料價值高。

〈註〉

1. 於電腦通訊時代，金（2013）對其狀況相當了解（雖是韓國的狀況）。
2. 導覽書的先驅，太田出版在1994年曾出版《Comike作家導覽》（コミケ作家ガイド）。
3. 《果然還是喜歡Boy's Love》導覽書之後，2007年由《Eureka 總特集＝BL研究》（ユリイカ 總特集＝BLスタディーズ）之〈這部BL太厲害！'07〉（このBLがすごい！'07）接棒，08年起，每年都會出版《這部BL不得了！》（このBLがやばい！，宙出版），BL導覽書的出版已成了固定模式。
4. 如同校園類型中，校園為「舞台」、學生為「角色」，有些類型中故事與角色設定是重疊的。
5. 〈Special Interview 中村明日美子〉，《這部BL不得了！2015年度版》（このBLがやばい！ 2015年度版），2014: 41。
6. Fanlore "Alpha / Beta / Omega"（2020年3月30日取得，https://fanlore.org/wiki/Alpha/Beta/Omega）。
7. 某位推特用戶對「Merry Bad End」下了以下的定義：「Merry Bad End指的是因為過度的相互依存而發生的悲劇，主要是本人們感到很幸福，但周圍的人看來卻是難以忍受、充滿遺憾的悲劇。相反地，本人們覺得是不幸的結果，但周圍、社會上來看是好結局，這樣也是 Merry Bad End。」（2012年4月8月投稿貼文。2020年3月30日取得，https://twitter.com/65co/status/188865952501338112）。網路字典・字典網站「實用日語表現辭典」上表示，「Merry Bad End為故事中主角本人覺得幸福圓滿，但周圍或讀者卻不這麼認為的結局，或是這類結局的故事，多簡稱為『Meriba』。多使用於小說、漫畫、動畫、遊戲等粉絲間的用語。」（2020年3月30日取得，https://www.weblio.jp/content/%E3%83%A1%E3%83%AA%E3%83%90）。

〈引用・參考文獻清單〉

・相田美穗，2014，〈被覆蓋的現實——以2002年至2011年的腐女角色變遷為例〉（上書きされる現實——2002年から2011年おける腐女子キャラクターの変遷を事例として），《廣島國際研究》，20:

105-18。

· 東園子，2013，〈紙本的手感──女性們的同人活動之媒體機能分析〉(神の手ごたえ──女性たちの同人活動におけるメディアの機能分析)，《大眾傳播研究》83 (0)：31-45。

· 石田美紀，2012，〈成熟與自由──從遙遠的鄰人審視 YAOI・BL 的現在〉(成熟と自由──遠い隣人から省みるやおい・BL の現在)，《Eureka 特集＝BL On the Run!》(ユリイカ 特集＝BL オン・ザ・ラン！)，44 (15)：126-30。

· 金田淳子，2006，〈YAOI is Alive──給想要了解的你 YAOI MAP〉(ヤオイ・イズ・アライヴ わかりたいあなたのための、やおいマンガ・マップ)，《Eureka 特集＝漫畫批評最前線》(ユリイカ特集＝マンガ批評の最前線)，38 (1)：166-78。

· 金田淳子，2018，〈不適當的漫畫──Boy's Love 漫畫中雲田晴子的位置與批評性〉(つごうのよくないマンガ──ボーイズラブマンガにおける雲田はるこの一と批評性)，《Eureka 特集＝雲田晴子》(ユリイカ 特集＝雲田はるこ)，50 (16)：189-97。

· 金田淳子、永久保陽子，2012，〈對談 BL 的滲透與擴散〉(対談 BL の浸透と拡散をめぐって)，《Eureka 特集＝BL On the Run!》，44 (15)：145-58。

· 北村夏實，2010，〈是什麼讓腐女潛水──從御宅族集團內的同性友愛看她們的規範〉(腐女子を潜在化させるのは何か──オタク集団内のホモソーシャリティからみる彼女たちの規範)，《女性學年報》，31：32-55。

· 金孝真，2013，〈作為「他者」的 YAOI──1990 年代的韓國同人文化變遷〉(「他者」としてのヤオイ──1990 年代における韓国同人文化の変容をめぐって)，Jaqueline Berndt、山中千惠、任蕙貞編，《日韓漫畫研究：國際漫畫研究第 3 卷》(国際マンガ研究 3 日韓漫画研究)，京都精華大學國際漫畫研究中心。

· 金孝真，2015，〈同人誌文化的全球化與韓國的女性同人──以 2000 年代之後為中心〉(同人誌文化のグローバリゼーションと韓国の女性同人──2000 年代以降を中心に)，大城房美編著，《女性漫畫研究──連結歐美・日本・亞洲的 MANGA》(女性マンガ研究──欧米・日本・アジアをつなぐ MANGA)，青弓社。

· 雲田はるこ、紗久楽さわ、溝口彰子， 2019，〈萌的新境地！「月代髮型男子」〉，《BL 進化論 性的歷史，BL 的未來》(2020 年 3 月 30 日取得，https://cakes.mu/posts/27861)。

· 大戶朋子，2014，〈腐女社群的匿名性與實名性〉(腐女子コミュニティの匿名性と実名性)，《年報『少女』文化研究》，6：69-75。

· 藤本由香里，2019，〈分歧點《大叔的愛》〉(「おっさんずラブ」という分岐点)，James Welker 編著，《BL 開啟的門──變遷的亞洲之性與性別》(BL が開く扉──変容するアジアのセクシュアリティとジェンダー)，青土社：131-50。

· 三浦紫苑，2006，《腐興趣～不只是興趣！》(シュミじゃないんだ)，新書館；2010，尖端。

· 溝口彰子，2015，《BL 進化論──男子愛可以改變世界！》(BL 進化論──ボーイズラブが社会を動かす)，太田出版；麥田，2016。

· 永久保陽子，2005，《YAOI 小說論──為女性設計的情色表現》，專修大學出版局。

· 杉浦由美子，2006a，《宅女研究──腐女思想大系》，(オタク女子研究──腐女子思想大系)，原書房。

· 杉浦由美子，2006b，《腐女化的世界──東池袋的宅女們》(腐女子化する世界──東池袋のオタク女子たち)，中央公論新社(中公新書ラクレ)。

· 山本文子＆BL 支援者，2005，《果然還是喜歡 Boy's Love──完全 BL 漫畫導覽》，太田出版。

· 《ABO 世界觀 Project I》(オメガバースプロジェクト I)，ふゅーじょんぷろだくと，2015 年。

Column ② BL 與百合，似近實遠的二個世界

田原康夫

本專欄的目的在於梳理現今被稱作「百合」，描寫女女同性戀的作品類型之歷史經緯與擴展過程，並闡明和 BL 的共通點與差異。

BL 與百合，前者描寫男性間的親密性，後者則是描寫女性間的親密性，具有對照性。不過，BL 基本上多是以戀愛、性愛為主軸，百合描寫的關係性卻不限於此。像是柊 Yutaka（柊ゆたか）的《新手姊妹的雙人餐》（新米姉妹のふたりごはん，2015-）描寫女女日常性對話的作品，也常被歸類為「百合」作品。

百合之所以會涵蓋與戀愛本身相異的關係性，有其類型特殊的經緯。在大眾文化中，女女的關係性不論是在少女小說、少女漫畫等女性向媒體，還是男性向的情色作品，都已有多樣的著墨，粉絲（讀者、作者、編輯等）在這廣泛的領域中，找尋符合自身價值觀的作品，稱之為「百合」，最終在有意無意之間，打造了這一類型。

因此，「百合」的定義依粉絲的詮釋不同有所變動。不過，粉絲的詮釋（＝粉絲會選擇怎樣的作品視為「百合」）還是可以看出某種傾向，其中也包含了比較 BL 和百合時不可忽略的特徵。於此，將追溯至百合類型的形成期，來確認粉絲詮釋的傾向。

有許多不同風格的作品都被視為百合的「根源」，不過今緒雪的《瑪莉亞的凝望》（マリア様がみてる，1998-），應屬現今依然持續的百合熱潮先鋒。此作品由少女小說書系 Cobalt 文庫（コバルト文庫）發行，但除了原本閱聽人少女（女性）支持，還獲得了眾多男性讀者青睞，多次動畫化，更發行了近四十本文庫本（2020 年為止），成為極有人氣的系列。

以女校為舞台，學姊與學妹形成一對一的組合，稱作「姊妹」，故事描寫「姊妹」互相支持、慈愛的內容。然而，故事中少女們培養出的羈絆程度都沒有超越異性戀規範，皆為和異性戀關係共存、並列的關係。面對這層曖昧的關係性，粉絲的詮釋大約可分為二種。一為粉絲積極地將其關係性替換為（似「YAOI」）同性愛戀，進行二次創作；另一種則是無法明確歸類為同性愛戀，較為「軟性」的關係性，粉絲強調這樣的關係，並進行二次創作。

換言之，我們可以看到二種不同的粉絲反應，一是將百合視為同性愛戀關係，另一種則是更「軟性」的關係——標準的「友達以上戀人未滿」。這二種粉絲在之後的百合類型發展中，留下了各自不同的足跡。請原諒筆者在此試著以粗暴的方式來分類，百合的專屬雜誌（漫畫雜誌《百合姊妹》〔百合姉妹，Magazine・Magazine〕，

2003-04，以及接續該誌的《Comic百合姬》〔コミック百合姫〕，一迅社，2005-）多是主打強烈的女女戀愛；而「軟性」的百合，也就是所謂的萌系，則有2000年代打出名號的四格漫畫雜誌《Manga Time Kirara》（まんがタイムきらら，芳文社，2002-）作為代表，也加深了和「日常系」（空氣系）類型的連結。和BL比較時，百合的專門雜誌更是重要，這些雜誌中可以看到YAOI、BL作者們的作品（與BL的共通點）；以及更從女同志觀點相近的位置描寫故事的作品（與BL的差異），全都沒有多加區分地共存在一起。此外，《Comic百合姬》在創刊期便已獲得一定程度的男性讀者，可以說百合是在（異性戀、同性戀的）女性與男性雙方共同支持下發展起來的類型，這也是必須提及的一點。

其中特別重要的是，儘管有嗜好的差異，但之後兩者始終沒有分道揚鑣，直至今日一同建構了連續性的領域。本專欄雖然硬是將百合的系譜分類為二種系統，但實際上要劃分開兩者相當困難。光是專屬雜誌《Comic百合姬》，其中就同時有戀愛故事，以及難以劃分為「日常系」的作品（像是Namori〔なもり〕的《搖曳百合》〔ゆらゆり〕2008-）。此外，是否將「百合」視為同性愛戀這樣的想法，其實就已忽略了「同性戀」的多樣性，想要以某種基準（典型的方法就是性行為的有無）來框列、歸納，其實帶有欺瞞的意涵在內。

結論來說，判斷「那部作品是不是百合」的「基準」其實並不存在。這份不確定的性質，就是BL和百合（至今現在這個時間點來看）最大的差異。不過，百合在這樣不確定的情況下依然得以成為一類型，很可能就是因為男／女間根本的性別非對稱性。如同赤枝香奈子所述，以男性欲望為基準建構起的近代「性」框架之下，女性的「愛」（親密性）與「性」並不像男性那般「分離、獨立」（赤枝2011: 21-2）。即便先不談此功過，不論是同性愛戀性質的百合，還是「軟性」的百合，這樣的非對稱性正是百合這個類型反映出的特徵，也是我們不能忽略的。

〈引用・參考文獻清單〉

・赤枝香奈子，2011，《近代日本的女女親密關係性》（近代日本における女同士の親密な関係性），
　　角川學藝出版。

第5章　BL至今是如何被討論的？

「BL論」學說史總論

Keywords

● 守如子

批評　JUNE　婦女研究　性別　女性主義　同性同人小說（Slash Fiction）　女性情誼（Sisterhood）

　　本章要探討的不是BL作品的生產、消費或作品內容本身，而是要考察這些過程、以及作品是如何被討論的。如同前面章節所述，「女性向男男戀作品」不論在名稱、內容、媒體的形式等，都會隨著時代而變化。而這些變化，也讓此類型的討論方式、評論產生巨大的轉變。

　　從作品類型成立至1990年代這段時期，主要論述與討論的核心多為評論、批評的形式；2000年代之後，以文學研究、社會學、媒體研究、漫畫研究等各種學術為基礎進行的討論成為另一個主軸。本章將隨時代演變試著描繪出「BL論」的「學說史」。此外，本章基本上都沿用各論者的用語來指稱這個類型，但在涉及整體的議論時，則使用「BL論」一詞。

　　執筆本章時，筆者收集了用日語撰寫的「BL論」，光是筆者看到的就有超過兩百部的評論（日語以外的「BL論」參見Column③）。再次閱讀這些論文，一樣感受到論點的多樣性。當然要將所有論文的細膩論點全彙整在一個章節中是相當困難的，個別議論的重要性就交由讀者各自去解讀，本章將以描繪「BL論」的大方向為主。

1 批評的時代──從「少年愛」作品問世到1990年代

■ 漫畫評論作為開端

「BL論」是從作家的論述圈內建立起來的，竹宮惠子的《風與木之詩》、萩尾望都的《天使心》、《波族傳奇》等「少年愛」作品（參見第1、第2章）被視為BL的源流之一。竹宮、萩尾等「24年組」的作品在當時的文化界中獲得高度評價，留下了眾多人所書寫的作家論。

1975年，之後主辦Comic Market的「迷宮」同人社團創刊了評論雜誌《漫畫新批評大系》，類似這樣的同人社團創刊的同人評論誌例子很多，年輕的評論家、作家開始展開活動，以同人誌、小眾雜誌[1]為中心，進行評論（參見第2章）。這時少女漫畫首次受到關注，以往少女漫畫一直被視為劣於其他漫畫。然而此一時期，想從少女漫畫中發掘漫畫嶄新可能性的，卻壓倒性清一色以男性評論家居多（杉本2010）。

男性評論家特別關注創作少女漫畫的「24年組」。像是橋本治以「少女」這個關鍵概念解讀了萩尾望都的《波族傳奇》（橋本〔1979〕2015：第II章）。隨著時代演進，大塚英志同樣以「少女」為關鍵概念撰寫了《少女民俗學》（1989）。大塚表示，與民俗社會中孩童一直線成為大人的過程不同，近代的「少女」對於成為大人、「今後將作為妻子『生育』孩子的命運」踩了「剎車」，為一被劃分在「生育」之外的存在（大塚1989：19）。萩尾望都的《天使心》中的少年正是為生育踩了剎車的少女的理想形（：105），而《足球小將翼》的同人誌世界或是傑尼斯偶像等「只有少年存在的世界」，與「少女」所處的日常不同，帶有一種聖域般的意涵（：212-3）。不過，大塚的論述被後續的評論者批評為在毫無前提的情況下，接受了既有的性別秩序（笠間2001等）。如同上述，此一時期主要是男性評論家以「少女」為關鍵概念，解讀「少年愛」作品，不過依然可謂是「BL論」的源流之一。

■ 從《JUNE》觀點來看

在初期「BL論」中，中島梓的著作無論在質與量上都具有巨大的存在感（中島〔1978〕1984,〔1991〕1995,〔1998〕2005）。如同第1章、第2章的詳述，中島梓引領了雜誌《JUNE》，除了以栗本薰名義撰寫小說，也以中島梓名義進行評論活動。

《美少年學入門》（〔1984〕1998）為中島最早的「BL論」。該書匯集了自1978年創刊起刊載於《Comic Jun》（之後的《JUNE》）的文章，不只中島的散文，還收錄了與「少年愛」漫畫家竹宮惠子、木原敏江等人的對談。以現在的用詞來說，這本書的主題就是作家們在「討論萌點」（萌え語り）。中島本人對此類型的關心可從「美少年學」、「花樣美中年學」等章節標題看出端倪，主要是以男性「性」的關注為基調。另一方面，竹宮惠子、木原敏江等人則更重視可以描繪異性間戀愛難以達成的對等關係性，論者間的觀點差異也相當具玩味。

中島的第二部著作《溝通不全症候群》（〔1991〕1995）在當時被廣泛閱讀，是具有極大影響力的「BL論」。中島將極具現代性特徵的精神狀態稱作「溝通不全症候群」，並從這樣的角度來解讀渴求《JUNE》的少女們。

雖然中島的評論可以看出許多不確切之處，依然可要約如下：「沒有歸屬感」而疏離的人們，在虛構的世界中建立起自身的地盤，並藉此來適應現實世界（中島〔1991〕1995: 58-66）。然而，女生無法像男性一般，「變成御宅族」捨棄在現實社會中找到歸屬的可能性，進而逃離社會（: 120-2）。對少女而言，「成為大家都疼愛的好孩子、大家都喜歡的孩子」才是存活下去的方法（: 169）。因為少女們努力想要符合社會給予少女們的那道極為細窄的生存縫隙，才會不得已陷入「減肥症候群」（: 157）。中島認為，在這樣的情況下，「比其他少女更纖細敏感的少女們」（: 230）開始渴求JUNE這個類型。

被暴露於凝視下的無助少女們，無意識地選擇了不存在男性與社會凝視

的場所——如果被暴露於那種凝視下，少女們自己的存在也將消失。在這裡，可以暫且與社會隔離開來，只有少年們存在，過著宛如寄宿學校般的生活方式。（略）。（中島〔1991〕1995: 222）

　　為社會凝視所苦的少女們，無意識地尋求一個沒有凝視的場所，因此來到了JUNE。此外，中島認為少女們想從JUNE找到「自己的歸屬」，關於這點，她說了下面這段話：

「對JUNE而言最重要也是必須執著的形貌……也是少女們對JUNE所要求的，那就是違反社會秩序也在所不惜的「極致的愛」：就算要與否定自己的社會倫理對抗也要守護自己、（即便最後只能在死亡中完成也在所不惜地）給予自己正當的歸屬之處，能做到這樣的強烈的愛戀。」（中島〔1991〕1995: 234）

　　這些「JUNE少女們」的存在，中島表示「是對於『身為女性』這件事本身的反抗」、「她們是『想當少年』的少女們」（中島〔1991〕1995: 236）。中島的第三部著作《達拿都斯的孩子們——過度適應的生態學》（〔1998〕2005）基本上為沿續第二作的內容。
　　《JUNE》同時是孕育出多樣評論的母體，其中絕不能忽視負責〈JUNE文學導覽〉（讀者投稿書評欄）的栗原知代。栗原和因譯介男同志文學而聞名的柿沼瑛子一同編撰了《耽美小說・男同志文學導覽》，率先整理了「耽美小說」（JUNE小說、YAOI小說）的歷史，考察女性為什麼喜好男男戀愛小說。栗原表示「這是無意識的女性主義」，並解讀自身只閱讀男同志小說的體驗是因為「我無法將自身的情感投射到虛構故事中登場的女性」、「我無法與社會強調的女性形像同化」（柿沼・栗原編 1993: 332-3）。此外，她認為同人誌是讓自己喜愛的角色「人偶家家酒」（: 336），從中獲得的滿足感可再與僅限女生的夥

伴交換彼此的妄想。最後栗原總結，認為這樣的狀態為「與女性主義主張的『女性情誼』（Sisterhood）極為相似」（: 338）。

此外，曾投稿並刊載於《JUNE》的作家榊原姿保美出版了《YAOI幻論》（やおい幻論，1998），當中表示「JUNE小說」是「以不適應、不符合期待的樣貌存在的自己」在現實社會中的「救贖」（榊原 1998: 41-2）。JUNE不只是產出作品，也成為產出討論此類型觀點的據點。

■ 從婦女研究觀點來看

眾多論述都表示，「BL論」與婦女研究的成立是無法切割的。依據《岩波女性學事典》，婦女研究指的是從第二波女性主義發展出的新學問思潮，批判既有的男性中心主義式知識，並以闡明性歧視結構、將一直以來被忽視的女性經驗語言化、理論化為目的。1970年代晚期，各式婦女研究學會、研究會紛紛成立，學會誌也同步創刊。到此時為止，婦女研究系統的學會、團體的成立理念，多是為提供一個學習的場域給以往被屏除在學問世界之外的女性們，但在此時也開始開放不在大學內部的研究者發表論文。在這樣的場域，喜好「男男戀愛」的女性們以當事人的身分，開始撰寫探究自我的論述考究。

水間碧（谷川たまゑ）可謂是這波論述的先鋒。1989年，水間在學會誌《女性學年報》中發表了第一篇以「24年組」為分析對象的論文，在逐漸累積論文數量後，出版了單獨著作《隱喻的少年愛》（隱喻としての少年愛，2005）。水間援用精神分析法，關注「母－女關係」之糾結來解讀女性的「少年愛嗜好」。水間的結論可以以下這句話來說明：「排除了女性身體的情色＝少年愛，是緩和與『母』分離不安的良策之一，帶有支持孩子確立自我的意涵」（水間 2005: 13）。

此外，中野冬美的〈YAOI表現與歧視——解開專為女性設計的情色〉（1994）也刊載在婦女研究系列年報《女性 Life Cycle 研究》中。中野所謂的「YAOI表現」指的並非少年愛或JUNE作品那類愛的幻想，而是性幻想、帶

有情色面向的表現方式（參見第8章）。中野以喜好「YAOI表現」的當事人立場，考察內涵在此類表現中的女性性欲。

中野的這個考察是受到當時的「YAOI論爭」觸發而寫下的。「YAOI論爭」是在1992年迷你社團誌《CHOISIR》中，男同志佐藤雅樹表明對YAOI感到不快而引發的議論（論爭詳細內容參見第13章）。YAOI受到男同志的批判，中野表示「至今始終被無視、被輕蔑的YAOI，為什麼現在會變成被批判的對象？」其背景在於「感到受到來自男性社會全體的噓聲」：

> 否定身為女性、憧憬男性，一廂情願認為男性相當美好，一個勁地撰寫、閱讀只有男性的故事，在這個過程中，男性社會不僅絲毫沒有動靜，甚至變得更加鞏固。
>
> 然而，YAOI超越了對男性的憧憬，竟然是以男性身體為對象，來進行自慰般的內容，將男性這個性別規範一刀兩斷，想像「被插入的男人」、「呻吟喘息的男人」、「感到快感的男人」來取樂。男性社會自然是無法對此保持沉默，因此某種意義上來說，這是對男性社會的挑戰（中野 1994：132）。

中野的議論對1990年代表現的變化（參見第3章）採取肯定的態度。不過，文學研究者有滿麻美子與藤本由香里（有滿 1991，藤本 1992）比中野更早注意到這層變化。有滿指出，《足球小將翼》的YAOI同人誌的出現，與「少年愛」產生了關鍵性切割。面對同人誌中描寫的若島津健和日向小次郎CP，作者們「在保有作為異性戀對象的欲望之同時，也將自己和性格上的『女性』與性愛上為『攻』＝『男』的若島津健一體化，並運用宛若陰莖的筆去侵犯日向小次郎，進而獲得異性戀與同性戀的、以及女性的性與男性的性的、其中任一的位置」（有滿 1991：158）。藤本則認為，基本上女性的性「都從恐懼開始」、「充滿了各種負面的要素」（藤本 1992：281），在這樣的狀況下，「這些讀者的

少女們，透過這些（引用者註：『24年組』的）作品，用『少年愛』這個機制，建立起自己與性愛之間的安全距離，退一步來說，自己也有了『遊戲性愛』的可能性」(: 283)，最後孕育出同人誌作品中的 YAOI 表現。此外，藤本認為「『少年愛』的模擬讓視線的移動更為容易，讀者／作者可化身為觀看的一方，也就是少女們能逐漸習慣取得主動性、主導性位置吧」。

另一方面，中野在此論述中，透過分析自身的「快感迴路」，闡明「想讓男人感到快感」、「想成為男人、擁抱（插入）男人」的欲望是確實存在的（中野 1994: 135-6）。中野的論述可以被定位為第一次有人以當事者的立場來討論有滿、藤本指出的「獲得『觀看方』位置」之意涵。

■　不斷發展的性別研究

率先將「（社會）性別」（Gender）一詞寫入論文標題，展開此類型研究論述的論文，為始終牽引著女性學、性別學研究發展的上野千鶴子之〈Genderless World 的「愛」的實驗——以少年愛漫畫為例〉（上野〔1989〕1998）。上野認為，「24年組」筆下的「美少年」，是少女們心目中「理想化的自我」、是非男也非女的「第三性」(: 131)。少女漫畫家們想要描繪的是脫離「有男有女的世界」，也就是脫離已經被性別污染的「現在、這裡」之現實世界，進行一個「在 Genderless＝無性別世界中從事的性與愛實驗」(: 132-3)。在無性別的世界中所進行的「實驗」，指的是透過男男的設計，製造「異質卻對等」的配對，觀察獨立的個體如何建立起「關係」等 (: 149-51)。這個「實驗室」為了控制變數，必須把性別這層變數消除。在她們的世代裡，要打造「對等的配對」，只能靠這樣人為、SF式的設定才有辦法完成。上野稱之為「她們那個世代存在的弱者的怨恨（Ressentiment）」(:151)。

此外，評論家小谷真理在探討女性主義評論與女性SF連接點的著作《女性狀無意識》(1994) 中指出，美國的同性同人小說（Slash Fiction）與日本的 YAOI 之共通點在於「SF式想像力」。同性同人小說最初確立於 1970 年代後

半，《星艦迷航記》的女性粉絲們製作描寫男性角色間戀愛的同人誌，主要媒體形式多為小說。而所謂SF式想像力，指的是「從毫無關聯的現象中發現科學化的關係性，並將其顯著化」的思考方法（小谷 1994: 247-8）。小谷用以下的方式解讀了日美兩類型生成的機制：女性粉絲們在閱讀男性化文本時，會從其內部樹立起「新法則」，並參考男同志小說、情色文本，展開將原有文本轉變為相異脈絡之過程（: 248-9）。最後，作品中的男性關係，多被描繪為許多女性期望的「對等」之「愛」（: 240）。小谷介紹的同性同人小說之批評理論，也成為後續論述者解讀BL時的參考。

由以上可知，1980年前後展開的「BL論」，除了幾位男性評論家外，多是由可稱為當事人的作家[2]、讀者為核心發展起來。當中經常出現的「『少年愛』或『JUNE』，以及『YAOI同人誌』、『YAOI表現方式』等對於我們女性而言究竟是什麼？」這類認同上的提問。這些提問其實顯示了女性們對被社會所強制扣上的女性形象之反彈、渴望對等的關係、女性情誼、女性的性欲等各方面的回應。而這些討論在現今社會中，全是環繞著「身為女性」之相關問題，也是婦女研究、性別研究的主題。初期的「BL論」也可以說是與婦女研究、性別研究共享著問題意識，隨之一路進展下來吧。

2　學問的時代——2000年之後

2000年代前後開始，新世代的「BL論」出現。此時性別研究已被認可為一門學問，在這樣的狀況下，新世代研究者們展開了研究的步伐，開始探究「BL論」。先是在學會誌、大學主辦的期刊等媒體中有幾篇相關的論文發表，接著以BL為主題的博士論文、著作紛紛問世。

此外，此一時期「Boy's Love」、「腐女」等詞彙廣泛被社會所認知（參見第3、4章），「BL論」的需求也提高。以評論、思潮為主的文藝雜誌《Eureka》（ユリイカ）就刊載了《腐女漫畫大系》（2007年6月臨時增刊號）、《BL研究》

圖5-1 《Eureka》（ユリイカ）的BL特集封面

出處：《Eureka 總特集＝腐女漫畫大系》（ユリイカ 総特集＝腐女子マンガ大系）2007年6月臨時增刊號、《Eureka 總特集＝BL研究》（ユリイカ 総特集＝BLスタディーズ）2007年12月臨時增刊號、《Eureka 總特集＝BL On the Run!》（ユリイカ 総特集＝BLオン・ザ・ラン！）2012年12月號

（2007年12月臨時增刊號）、《BL On the Run!》（2012年12月號）等三次相關特集（圖5-1）。

　　2000年代之後的論文、論述數量眾多，以下依切入點來劃分「BL論」，介紹各自的代表性研究。

■　針對作品內容的具體分析

　　第一種切入點為作品內容。以文學研究為基礎進行研究的永久保陽子《YAOI小說論》（2005），是早期率先想要掌握BL作品整體輪廓的著作。永久保認為「YAOI小說」（以現在的用語來說，即BL小說）在1992至93年左右掀起新書版書系[3]創刊熱潮，代表YAOI小說「進軍商業市場」（永久保 2005: 327）。之後她針對新書版、文庫形式出版的原創商業作品，進行內容分析，並將1996年發行的三百八十一部BL小說全部數據化，進行了龐大的統計作

業，分析整個類型的內容傾向。永久保表示，分析結果說明BL小說具有浪漫愛情故事以及情色小說兩種相異的面向，擁有兩種不同的意向性。在浪漫愛情故事層面，BL小說藉由男男設定，排除了男女間總會出現的權力結構，實現對等的關係性與理想的伴侶關係。另一方面，情色小說層面則沒有對等的意圖，而是將性愛中的角色「攻」與「受」固定化。同時，攻與受上呈現的性別要素，則可透過皆為男性的同質性，使讀者達到在性別上「排除壓抑……作為娛樂來享受」的可能性（：103）。永久保的研究之所以具有革命性的意義，在於她將以往「BL論」研究「為什麼我們喜好這個類型？」之角度，轉變為「為什麼這個類型這麼有趣」。

不只小說，也有研究者網羅漫畫作品內容進行分析，像是以媒體研究為基礎的西原麻里（西原 2013）就針對少年愛問世的1970年代至BL類型確立的2000年之間出版的原創商業漫畫單行本，對近一千七百部作品進行量化分析。一般而言，攻方偏男性化、受方偏女性化可謂是日本BL作品的特徵，然而西原主張應該要再次提出質疑這刻板印象化的「規則」（：6），並闡明了這樣的「規則」是從何時、如何形成的（參見第3章）。此外，鑽研文化研究的溝口彰子則聚焦於商業BL漫畫作品中描繪的男男關係、男同志角色、女性角色，來解讀異性戀規範、恐同（Homophobia）、厭女（Misogyny）等（溝口 2015）。不過，同人作品則因為種種理由分析困難，雖然西村 Mari（西村マリ）、石川優等人進行了同人作品的內容分析研究（西村 2002；石川 2017a，2017b），但在數量上依然不多（參見第6章）。

此外，也有研究是從作品內容之外來分析作品。像是堀亜紀子、守如子等人從包含性愛表現、或以性愛表現為主的BL作品中，聚焦於BL類型特有的表現形式、技法，與其他類型進行比較，進而闡明其特徵（堀 2009；守 2010）。

■ 擴展的BL研究

第二種切入點則是聚焦於作者、出版社等傳遞作品的發訊方。在早期就有眾多彙整作品、作家本身發言進行作家論的論述分析，2000年代之後這類的論述更加深化。像是石田美紀從作者受既有文學、電影之影響來解讀1970年代「JUNE」的誕生，闡明發訊方吸收至今累積的藝文能量與影響，並在《JUNE》這個場域創造出應可稱作「娛樂教養」的獨特體系（石田 2008，參見第2章）。

第三種切入點為讀者及其詮釋（參見第7章、第9章）。在社會學領域中，讀者基於量化分析基礎，被勾勒為喜好同人誌、二次創作的女性，並以性別規範進行分析（岩井 1995；北田 2017）[4]。此外，近年也有研究者開始著手研究喜好BL的男性──「腐男」（吉本 2007；長池 2019等）。

至於讀者的詮釋，笠間千波納入史丹利・費許（Stanley Fish）的「解釋共同體」（擁有共同詮釋策略的人們），指出「YAOI」折衷既有性別秩序，並創造出新的意涵（笠間 2001）；金田淳子透過田野調查分析喜好漫畫同人誌女性們的共同體模式（金田 2007a）；東園子則將「YAOI愛好者」的實踐，與擁有共同結構的寶塚粉絲之實踐，以重疊方式來解讀，兩者的愛好者／粉絲皆會將原作的人際關係替換為別種關係，東園子將這種實踐稱作「關係圖消費」（東 2015）。此外，齋藤環則從精神分析的立場論述，認為男性御宅族的欲望在於「擁有」，腐女的欲望則指向「關係」（齋藤 2009: 155）。

第四種切入點為BL所處的環境。溝口彰子的研究不只關注作品內容本身，也聚焦於現實社會中的異性戀規範、恐同與BL類型的關係（溝口 2015，參見第13章）。此外，堀亞紀子則以2008年大阪堺市發生的「BL圖書下架事件」為中心，將性愛表現規範、恐同等現實問題拉回到討論的視野中（堀 2015。參見第12章）。

特別是在2000年之後，BL研究已無法歸納於某一種框架內，社會上出現了各式各樣的研究。這些研究不只是個人的體驗、見解，而是已能試著從客

觀的角度去掌握這個類型的研究了。

此外，此類研究的發展背後，與學術本身的趨勢變化也息息相關。此一時期文化研究抬頭，大眾文化研究、粉絲研究受到極大的關注。同時，漫畫至此之前一直被排除於學術研究對象媒體之外，但隨著2001年日本漫畫學會成立等進程，漫畫研究也成為一門學問，有了大幅的進展。此外，受到米歇爾‧傅柯（Michel Foucault）的刺激，不只性別，性（Sexuality）也被接納成為人文科學、社會科學的研究對象。2010年之後，日本國外也有眾多BL類型的相關論文問世（長池2015，參見Column③）。學術的變化，從多樣乃至內在的面向大大地支持了BL的研究。

3 該如何解讀「BL論」的變化

■ 重新檢視金田淳子的「YAOI論變化」

在至今眾多的「BL論」研究中，金田淳子的論述可謂是最具有參考性的既有研究（金田2007a，2007b）。金田針對1990年代末以來的「YAOI論」變化，作了如下的總結：

> 對於「YAOI」的詮釋傾向，大致可從一開始的逃避、厭女、報復等否定的意涵，轉向顛覆異性戀秩序、女性既有的快樂需求等肯定性詮釋。……YAOI論的問題架構也從「喜好YAOI的女性究竟是誰」等認為當事人異常、脫序之提問[5]，轉換為「YAOI對女性而言究竟是什麼」。（金田2007a: 169）

不過，金田的論述是為了「接下來想要研究YAOI‧Boy's Love的人」（金田2007b: 49），因此以簡明易懂的方式進行說明，在總結時有些地方也有些許刻意與不合理。

■　少年愛與厭女

例如，金田舉出上野千鶴子、藤本由香里的論述（上野〔1989〕1998、藤本〔1990〕1998）為例，總結「YAOI＝厭女」的論述如下：

透過YAOI表現出來了這樣的一種渴望：女性抱著厭女（Misogyny）的想法，想將非女性的存在（只能以男性作為再現）和自己同化。（金田2007a: 168）。

的確，以「24年組」的作品為典型例子而言，少年愛作品中有許多常被指稱為描寫著厭女的內容。然而事實上，上野的著作並不認為那些是少女漫畫家、少女讀者們抱有厭女情結的表現：

厭女，是為了要脫離自己所屬的性，而不可或缺的離心力。藉由這股反彈力，少女漫畫家得以用少年愛的世界，彈到足以高到不被這令人厭惡的女性的性污染的遠處。

（中略）少女漫畫家在少年愛漫畫中明確表明厭女之後，再露骨地將主角的少年設定為性欲的性存在。主角受到不正當的性行為對待，但這已不是因為「身為女性」之故。厭女的設定讓主角與女性的性切割，接下來作者可以盡情地將主角描寫成性欲的性存在。少年愛是讓少女的身體可與「性」這個危險的事物切割之安全裝置。（上野〔1989〕1998: 146）

換言之，上野提出美少年表現出厭女的這個設計，是為了防止和少年過度同化，進而可以讓角色進行身體上的性愛表現。同樣地，藤本由香里對於厭女也做了以下的描述：

「少年愛」的作品是從所有女性共同具有的「厭女」中誕生，這點無庸置

疑。然而，當這些被創造出的美少年口中說出厭女的話語時，這不協調的論調會讓讀者轉而注意到社會中女性無從反抗的姿態。也就是說，這樣的厭女稍微轉個彎，就成為暴露出女性不得不陷入厭女的社會機制，反映出女性身處的立場。這也是作為極度理解女性之聲音的開端。（藤本〔1990〕1998: 140-1）

依藤本所言，作品中描寫的厭女言論，其實可解讀為是在批判社會上認定的女性立場。不論上野還是藤本的言論，都無法簡化解讀為「少年愛作品為部分抱有厭女情結的女性將自己和男性同化所創造出的作品」。

■ 「BL論」變化的背景

從「少年愛」、「JUNE」到「BL」，故事的世界觀就如同其稱呼一般，產生了種種變化（參見第3章）。此外，BL也從少數人的樂趣，成為廣為人知的類型，將喜好BL的人視為脫序、特殊的眼光也逐漸減少。其中變化最大的，應該還是「BL論」的論調。金田本身也指出，1990年代末，市場擴大、故事世界觀變化，以及社會認可女性在性欲、生活方式可更具多樣性，這些都是「BL論」變化的背景（金田 2007a: 169）。的確，隨著女性的生活方式走向多元，像是大塚英志所述「以往總是逃不過成為妻子、『生育』孩子的命運」（大塚 1989: 19），所有女性都必須符合「處女→結婚→生子」框架，以「逃避」角度來論述BL已不合時宜。

除了金田的說明外，在BL已是理所當然、被眾人所接受的時代中成長，並將性別／性研究作為學問而學習的人們，也開始投身研究「BL論」，這應該也是論調大幅改變的要因之一。而本書也正是由這樣的人們撰寫而成的。

4 享受多元的BL

以上從多樣角度深化種種議論，檢視了「BL為什麼這麼吸引人」的各種見解。在此，特別轉述漫畫家吉永史與作家三浦紫苑在對談時的內容。吉永表示，BL是「給對於現今男女存在模式感到不舒服的人的讀物，即便是無意識亦然。」（吉永 2007: 82），並對於BL多元的樂趣，描述如下：

> 男性和女性哪裡不同？壓抑點的數量不同啊。（略）男人會被說「你快點獨當一面、賺錢養老婆小孩啊」，除此之外沒有什麼壓抑的點，就是一條直路。（略）女生則因人而異，有不同的萌點，也就是說每個人壓抑的點都不一樣。（吉永 2007: 142）

如同吉永所述，「BL的樂趣」不只一個，享受的方法相當多元，也可能隨著女性所處的狀況不同也有所變化。BL研究還有許多新的角度等待被挖掘。

最後，筆者也效仿金田，試著統整至今「BL論」的變化。男男的戀愛或是性愛，對女性而言具有怎樣的意義？「BL論」從這個提問開始發展。自這個類型出現一直到1990年代間，這個提問多是由BL作者、讀者等這個類型的當事人，以婦女研究、性別研究為母體，進行認同／政治的當事人研究。研究的回答大多顯示出對於社會強制加諸於女性形象的反彈、渴望對等的關係、與女性的性欲相關等。到了2000年前後，「BL論」的提問從「為什麼我們喜好這個類型」轉為「這個類型為什麼有趣」，研究角度更趨多元，BL作品內容、讀者、共同體以及其詮釋；作者、編輯、雜誌等的場域；以及BL所處的社會環境等都是研究對象。筆者也期待筆者的「學說史」可以成為後續研究者反駁、重新打破撰寫的草案。

◆文獻指引◆ 給想要了解更多的人

　　本章討論的文獻，全都是筆者本身認為深具代表性的BL論。撰寫論文時必須踵在既有研究上。想要以BL為主題撰寫報告、論文的讀者，可從本章介紹的文獻中，找出和自己問題意識相近的文獻作為切入點，開始閱讀再往前發展。

〈註〉

1. 像是1977年創刊的漫畫評論雜誌《Dskkusu》（《Pafu》的前身）。

2. 之後，像是漫畫家野火Nobita（即榎本Nariko）論述，「YAOI」讓女性可以掌握愛與欲望的主權，成為從現實中解放的更優質虛構故事（野火2003），有許多作家都有提出自己的「BL論」。

3. 監校註：新書為日本書籍的一種書籍的出版尺寸型，書本尺寸多固定為高176公厘、寬113公厘。

4. 在日本以外各國，許多研究都聚焦於腐女與LGBTQ社群的連結，多傾向將BL愛好者分析為「恐同反對者」（王2019等）。此外，也有研究者關注於BL愛好者（腐女）與LGBTQ當事人之間的關係來進行分析研究（土肥2019，參見第13章）。

5. 關於此點，金田稱之為「個人性格的本質化」（金田2007b），提出警告。本章僅以「學說史」為主軸，未將此論述作為分析對象，不過在大眾媒體、網路空間上常可看到「不受歡迎的女生才會逃避去享受BL」這樣的言論。相信金田在提出此說明時，可能也是想到了這類言論。當然，在這點上我們也必須特別注意，特別是本章第2節說明讀者研究時，對於增進「腐女」特殊化、偏見的問題，我們必須格外敏感才行。

〈引用・參考文獻清單〉

・東園子，2015，《寶塚・YAOI・愛的置換──女性與大眾文化的社會學》（宝塚・やおい、愛の読み替え──女性とポピュラーカルチャーの社会学），新曜社。

・有滿麻美子，1991，〈對想要欲望的欲望──女性漫畫的託寓〉，（欲望することへの欲望──レディース・コミックのアレゴリー），《imago》，6（4）：152-61。

・土肥いつき，2019，〈跨性別的性別轉換之日常實踐──透過某位跨性別女性的口述校園體驗〉（トランスジェンダーによる性別変更をめぐる日常の実践──あるトラン女性の学校体験の語りを通して），《社會學評論》，70（2）：109-27。

・藤本由香里，1990，〈女性的兩性具備，男性的半陰陽──漫畫中的跨性別現象〉（女の両性具有、男の半陰陽──コミックにおけるトランス・ジェンダー現象），《現代Esprit》（現代のエスプリ），277（再收錄：1998，〈跨性別──女性的兩性具備，男性的半陰陽〉（トランスジェンダ──女の両性具有、男の半陰陽），《我的歸屬在何處？──少女漫畫反映的心理》（私の居場所はどこにあるの？──少女マンガが映す心のかたち），學陽書房。

・藤本由香里，1992，〈少女漫畫中的「少年愛」之意義〉，水田宗子編，《新・女性主義評論② 女性與表現──女性主義批判之現在》，學陽書房。（再收錄：2006，《愛情評論──「家族」相關物語》，文藝春秋。）

・橋本治，〔1979〕2015，《花樣少女們的金平牛蒡》（花咲く乙女たちのキンピラゴボウ），河出書房新社（河出文庫）。

- 堀亜紀子，2009，《欲望符碼——從漫畫看性的男女差異》(欲望のコード——マンガにみるセクシュアリティの男女差)，臨川書店。
- 堀亜紀子，2015，〈從排除BL圖書事件與BL有害圖書認定看性規範的非對稱性——關注女性的快樂需求〉(BL図書排除事件とBL有害図書指定からみる性規範の非対称性——女性の快楽に着目して)，《漫畫研究》，21: 80-105。
- 石川美紀，2008，《祕密教育——「YAOI‧Boy's Love」前史》，洛北出版。
- 石川優，2017a，〈關係性文本——「YAOI」誕生的動態性〉(関係性のテクスト——『やおい』における生成の動態性)，《表現文化》，10: 3-20。
- 石川優，2017b，《「YAOI」物語的生成——從故事世界觀和主軸角度來看》，(「やおい」における物語の生成——物語世界と筋という視点から)，《漫畫研究》，23: 29-48。
- 岩井阿禮，1995，〈作為性表現主體的女性——從女性取向男男同性戀虛構故事看性角色糾葛與性角色多元之嘗試〉(性表現の主体としての女性——女性取向け男性同性愛ファンタジーに見られる性役割葛藤と性役割多元化の試み)，《Sociolofy today》，6: 1-12。
- 柿沼瑛子、栗原知代編著，1993，《耽美小說‧男同志文學導覽》，白夜書房。
- 金田淳子，2007a，〈漫畫同人誌——解釋共同體的政治〉(マンガ同人誌——解釈共同体のポリティクス)，佐藤健二、吉見俊哉編，《文化的社會學》，有斐閣，163-90。
- 金田淳子，2007b，〈YAOI論，為了明天的其二〉(やおい論、明日のためニその2)，《Eureka 總特集＝BL研究》(ユリイカ 総特集＝BL スタディーズ)，39（16）: 48-54。
- 笠間千浪，2001，〈作為「解釋共同體」的「YAOI」次文化——消費社會高度化與女性們的選擇性訴說〉(『解釈共同体』としての『やおい』サブカルチャー——消費社会の高度化と女性たちのオルタナティブな語り)，三宅義子編，《日本社會與性別》(日本社会とジェンダー〔叢書現代的經濟‧社會與性別 第3卷〕)，明石書店，219-46。
- 北田曉大，2017，〈動物們的樂園與妄想的共同體——御宅族文化接納樣式與性別〉(動物たちの楽園と妄想の共同体——オタク文化受容様式とジェンダー)，北田曉大、解體研編著，《對社會而言什麼是興趣——文化社會學的方法準則》(社会にとって趣味とは何か——文化社会学の方法規準)，河出書房新社。
- 小谷真理，1994，《女性狀無意識——女性SF論序說》，勁草書房。
- 溝口彰子，2015，《BL進化論——男子愛可以改變世界！》，太田出版；麥田，2016。
- 水間碧，2005，《隱喻的少年愛——女性喜好少年愛之現象》，(隱喻としての少年愛——女性の少年愛嗜好という現象)，創元社。
- 守如子，2010，《女性閱讀色情——女性的性欲與女性主義》(女はポルノを読む——女性の性欲とフェミニズム)，青弓社。
- 長池一美，2015，〈全球化的BL研究——從日本BL研究到跨國BL研究〉(グローバル化するBL研究——日本BL研究からトランスナショナルBL研究へ)，大城房美編著，《女性漫畫研究——串連起歐美、日本、亞洲的MANGA》，青弓社。
- 長池一美，2019，〈「成為腐男」的欲望——東亞的異性戀男性BL粉絲研究〉(「腐男子になる」欲望——東アジアにおける異性愛男性BLファン研究)，James Welker編，《BL開啟的門——變遷的亞洲之性與性別》，青土社。
- 永久保陽子，2005，《YAOI小說論——為女性設計的情色表現》，專修大學出版局。

- 中島梓，〔1978〕1984，《美少年學入門》，筑摩書房（ちくま文庫）。
- 中島梓，〔1991〕1995，《溝通不全症候群》，筑摩書房（ちくま文庫）。
- 中島梓，〔1998〕2005，《達拿斯的孩子們——過度適應的生態學》，筑摩書房（ちくま文庫）。
- 中野冬美，1994，〈YAOI表現與歧視——解開女性專屬的情色〉（やおい表現と差別——女のためのポルノグラフィーをときほぐす）《女性Life Cycle研究》（女性ライフサイクル研究），4: 130-38。
- 西原麻里，2013，〈女性向男男同性戀漫畫表現史——1970年至2000年〉，同志社大學研究所社會學研究科媒體學專攻博士學位論文。
- 西村マリ，2001，《動畫二創與YAOI》，太田出版。
- 野火ノビタ，2003，《大人們都不了解——野火Nobita批評集》（大人は判ってくれない——野火ノビタ批評集成），日本評論社。
- 大塚英志，1989，《少女民俗學——世紀末神話「巫女的末裔」》（少女民俗学——世紀末の神話をつむぐ「巫女の末裔」），光文社。
- 齋藤環，2009，《要關係的女性 要擁有的男人》（関係する女　所有する男），講談社（講談社現代新書）。
- 榊原姿保美，1998，《YAOI幻論——從「YAOI」看到的事》（やおい幻論——「やおい」から見えたもの），夏目書房。
- 杉本章吾，2010，〈少女漫畫的表述空間〉（少女マンガをめぐる言説空間），《Area Studies Tsukuba》，31: 127-49。
- 上野千鶴子，〔1989〕1998，〈Genderless World的「愛」之實驗——從少年愛漫畫來看〉，《發情裝置——情色腳本》，筑摩書房。
- 王佩迪，2019，〈壓抑還是革命？——台灣BL粉絲社群對同婚合法化運動的反應〉（抑圧か革命か？同性婚合法化運動に対する台湾のBLファンコミュニティの反応），James Welker編，《BL開啟的門——變遷的亞洲之性與性別》，青土社。
- 吉本たいまつ，2007，〈男人也要Boy's Love〉（男もすなるボーイズラブ），《Eureka 總特集＝腐女漫畫叢書》，39（7）：106-12
- 吉永史，2007，《吉永史對談集　和那個人的祕密對話》（よしながふみ対談集　あのひととここだけのおしゃべり），太田出版。

Column ③日本以外(其他國家)的 BL 文化擴張與研究

James Welker

　　日本的BL粉絲雖然知道日本以外的其他國家也有BL粉絲存在,但卻鮮少知道其迷文化(Fandom)已有漫長的歷史,更出版了為數眾多的BL、BL粉絲相關學術研究。事實上,BL已是一全球化現象,也不必然以日本為核心。在日本以外的其他國家,BL和其他類型(如英語圈興起的同性同人小說、ABO世界觀、以現實的男同志為主題之作品等)的界線也愈來愈曖昧。外國BL的特徵之一,在於LGBTQ文化與BL文化的界線不像日本這般明確。有的外國BL粉絲會直接參與LGBTQ權益運動,在BL活動會場、社團攤位上也時常可以看到象徵LGBTQ的彩虹標誌。

　　誕生於日本的BL文化,現在不只網路上,更擴張到世界各國,並影響了漫畫、動畫、輕小說、BLCD、遊戲、真人連續劇、電影、Cosplay、周邊商品等各式各樣的媒體。現在的BL類型包含各地製作的原創商業作品、以日本人氣動漫或K-POP偶像為題材的二次創作作品、日本、泰國等商業內容作品及其盜版,更為擴張。

■ BL全球化擴張的歷史

　　BL是何時傳入東亞、東南亞的?確定的時間點難考,不過一般認為迷文化約是在1980年代至1990年代左右形成,到了2000年代開始盛行。1980年代中期,《聖鬥士星矢》的盜版開始在台灣流通,隨後其YAOI作品出版;同樣是在1980年代,BL也傳入了韓國,1990年前後粉絲開始創作BL同人誌。尾崎南作品《絕愛—1989—》、《BRONZE zetsuai since 1989》的盜版可謂是1990年代中期在韓國同人文化掀起「YAOI」熱潮的導火線。直到現在,其商業漫畫、小說、Webtoon(韓國興起的數位條漫)也都還是很有人氣。同樣在1990年代,BL漫畫也進入了中國,現在網路BL小說成為主流,部分更在台灣商業出版。泰國則在1980年出版了青池保子《浪漫英雄》(エロイカより愛をこめて)的盜版,現在比起日本的BL漫畫(包含正版、盜版),泰國製作的真人BL電影、連續劇更受歡迎,也因此,也有人認為泰國才是現今BL文化的中心。

　　東亞、東南亞的粉絲會在活動上販售BL作品、周邊商品。相較於BL已完全滲透至台灣、韓國的動漫全類型粉絲活動中,菲律賓一直到2004年才第一次舉辦了BL Only Event「Lights Out」,之後雖然更改過活動名稱,不過一直維持每年舉辦。近年,印尼也舉辦了BL Only Event。

歐洲、南北美洲的BL迷文化應該也是在1990年代前半形成。日本的BL作品在1990年代於法國、義大利，2000年代前半於美國、德國正式翻譯出版問世。2001年舊金山舉辦了「YaoiCon」，是外國第一場BL Only Event，近年在法國、德國、墨西哥等地也都有舉辦BL Only Event。此外，直到2010年代為止，墨西哥、巴西等地除了既有的二次創作、二創藝術（Fan Art）外，原創BL同人誌、商業本也都開始出版面世。

　　外國的BL粉絲有時會將日文的BL用語轉化為獨特的意涵來使用。像是英語圈的部分粉絲會將沒有情色的故事稱作「Shōnen-ai」＝「少年愛」，有露骨性愛表現的作品則稱作「Yaoi」＝「やおい」，位於中間的作品則稱為「BL」或「Boy's Love」。此外，BL擴張至世界各地時使用的總稱「Yaoi」，現今依然有眾多粉絲沿用此說法，不過反映現今日本的稱法，「BL」這個總稱如今依然最為優勢。中文則是直接使用日文詞，像是「耽美」、「BL」、「腐女」等用語。泰國則取「Yaoi」的Y，將BL漫畫稱為「Cartoon Y」。

■ 外國的BL相關研究

　　英語圈大學在1980年代後半著手展開BL研究，一直到2000年代為止，BL相關的英語學術論文，多是出自日本女性研究者之手，並多以日本的BL為研究主題。不過此一時期之後，英語及其他語言的BL研究開始增加，除了包含媒體、迷文化的BL文化相關論文、雜誌報導、部落格投稿外，學術書籍也出版發行。首先在2000年代，聚焦於日本與全球在地BL文化的義語（Sabucco 2000）與法語（Brient ed. 2008）研究出版，接著，全球化BL文化（Levi et al. eds. 2010）、亞洲BL文化（Welker編 2019）、中文圈BL文化（Lavin et al. eds. 2015）、台灣BL粉絲（Cocome 2016）、日本BL（McLelland et al. eds. 2015）等相關研究也紛紛出版；日本（Nagaike 2012）、韓國（Kwon 2019）也出版了包含BL在內的男同志小說等消費者相關的研究。

　　為了進行日本BL文化的參與觀察研究，有不少研究生因此來到日本，日本國內外撰寫BL相關學術論文的大學生、研究生也年年增加。就如同BL的發展，研究BL的學者人數也絲毫不見減少的趨勢。

〈引用・參考文獻清單〉

- Brient, Hervé ed., 2008, *Homosexualite et manga: le yaoi: Articles, chroniques, ejntretiens et manga,* Versailles 〔France〕: Éditions H.
- Cocome，2016，《腐腐得正──男人的友情就是姦情！》，奇異果文化。
- Kwon, Jungmin, 2019, *Straight Korean Female Fans and Their Gay Fantasies,* Iowa City: University of Iowa Press.
- Lavin, Maud, Ling Yang and Jing Jamie Zhao eds., 2017, *Boys'Love, Cosplay, and Androgynous Idols: Queer Fan Cultures in Mainland China, Hong Kong, and Taiwan*, Hong Kong: Hong Kong University Press.
- McLelland, Mark, Kazumi Nagaike, Katsuhiko Suganuma and James Welker eds., 2016, *Boys Love Manga and Beyond: History, Culture, and Community in Japan*, Jackson: University Press of Mississippi
- Nagaike, Kazumi, 2012, *Fantasies of Cross-dressing: Japanese Women Write Male-Male Erotica*, Leiden: Brill.
- Sabucco, Veruska, 2000, *Shonen ai: Il nuovo immaginario erotico femminile tra Orient e Occidente,* Roma: Castelvecchi.
- James Welker編著，2019，《BL開啟的門──變遷的亞洲之性與性別》，青土社。

附 論　　**BL小說導覽**

《BL教科書》編 ●

　　小說也是BL重要的媒介之一。1982年創刊的《小說JUNE》在《JUNE》停刊後一直持續發行直至2004年，即便到了人人喊著「數位轉型」的2020年現在，BL小說仍然坐擁眾多文庫書系，持續地出版著。

　　本篇導覽的目的是為了介紹各個時代，具有代表性的作家與作品，同時觀察如今被稱作BL小說（商業）這個類型的概況與變遷。1970年代末至1980年代，刊載於《JUNE》（1978-96）與《小說JUNE》的「JUNE小說」建立起BL小說的基底。JUNE小說被稱作耽美小說，特徵在於其厚重的文體。進入1990年代，BL小說走向商業化，作風也更加多樣化。眾多的JUNE小說透過角川Ruby文庫（角川書店〔KADOKAWA〕，1992-）發行單行本，在充滿魅力的插圖相輔相成之下，讀者層逐漸擴大。之後，「講談社×文章White Heart」（講談社，1993年起開始發行BL小說）、《小說 b-Boy》（BiBLOS，1994-2006，2006年之後改由Libre發行）、《Daria》（Frontier Works，1997-）、《小說 Dear+》（新書館，1998-）等也紛紛加入，發展出和JUNE小說不同的方向性，開花結果。2000年代之後，BL小說類型穩固，許多充滿個性的作家更受到注目。近年來，英語圈的Male／Male（M／M）小說也紛紛在日本被翻譯出版，外國作家與讀者間的交流也愈加熱絡。

　　本篇主要參考BL小說研究基本文獻之藤本（2003）與永久保（2005），以及活字俱樂部編輯部（2003）等導覽書選擇作家與作品。（石田）

1960 年代

●森茉莉，1961，《戀人們的森林》（恋人たちの森），新潮社；2021，台灣商務、1962，《枯葉的睡床》（枯葉の寝床），新潮社。

　這兩部作品以濃郁的筆觸描寫男人與少年之關係，發行於1960年代初期，更早於「24年組」。森茉莉為明治時代文豪森鷗外的女兒，繼承了父親的文學素養，加上新婚時期在巴黎生活的經驗，以男人與少年的感情生活為主題，打造出獨特世界觀。中島梓（栗本薰）在《JUNE》使用的其中一個筆名「神谷敬里」就是取自《戀人們的森林》中的少年名。若說中島是YAOI‧BL之母，那森應該可以算是祖母吧。（石田）

1970 年代

●栗本薰，1979，《午夜的天使》（真夜中の天使），文藝春秋（1976年執筆，書封圖出自文春文庫版，封面彩圖：竹宮惠子）。

　主角今西良被靈敏的演藝圈經紀人發掘，一躍成為巨星，圍繞在他身邊的男性們的愛恨情仇便是本書的主軸。今西良不只在本書登場，其他像是《午夜的鎮魂歌》（真夜中の鎮魂歌，執筆於1975年、發行於86年）、《有翅膀的事物》（翼あるもの，執筆於1975-76、發行於81年）的主角也都叫做今西良。今西良的原型為1975年播出的電視連續劇《宛如惡魔的他》（悪魔のようなあいつ）中，三億圓事件的犯人可門良（澤田良二飾演）。連續劇描寫男人們試著狙擊良以及他的金錢，栗本則以自身的創作重新編寫了這個故事。栗本是位偉大的說書人、敏銳的評論家，也是《JUNE》初期的支柱，她的這部早期作品其實和現在的二次創作相當接近。1970年代誕生的今

西良，他的人生一直持續到1980年代發行的長篇小說《日昇之屋》（朝日のあたる家，1988-2001），一看便知，對角色灌注的愛正是栗本的原動力。（石田）

■ 1980年代

●榊原姿保美，1985，《龍神沼綺譚》，光風社。

JUNE小說的代表作。主角省吾的義父為日本畫巨匠，留下了不可思議的畫作。在畫作的引導下，省吾造訪了平家殘兵的村落，得知自己身世的祕密，並被村落牽扯的淵源捉弄。傳奇的設定、厚重的文體，以魔性美少年為中心發展的破滅式人際關係等，全都是1980年代「耽美」必備的元素。《小說JUNE》創刊以來，榊原就是主力作家，她更在1988年出版了《YAOI幻論》，闡述了針對JUNE小說的自身見解。（石田）

●江森備，1986-2012，《私說三國志 天之華·地之風》，光風社→復刊.COM（復刊ドットコム）。

美型的天才軍師——諸葛亮與英雄們的大河式羅曼史。忠實承襲歷史作品《三國志》，受方諸葛亮和周瑜、魏延等攻方建立起關係，為熱氣滿點的作品。江森的才華在《JUNE》的人氣單元「中島梓的小說道場」受到認可，進而以本作出道。將攻·受二元論與歷史大膽結合這一點相當令人玩味，並且依照史實忠實地描寫了受方諸葛亮直到五十多歲的人生，打破了受＝少年的JUNE小說規則，這點也不容忽視。（石田）

■ 1990年代

●吉原理惠子，1991，《間之楔》，光風社。

插圖：道原Katsumi（道原かつみ，1986-87連載於《小說JUNE》）。

1983年以《Narcissist》（ナルシスト，《小說JUNE》）出道的吉原理惠子之代表作。故事舞台為擁有二重月亮的星球，身為人工生命體的社會菁英伊亞索與貧民區出身的人類利奇因二人之間巨大的差異，彼此深深被吸引。統治者與被統治者、人工與自然的對比讓攻與受的關係更加豐富，在反烏托邦式的SF世界觀中，二人的關係也更加深刻，深深吸引著讀者。之後發行了卡帶書（1989）、BLCD（1993、2007、2008）、OVA（1992、1994、2012），是《JUNE》作品中多媒體化最多的作品。（石田）

●野村史子，1991，《Take Love》（テイク・ラブ），角川書店（角川Ruby文庫）。

野村史子也是多次投稿「小說道場」的作家。她的第一本單行本為1990年發行的《Resonance Connection》（レザナンス・コネクション），本作為其第二部作品，之後就再無其他作品了。《Take Love》以大學學運鬥爭為舞台，主角山崎在鬥爭中提出消除同性戀歧視，值得特別關注。山崎離開戀人春樹，前往外國長達十五年，不斷等待山崎歸來的春樹最後做出的選擇，可以看出二人的關係是足以超越時空的。野村以中野冬美名義撰寫的〈YAOI表現與歧視〉（1994）也相當值得一看。（堀）

●後藤忍，1992，《託生君系列 然後春風細語》(タクミくんシリーズ そして春風にささやいて)，角川書店（角川Ruby文庫）。插圖：大矢和美。

　　因為過去某個原因而封閉心靈、抗拒與人身體接觸的主角葉山託生，與深愛託生、眉清目秀的萬能人才——崎義一，以二人為中心的故事。此系列1987年起刊載於《小說JUNE》，受到壓倒性的熱烈支持，2007年之後也逐步拍成電影。其中關於愛滋病的描寫等，在現在看來有些部分現略顯不妥。感受到義一的愛，託生開始肯定自己，了解到「自己是被愛的，也可以去愛人」，劇情發展也相當正統。（前川）

●須和雪里，1992，《Two Pair 隨性Boys 激鬥橫戀慕》(ツー・ペアきまぐれボーイズ 激闘横恋慕)，角川書店（角川Ruby文庫）。插圖：島田悠美

　　首次在「小說道場」投稿就馬上刊載出道，本書為描寫了男校多對CP戀情的短篇集。因是第一本單行本，內容多少有些參差不齊，不過她巧妙地以喜劇筆觸描寫了人們在面對戀愛時的細微心情，時而坦率、時而膽小、時而笨拙，相當出色。可以說是開創了日本大宗BL，以及近年在全球都人氣高漲的泰國真人BL連續劇的必備類型（非大規模磅礡設定或沉重設定）——魅力角色以及多對戀愛同時進行以推動劇情的「校園戀愛喜劇BL」。（前川）

●朝霧夕（あさぎり夕），1994-，《泉＆由鷹系列》，小學館（パレット文庫）。插圖：朝霧夕。

　　少女漫畫家朝霧夕首次出版的原創小說，風格與語調都屬80年代少女小說系統。主角為討厭人、卻又被性愛的快感所玩弄的高中生泉（受），以及他的同學、傻呼呼的由鷹（攻）。故事中還出現其他數位男性角色，描寫了非既定概念中的攻・受關係。單行本書腰打上了宣傳標語「危險的友情」，可以看出當時正為小說的BL過渡期。（西原）

●菅野彰，1998-，《每日晴天！系列》，德間書店（キャラ文庫）；2006，尖端。插圖：二宮悅巳。

　　描寫居住在同個屋簷下的四兄弟及寄住二人，共六名男性的家庭故事。當中也有多對成人、小孩情侶等登場，全系列已出版十九冊。不只戀愛，也描寫了兄弟吵架、東京老街（下町）生活的種種，讓人思考「家人」存在之作品。其中也描寫了姊姊掌控全家、青梅竹馬的女同志等，雖是BL，但故事舞台並非只有男性的封閉世界，格外引人入勝。菅野彰也撰寫散文、參與戲曲創作等，直到現在還是相當活躍。（西原）

●南原兼，1999，《爸爸Mira系列》（パパミラ），白泉社（花丸文庫）。

　　高中一年級的宗方實良（Mira），其父親為年輕又性感的男演員鏡介，二人是相愛還會做愛的「父子」。私立男校、父子關係等故事設定背景起始於1980年代，但完全不帶有違反道德、罪惡感。深受女性歡迎的美青年攻方，與受到男性喜愛的可愛少年受方之CP組合，以及充滿甜蜜又強勢的性愛描寫，都是1990年代晚期BL的特徵。作者南原兼從1990年代後半開始嶄露頭角，為「Oni Kyun」（おにきゅん，因鬼畜、非人行為而心動）的代表者之一。（西原）

■ 2000年代

●水原Tohoru（水原とほる），2003，《夏陰─Cain─》，Magazine・Magazine（Pierce Novels）。插圖：高緒拾。

　　大學生澤田雪洋的雙親因事故雙亡，和姊姊二人一同生活，卻因為遇上了黑道年輕組長代理岡林祐司，人生產生了巨大的變化。本作中散落著各種服從、暴力、強暴、孤獨、死亡等相關元素，比起甜蜜的戀愛點滴，更強調描寫撕裂身心的「疼痛」，以靜謐的文筆描繪著「疼痛」。這其實是水原的單行本出道作，續集《籬冬─Cotoh─》也值得一同閱讀。（石川）

●木原音瀨，2006，《箱之中》、《檻之外》，蒼龍社（Holly NOVELS）；春天出版，2017。插圖：草間榮。

　　2012年，講談社將這兩部作品合為一冊出版，書名為《箱之中》。如同三浦紫苑撰寫的文庫解說後記所述，現在已是BL小說界代表作家的木原音瀨，其作品風格就是不遵循BL的「規則」。本作沒有BL中常見的「陶醉」元素，主角們在氣氛殺伐的刑務所相遇，受虐成長、有如野獸般的喜多川和堂野相遇、理解了什麼是愛。作品中仔細描寫了和他人接觸過程中不斷變化的人物個性，收錄於Holly NOVELS版《檻之外》的〈暑假〉則描寫了成為付出感情一方的喜多川。（堀）

●英田沙希（英田サキ），2005-，《S：間諜迷情系列》（エス），大洋圖書（SHY NOVELS）；2007，尖端。插圖：奈良千春。

　　以警察與黑道組織為主軸，描寫充斥犯罪、暴力的黑社會攻防，為一硬派作品。兩位主角為負責槍械取締等特殊搜查的美麗年輕刑警（受）與合作的間諜內應、精悍的青年企業家兼黑道（攻）。因過去抱持心理創傷的二人超越了單純的工作夥伴，將性命交付給彼此，成為身心都難以切割的極致關係。作者也出身自「小說道場」，擅長懸疑、犯罪等嚴肅題材。

●岩本薰，2004-，《惠比壽名流紳士系列》（YEBISU セレブリティーズ），BiBLOS→Libre（B-BOY NOVELS）。插圖：不破慎理。

　　任職於東京‧惠比壽設計公司的多位設計師及其周圍男性們交織而成的愛情故事。故事舞台位於東京蛋黃區，角色、CP個個富裕，同時兼顧「不論工作還是私生活都能力高超、外貌完美的男性」與「甜蜜的戀愛與性愛」，建立起2000年代的BL王道。小說家岩本薰與漫畫家不破慎里自1990年代起就相當活躍，自本作起，許多小說雜誌、漫畫雜誌企劃了二人合作內容、跨媒體發展，為代表此時代的重要系列作品之一。

●一穗Michi（一穗ミチ），2013，《相遇驟雨中 When it rains, it pours》（ふったらどしゃぶり When it rains, it pours），KADOKAWA（フルール文庫BLUE LINE）；2015，青文。

　萩原一顯和同居的戀人已經一年左右沒有性行為，半井整則對同居室友兼青梅竹馬抱持著無法實現的願望。兩人在陰錯陽差之下同梯進入同間公司，卻在不知道彼此是誰的情況下利用E-mail向彼此傾訴起自己的煩惱。本作可以說是將無性生活納入BL類型的挑戰作品，最早是在Web雜誌《fleur》（KADOKAWA）發表，之後由Dear+文庫（新書館）發行了完全版。一穗在2008年以《雪啊有如蘋果之香氣》（雪よ林檎の香のごとく）於新書館出道，多執筆現代故事，擅長描寫主角周圍人物的種種。（木川田）

●喬許‧蘭昂（Josh Lanyon），2013-，《AE事件簿系列》（The Adrien English Mysteries），新書館（Monochrome Romance文庫）；2021，平心出版，插圖：草間榮。

　由2013年設立的M／M小說專屬書系發行的作品。M／M與BL相同，主要都是由女性作家與女性讀者組成，也有許多描寫LGBTQ、社會問題的作品。本作為一冊一話完結的懸疑類故事，主角為經營書店的Adrien與刑警傑克，二人因殺人事件而相遇，Adrien為公開出櫃的男同志，傑克則是對同志有偏見的男同志，兩人的關係始終無法順利進展。作品中描寫了傑克逐漸接受自己是男同志的過程，以及依然恐同、仇同的社會。（堀）

●樋口美沙緒，2015-，《悖德校園系列》（パブリック
スクール），德間書店（キャラ文庫）；2016，東立。
插圖：yoco

　　母親過世後，中原禮前往英國投靠前英國貴族的父
方家屬，與義兄愛德華相遇後，愛上了他。系列前半
的〈檻中之王〉（檻の中の王）、〈離群的小鳥〉（群れを
でた小鳥）中詳細描寫了住校制公學中兩人之間的支
配、壓抑、依存，以及關係性的重生。樋口於2009年以《愚人的最後之戀人》
（愚か者の最後の恋人）於白泉社出道，之後多描寫架空、現代故事，相當活
躍。（木川田）

●凪良汐（凪良ゆう），2016，《親愛的妮可》（愛しの
ニコール），心交社（Chocolat文庫）；2022，朧月書版。

　　久美濱二胡在中學時期曾因被霸凌而在學校泳池企
圖自殺。他與雙親離婚、跟著母親回到母親娘家的同
學一色榮相遇，自此展開了漫長時間軸的故事。二胡
告白自己是「男同志」，榮也完全肯定了他的一切。自
此，二胡就以開朗的「人妖姊姊」形象「妮可」之名
生活。高中畢業後，二胡來到東京工作，最後他回顧自己和榮的過往，帶有
滿滿肯定同性戀的意念。凪良以〈戀愛自私鬼〉（恋するエゴイスト，《小說
花丸》，2006年冬號）出道，並以《流浪之月》（東京創元社，2019）獲得第
17屆本屋大賞。（岩川）

〈引用・參考文獻清單〉

・藤本純子，2003，〈「Boy's Love」小說的變化與現在 ──從角川RUBY文庫（1992-1995．2000
　-2003）作品比較分析來看〉，《待兼山論叢》，37: 19-52。
・活字俱樂部編輯部，2003，《別冊活字俱樂部 BL小說 Perfect Guide》，雜草社。
・永久保陽子，2005，《YAOI小說論──為女性設計的情色表現》專修大學出版局。

第二部　多樣的 BL 與研究方法

第 6 章　YAOI同人誌研究

故事與角色分析

Keywords

●石川優

YAOI　二次創作　同人誌　Comic Market　角色　文學理論　敘事學　文本　副文本　漫畫

在閱讀某個文本後，你是不是也曾經想像故事背後、或是角色們之後的發展呢？若你的想像是有關男性間的故事，那麼距離「YAOI」誕生，就只差一步了。YAOI指的是從漫畫、動畫、遊戲、演藝圈、運動界、歷史等（下稱原作）題材發展出的「二次創作」的一種，並聚焦於原作中描寫的男男關係。

本章將著眼於男男關係的想像形成故事的過程，YAOI是如何改編原作、如何描寫故事的？本章的目的在於借助文學理論的見解來考察這些提問。具體來說，前半將先探討研究YAOI的方法論，後半則進行YAOI漫畫同人誌的分析。

1　理論與對象

■　文學理論與應用

文學理論一詞多用在以理論性地思考研究文學（詩歌、小說、戲曲等言語表現）時，它並沒有形成一單獨的理論體系，而是將語言學、現象學、精神分析、馬克思主義、結構主義、後結構主義、女性主義、後殖民主義等多樣的思潮作為其「理論」包含在內。喬納森‧卡勒（Jonathan Culler）表示，透過汲取理論建構文學研究的內部與外部，文學研究考察的整體範圍也包括

了「文學」與「非文學」兩方（Culler 1997=2003: 26-7）。一方面，隨著理論的導入，研究對象因而擴大，「為什麼『非文學』也可以納入文學研究的框架中？」、「說到底，『文學』究竟是什麼？」這類本質性的提問開始出現，另一方面，對於言語形式以外的藝術，也可以應用這些理論去分析，開拓了更多的可能性。

若將 YAOI 視為一種故事形態並加以研究時，文學理論就具有一定程度的效用。特別是文學理論中的敘事學（Narratology），主要在於探究故事的結構、形式、功能。研究 YAOI 的故事時，透過敘事學可以挖掘到許多。此外，這裡說的故事，指的是敘事者對閱聽人傳遞的一連串事件（現象）之再現（Prince 2003=2015: 122-3；Ryan 2007: 23-4）。而所謂的事件，指的是「進行～」、「發生～」的狀態變化。敘事學上，多會從故事言說（故事的表現層面）與故事內容這兩個面向（有時會再加上故事行為）來掌握故事（Abbott〔2002〕2008: 237-8, 241）。本章將參考敘事學的見解來考察 YAOI 的故事，並藉此作為展現應用理論研究 YAOI 的一種方式。

當然，若只是強硬地將理論應用在 YAOI 上，可能會遺漏 YAOI 的特性（如果有的話）。同樣地，若沒有理解理論的原意或背景，而只是單純想運用在 YAOI 上，那整個討論只能觸碰到皮毛。像是 1980 年代後半，運用結構主義的流程在漫畫研究領域抬頭，吳智英對這種研究漫畫的可能性給予正面評價，但另一方面也提出警告，認為輕易運用理論很可能墮入「賣弄學問」（吳〔1986〕1997: 68）的險境。如同此例所述，重要的是對於研究對象必須要個別調查，依照對象一一檢討，採用相應的方法論。

■ YAOI 須「小心輕放」？

研究 YAOI，需要注意些什麼呢？首先要考慮的就是權利問題。以 YAOI 為首的二次創作，許多都是在沒有取得原作著作權人同意的情況下製作，很可能會侵犯著作權或著作者人格權（金子 2018: 35）。從二次創作帶來的粉絲活

動面向，或經歷二次創作活動（或同時進行二創與商業）後於商業誌出道的作家來看，實際上多是以默許的方式處理，不過也有著作權人採取嚴屬措施[1]的案例。在研究YAOI、或是二次創作時，必須先理解其在法律上的立場。

其次，YAOI愛好者對於自己成為研究對象，有時會展現出心理上的抗拒。特別是在沒有取得同意的情況下將其筆名、社團名（進行同人活動的個人或社團）刊載於論文中，反彈特別大[2]。對於這樣的反應，有人認為「雖然是二次創作，但既然都已是公開內容，引用在學術文章上應該不成問題」，也有人提出反論，認為「會傷害研究對象的研究，有倫理上的問題」，爭論常陷入各說各話的死胡同（松谷2017）。

實際上，並非只有YAOI研究會出現這般研究者與研究對象處於緊張關係的情況。像是研究粉絲文化的麥特・希爾斯（Matt Hills）也曾提及研究者與粉絲的對立結構，常會陷入雙方都認為「我們是對的，是他們不好」之二元論（Hills 2002: 21）。當然，由於雙方認定的「我們／他們」其中並非實體上的區分，還是有可能以某種形式化解[3]。希爾斯的研究雖然著重於英語圈的粉絲文化，但對於研究者如何與研究對象接觸，還是相當有幫助。要研究YAOI，必須要面對研究者與愛好者各自的論述，並努力找出研究方法才行。

2 分析角度與調查資料之方法

■ 量化分析與副文本分析

在了解以上種種後，在此先說明本章的分析角度與資料調查方法。要研究YAOI文本，就不可避免地要透過漫畫、小說等「實際物品」的分析。然而如同前述，YAOI有忌諱公開個人名稱的傾向，因此列出特定作者及其文本的方法，對YAOI研究而言並不一定適當。

因此，本章提議導入兩種分析角度。一為「量化分析」，這裡的量化分析，為的是讓研究者可以從複數的樣本去分析YAOI，優勢在於分析結果經過量化

處理，（某種程度上）可保護YAOI作者的匿名性。其實YAOI在量與質上都相當多樣，要選出特定的文本來「代表」YAOI整體，本來就很困難。用「數量」來理解YAOI，將可處理這類的問題。

其二，則是「副文本分析」。一般來說，文本連帶著封面、目錄，或是解說、輔助讀物等各式各樣的附屬要素（Abbott〔2002〕2008: 30）。傑納德‧吉奈特（Gérard Genette）將這些要素稱之為副文本（Genette 1987=2001），他表示，副文本是「為了讓文本被更正確地接納、更妥當地閱讀，而操縱大眾的特權場域」（: 12）。這裡說的正確性與妥當性，是「對文本的發訊方而言」的正確性與妥當性。文本的發訊方不單是作者，也有可能是編輯等各種立場的人，因此這裡的正確性與妥當性也並非單一固定的。此外，閱聽人接收副文本後的理解，應該也是各有不同。不過，之所以會聚焦這一點，是因為YAOI有副文本的特徵。

在YAOI的副文本中，不只含有「希望YAOI如何被閱讀」這般作者對讀者的誘導，還刻入了許多YAOI作者本人「是如何閱讀了原作」的閱讀痕跡。像是YAOI漫畫同人誌的封面，除了刊名、作者名、社團名之外，通常還會畫上大大的兩位男性角色圖像，除了透過封面，先行預告讀者這是述說「男男故事」的刊物以外，同時也具有表明YAOI的作者（原作的讀者）將原作「解釋為男男的故事」的功能。透過關注副文本，可以綜合考察的不只是「畫寫」YAOI而已，還能擴及如何「閱讀」原作。

■ 資料的收集與調查

接下來，來看看YAOI的樣本該如何收集跟調查吧。在YAOI此種表現形式成為固定類型的過程中，同人誌扮演了極重要的角色（參見第1章），在這裡特別來討論關於漫畫同人誌的資料調查。

要學術性地分析同人誌，在同人誌即賣會上進行資料調查是不可或缺的步驟。同人誌即賣會上，通常習慣以「壁」、「生日席」或「島」來指稱各社團在

歷史

作品‧創作

媒體

粉絲

性別‧性

圖6-1　同人誌即賣會「Comic Market」會場
　　　　（2023年）

會場攤位的位置空間。「壁」基本上指的是各展演會場的外圍牆壁，依同人誌的搬運、購入者的隊伍來看，會配置在這附近的多是特別有人氣的社團；各社團被分配到的攤位，其集合體被稱作「島」，而在外側兩端的攤位則稱為「生日席」。進行資料調查時，一定要時時把這些習慣放在心上，再依照「想要調查什麼、調查到什麼程度」來設定調查範圍。

　　與商業書籍相比，同人誌在通路、文書保存上都相當受限，要網羅、收集資料實屬困難。若在同人誌即賣會的調查還是有限，可運用各社團自行運作的網購、郵購、委託販售，或是「樣本書」閱覽服務等來補強（參見第11章）。經營同人誌即賣會「Comic Market」（圖6-1）的「Comic Market準備會」保存了第一屆（1975年12月）至今的參加社團提供的樣本書（以下，指稱Comic Market特定舉辦屆時，將以「C+舉辦屆」來表示），米澤嘉博紀念圖書館在一定的條件下，可閱覽近期舉辦屆數的樣本書[4]。

3　YAOI事例研究

■　事例

　　接著，承襲以上說明，就來試著分析YAOI同人誌吧。以下將透過YAOI的故事分析，來闡明YAOI文本從原作誕生產出的過程。

　　分析的事例為C79（2010年12月）與C86（2014年8月）收集的資料（石川2017a，2017b）。進一步具體說明，這次將以這二屆位於「壁」與「生日席」

的YAOI社團中，由尾田榮一郎《ONE PIECE航海王》原作衍生的漫畫同人誌（並特別以調查時為新刊的作品）為分析對象[5]。C79共有三十八篇（三十冊）、C86為二十五篇（二十三冊），共計六十三篇（五十三冊）為本章的樣本。有的作品一冊中含有複數短篇，則各算作一篇，若是兩位作者聯合發行的合同誌，則依創作者各算一篇，其他都都是一冊一篇。

表6-1　YAOI故事分析之項目

1.角色		2.故事	
1-a 個體	1-b 關係性	2-a 事件	2-b 故事世界觀

■　角色與故事

　　YAOI不時會被評為「和原作相似卻又不相似」（大塚〔1989〕2001: 16，阿島2004: 27）。的確，YAOI優先重視的是男男間的關係描寫，並不一定會完全忠於原作。然而，若完全脫離原作，那應該也就稱不上是二次創作，而是一次創作（原創）了。換言之，YAOI的文本為了作為「YAOI」成立，必須「和原作保有同一性，卻又改變原作」，與原作之間有著微妙的距離。在考察YAOI故事之前，必須先了解這一點。

　　這次的分析項目如同表6-1所示，YAOI對原作的操作調整大致可分為「1.角色」與「2.故事」二大類，前者又再可細分為「1-a 個體」與「1-b 關係性」，後者則可細分為「2-a 事件」與「2-b 故事世界觀」。如同前述，事件在故事中指的是狀態的變化，其中也包含了角色的行為，因此將事件和角色做出區分，可能會讓讀者感到奇妙不解。

　　然而，為了要盡可能從YAOI的故事與原作的對應關係進行分析，把角色和事件區分開來會更容易理解。因為可以藉此依照「主角的設定（1-a）是否和原作相同？」、「YAOI是否忠實於原作的事件（2-a）？」等情況，去階段性地分析YAOI故事的形成。意即，表6-1指的不是故事的構成元素，而是為了

分析程序所整理出的項目。

4 YAOI的角色分析

■ 維持角色的「名字」

首先，依循表6-1來確認YAOI的角色操作。在YAOI中，角色的個體（表6-1，1-a）會維持部分的既有設定。小田切博參考美術史、藝文評論、漫畫表現論等，表示在視覺媒體上出現的角色，是由「固有名稱」、「圖像」、「內在」（透過故事描寫的「內心」、「人格」）、「意義」（符號性、類型性）等要素所組成的（小田切2010）。

更值得深思的是，小田切指出，角色具有只要在「姓名與組成要素的一部分上能確保同一性，則接下來要怎麼擴張、變形都是可能的特性」（小田切2010: 125）。角色商品化後，即便在不同的媒體下不斷被重塑，也得以持續保有同一性，便是因為角色具有不受故事脈絡束縛的彈性之故[6]。

小田切的主張也可運用在YAOI上。筆者收集的五十三冊《ONE PIECE航海王》原作衍生漫畫同人誌中，有三十六冊的封面（包含封底）標示了和原作相同男性角色的固有名稱；故事內容則無任何一部沒有出現角色的固有名稱（或將其變更為其他的固有名稱）的狀況。由此可知，此次研究對象的YAOI作品，具有不改變原作角色的固有名稱的傾向。

■ 維持角色的「外觀」

另一項維持原作既有的角色元素，為「圖像」（外觀）。從研究對象封面來看，只有兩冊沒有在封面描繪角色圖像，大多數都可看到角色圖像。此外，封面描繪的角色即便在服裝圖像（如衣服、裝備等）時而會與原作相異，但在身體圖像（髮型、髮色、傷痕等）上則傾向忠實呈現原作。（石川2017b: 9-10）。

在此，可從兩個面向來理解角色的圖像性，即構圖、畫風等依存於繪者「個性」的面向，以及髮型、服裝等「圖案」面向。從早期就持續參加Comic Market的浪花愛表示，1980年代後半大為流行的高橋陽一《足球小將翼》原作衍生YAOI，比起前者，更重視保持後者的同一性：

> （引用者註：角色的）共通暗號是絕對存在的，像是髮旋一定要在前面等等（略），少了這些暗號，就會分不清楚誰是誰了。這應該就是「漫畫的符號化」吧。（Comic Market準備會篇 2005: 229）。

浪花的說法也符合本章的研究案例。意即，不改變「髮旋要在前面」這類角色的圖案（暗號），便是和原作角色保有同一性的要因。以此事例來看，可理解到YAOI在角色個體的操作上，特別重視「名字」與「外觀」的維持，換言之，也就是在這之外的其餘角色組成要素，如「內在」、「意涵」，則是可以改變的[7]。

■ CP作為符碼

改變角色的關係性（表6-1，1-b）是YAOI故事強力運作的特點。這層操作是將兩者關係公式化成為「攻・受」形式，也就是眾所周知的所謂「配對」（CP）符碼（規則）。依照CP，YAOI將原作中描寫的種種關係轉換為戀愛關係，而隨著這層操作，也帶來了角色「內在」、「意義」的變化。像是為角色加上因戀情而動搖的心情（「內在」改變）、或是賦予原作中並未明示的「XX的戀人」之屬性（「意義」改變）。

CP本身也可以運用在女女、男女的組合，YAOI中特別強調CP重要性，說CP這個符碼正是YAOI的核心也不為過。從同人誌的封面便可看出來CP的重要性。此次研究對象的五十三冊中，有四十二冊都在封面標示了男男CP，其中超過一半是以二人的名字中間加上「×」，將二人連繫起來，其他也有加上

「♥」、「／」、「＊」等符號，或也有少數使用名字縮寫、略稱表示的（如「索隆（ZORO・攻）× 香吉士（Sanji・受）」的CP，會以「ZOROSAN」或「ZS」來標示）。

一般而言，我們閱讀同人誌時，首先映入眼簾的副文本多是封面，在明顯的封面上表明CP資訊，可以看出作者防止「誤配」的企圖。換言之，YAOI的作者為了讓這個文本可以確實地傳遞給接納（基於原作的詮釋下之）特定CP的人，預先在封面上打上了「印記」。依據金田淳子分析，YAOI愛好者對於CP喜好相異的人具有「互不接觸的傾向，有時還會彼此對立」（金田 2007: 174）。封面的CP標示，具有宛如路標一般，讓發訊方與閱讀方能夠圓滑溝通的功能。

■ CP形成史

CP這個符碼，在1980年代末之後趨向穩定、普及。椎野庸一依據Comic Market每屆舉辦時發行的場刊，闡明了1980年代的CP標示的變遷（椎野 2014）。一般而言，場刊中都有刊登介紹各社團活動內容、發布刊物等的「社團單元」。椎野表示，在C21（1982年8月）的場刊中，在社團單元中標示CP的社團僅占整體的1.1%，但到了C37（1989年12月），已增加到整體的8.3%（: 77-9）[8]。

此外，漫畫家高口里純的發言也可作為當時狀況的證詞。從早期就開始參加Comic Market的高口，在中斷八年後於1980年代後半期再度參加時，對新的同人文化潮流感到困惑：

> 我就像是浦島太郎一樣，甚至問了「現在什麼是主流？」這樣的問題。畢竟我連什麼是「受方 × 攻方」[9]都不知道啊。（Comic Market 準備會 2005: 228）

從以上的調查和發言可知，CP這個符碼大約是在1980年代後半起逐漸整備出了一個形式。CP是由女性建構，替換角色關係的「詮釋符碼」，同時也是賦予文本中男男故事的「形式」之「創作符碼」。

5　YAOI的故事分析

■　圍繞二者關係的故事

那麼，YAOI描寫了怎樣的故事呢？首先來關注事件（表6-1，2-a）這一個面向。西村Mari以1980年代晚期大受歡迎的《鎧傳》為例，舉出YAOI擁有其「標配哏」（西村 2002: 83-5）。像是西村指出的「監禁」、「失憶」、「照顧生病的伴侶」等事件，從過去到現在都廣泛出現在各式各樣的文本中，為典型事件之一。

以這類事件為主軸的故事，多具有一共通的組成特性，那就是「解決問題」，從問題發生（監禁、失憶、病發）到解決（救出監禁對象、記憶恢復、康復），在本章研究對象的事例中，這類的故事也出現多次（石川 2017a: 40-1，石川 2017b: 13-4）。實際上，解決問題本身並不限於YAOI，在各類的故事中都頻繁出現（Ryan 2007: 24）。打倒敵人、比賽獲勝等克服困難的過程，可以說是包含在所有類型的故事當中。

不過，本章研究對象事例中可以看出YAOI的特徵，故事中發生的問題是和配對情侶（或其中一人）相關，要解決問題的當事人也是該情侶（或其中一人）。像是二人一同合力面對困難，遇到危險時攻方救助受方等內容。當然，這些故事中除了CP二人也有其他角色登場，但解決問題的主體都是被選為CP的角色。即便在原作中是主角的角色，若沒有包含在CP內，在YAOI的故事中也只會變成配角。

這層「兩人相關的問題，由兩人來解決」的構圖，也代表了YAOI的故事自始至終都是聚焦於二者的關係，這和原作中描寫的解決問題模式，常會形成

對比。像是本章事例的原作《ONE PIECE航海王》中，克服困難多是以主角為核心去進行，並隨著克服困難獲得各式的報酬或是衍生其他事件（如夥伴增加、展開新的旅程等），也就是說，透過解決問題，故事開拓出新的發展。相對於此，YAOI中的解決問題，多是在二人關係內部封閉的迴路中展開，換言之，比起為了故事的著力點、發展而解決問題，不如說是透過解決問題來描寫「二人的關係性」。

當然，YAOI也可以描繪解決問題以外的事件。像是YAOI中不時會看到仔細描寫攻或受對伴侶抱持的各種情感（石川 2017b: 14）為主軸的故事。這類的故事中沒有特別醒目的事件發生，而是仔細描繪角色內在產生的嫉妒、愛戀、悲傷、快樂等情感的起伏，進而強調二人的關係性。換言之，依循事例的分析可以得知，不論是解決問題、還是描繪角色的情感，YAOI的故事著力點都和原作具有相異的方向性，多收斂於兩者關係上來建構故事。

■ 故事舞台

最後，來確認故事世界觀（表6-1，2-b）的操作。大致上來說，故事世界觀指的是故事在時間、空間上的架構（Genette 1982=1995: 503-4）。此概念雖然常可以與可能世界論（Possible World）等概念關聯在一起（Ryan 1991=2006），不過在此指的是「事件發生的舞台」。依循此定義，《ONE PIECE航海王》的主要故事世界觀為「大海賊時代的偉大航線」。本章事例的六十三篇故事中，和原作擁有相同故事世界觀的有五十篇，有十三篇則是轉換了故事世界觀，和原作相異，但仍可看到前者的數量大幅領先後者。

然而，並不是說採用和原作相同的故事世界觀，就代表了該YAOI作品大幅依附於原作。自原作引用（故事世界觀以外）的要素中，也有原作的台詞、場景等，但這些引用不過僅止於片段性的，如同前述，這是因為YAOI描寫的事件都是以二者關係為核心之故。換言之，以本章事例來說，保有原作故事世界觀的YAOI，只是利用其舞台設定（有時也會包括部分台詞或場面）作

表6-2 YAOI的故事生成階段

	1 角色		2 故事	
	1-a 個體	1-b 關係性	2-a 事件	2-b 故事世界觀
對原作的操作	固有名稱（角色名）、圖像的維持	戀愛關係固定化	藉由 1-b 強調二者關係	藉由 2-a 選擇取捨原作的元素

為描寫二者關係的故事素材。

另一方面，故事世界觀和原作相異、改變原有架構的YAOI又是如何呢？本章事例中，最多作者設定的新故事世界觀為「現代日本」，其次為「過往的日本」。儘管時代不同，但還是傾向以多數YAOI愛好者都熟悉的「日本」為舞台。吉奈特表示，故事世界觀的轉移具有「親近化」的功能（Genette 1982=1995: 516）。將故事世界改變為讀者周邊親近的舞台，更能增加讀者對故事的親近感。意即，YAOI藉由變換故事世界觀，將角色放置於任何人都熟知的故事舞台中，在描寫兩者關係的故事下，也可能更提升讀者的共鳴。

■　從角色衍生而出的全新故事

將至今的考察做一個整理。首先，對於角色的個體（1-a），YAOI傾向維持角色組成要素中的「固有名稱」與「圖像」與原作一致；另一方面則傾向改變「內在」與「意義」等其他要素。其次，基於CP這個符碼，角色的關係性（1-b）則固定為戀愛關係。透過這一連串對角色的操作，YAOI的故事成為描寫兩者關係的故事（2-a），並可任意選擇最能強調兩人相關事件的故事世界觀（2-b）。以上這些都統整於表6-2中。

也就是說，YAOI為了要達成描寫兩人關係之目的，會自在地選擇要取捨哪些構成原作的角色、事件、故事世界觀。YAOI雖是將原作變奏產生的二次衍生物，但同時也是，不，應該說是更超越於此，是讓角色可以成為創出嶄

新故事的契機。YAOI如同字面上所述為「二次性」的「創作」，創出了配對故事的變量。

當然，本章設定的分析項目以及基於該項目得到的分析結果，是否可以普遍性地運用在所有YAOI上，還需要慎重地考察。特別是分析YAOI與原作的對應關係部分，相信也是有無法符合本章設定的分析項目的案例。意即，YAOI的原作並非都是漫畫、動畫等已具有完整故事的作品，也有YAOI是以藝人、運動選手等為題材的[10]。因此，本章進行的故事分析，也是僅基於有限事例得到的結果，要進行YAOI的文本研究、故事分析等，還應對更廣泛的事例加以驗證，並進行考察，這也留待作為未來的課題。

6　YAOI作為「文化」

■　誰都可以「創作」的世界

YAOI的故事，不時會遭到批判。像是從心理學角度考察少年愛的水間碧，就曾提及1980年代掀起的YAOI熱潮，她斷言這些作品都是依循CP的原理「公式化，極端地千篇一律地在進行著」（水間 2005: 36），多數內容都「令人驚訝地拙劣且猥褻」（: 256）。佐藤雅樹也批評了同時期的YAOI，認為「『耽美同志愛』變成了一固定的『型』，淪為『形式美』」（佐藤 1996: 164）。要判斷這些批判是否妥當，必須考察（當時的／現在的）YAOI，不過，至少在故事創作這一點上，筆者認為YAOI依然具有一定程度的意義。

換言之，不就是YAOI這個「型」，讓不具備特別突出技巧的人，也能夠創造出故事嗎？要完成一個故事，需要情節設計、角色描寫等各式各樣的技巧，CP這個技法，與同人誌這個徒手打造的媒介結合，讓故事的創作能更有效率地實現。不論褒貶與否，「任何人都可以創作故事」這份輕巧彈性，無疑是開拓了女性們寬敞平緩的表現地平線。

■　YAOI的現在與未來

如今，許多動向在努力讓二次創作可以更廣泛地根植社會。特定非營利活動法人commonsphere（コモンスフィア）於2013年公布了「同人標誌」（圖6-2），只要是著作權人同意二次創作，就可標示此標誌。此外，CLAMP、赤松健等部分漫畫家也都表明對二次創作採取彈性的姿態。此外，以製作「東方Project」的上海愛麗絲幻樂團、製作＆販售VOCALOID的克理普敦未來媒體（クリプトン・フューチャー・メディア）、以開發遊戲聞名的Nitro+（ニトロプラス）等公司為首，制定了二次創作規範指南，這樣的企業、團體逐漸增加。這些動向，都是讓二次創作和社會制度可以共存的嘗試[11]。

圖6-2　commonsphere的「同人標誌」

由此可知，YAOI（或說二次創作）所處的環境是不斷在變化的。特別在2000年代之後，發表於網路上的YAOI作品日益增加，其表現方法及溝通互動的形式也產生了種種變化。不過，YAOI基本運作的核心——閱讀文本與製作文本間的來往，今後應該也是不會改變的吧。我們自古以來編織了眾多的故事，也許YAOI展示出一種既古老又新穎的文化形式。也因此，YAOI這個故事文本依然還有許多需要探究的領域存在，期待今後能有更多嶄新的YAOI研究誕生。

◆文獻指引◆ 給想要了解更多的人

①土田知則、青柳悅子、伊藤直哉，1996，《現代文學理論——文本・閱讀・世界》，新曜社。
說到文學理論，背後的世界相當遼闊。本書涵蓋了結構主義、符號學、文本理論、馬克思主義批評等各種文學理論主要的路線，並扼要地解說。是學習各種理論，以及它們之間產生的相互關聯影響之入門。

②橋本陽介，2014，《敘事學入門——從普羅普到吉奈特的敘事學》，水聲社。
若對解析故事組成有興趣，那麼敘事學的見解就相當值得參考。本書仔細地整理了故事結構、作者與敘事者、故事時間與視角等敘事學的基本概念及其相關的議論。

③米澤嘉博監修，2001，《漫畫與著作權——諧擬與引用與同人誌及其他》，Comic Market，青林工藝社發售。
漫畫家、評論家、律師等討論的記錄，其中提出了許多創作與權利相關的有趣論點，要研究二次創作絕對不能錯過本書。2000年代的狀況，則可參考〈學術研討會 漫畫與同人誌〉（シンポジウム——「マンガと同人誌」，《漫畫研究》第19號，日本漫畫學會，2013）之記錄。

④Comic Market 準備會編，2015，《Comic Market 40 周年史——40th COMIC MARKET CHRONICLE》，COMIKET。
透過本書可理解牽引日本同人誌文化的同人誌即賣會「Comic Market」的歷史與現在。配合刊載於Comic Market官方網站上的30周年史（https://www.comiket.co.jp/archives/30th/）一起閱讀，可以有更深入的了解。

〈註〉

1. 1999年，進行《寶可夢》二次創作的女性遭到逮捕，2007年，小學館與藤子・F・不二雄向發布《哆啦A夢》完結篇同人的男性提出警告，最後男性提出誓約書，並支付了部分收益。
2. 2017年，一篇「投稿於pixiv（https://www.pixiv.net）的十八禁（依投稿者或經營者方針判定）二次創作小說」的研究之內容引發大量批判（參見第11章）。這件事並不只是著作權的問題，也有許多人針對其分析方法、概念定義提出質疑（松谷2017）。
3. 不過，麥特・希爾斯指出，研究者與粉絲的權力關係並非都是對等的。希爾斯認為，為了跨越內含於學術界的權力結構，統合研究者與粉絲的自我認同，需特別重視以粉絲身分進行研究的立場（fan-scholar，Hills 2002: 19-20）。
4. 同人誌即賣會「COMITIA」（コミティア）也提供樣本書的保存與閱覽服務（樣本書讀書會）。不過，COMITIA是創作同人誌專屬的活動，不包含二次創作。詳細內容參見官方網站（https://www.comitia.co.jp）。
5. 會選擇《ONE PIECE航海王》作為案例，是因為此文本作為YAOI原作，具有穩定性與持續性（石川2017a: 31-2）。之所以說具有穩定性與持續性，是因為此文本透過複數的媒體提供原作內容，YAOI也以一定的步調持續製作至今。詳細的調查概要參見石川（2007a）、石川（2007b）。
6. 有關角色的彈性，可參考東（2001）、伊藤（〔2005〕2014）的論述。

7. YAOI小說對於原作的改變與保留，須另行討論。

8. 不過，依椎野所述，此時最常見的串連二角色名的符號為「♥」或「・」、「&」，現在主流的「×」只是少數。此外，也有不使用符號，只並列角色名的方法（如若島津健與日向小次郎的CP即標示為「健小次」（椎野 2014: 79）。

9. 監校註：在原文中高口里純即是寫「受方×攻方」，而與現今已確立的「攻方×受方」這種攻在前，受方在後的符號寫法不同。這也顯示出高口里純當時作為「浦島太郎」的實況。

10. 近年大受歡迎的《刀劍亂舞》、《催眠麥克風》（ヒプノシスマイク）等，常以角色片段性的資訊為線索創造 YAOI（參見第9章）。

11. 同人誌以外的事例，可參考 Garage Kit 模型展示販售會「Wonder Festival」，其設有「當天版權」系統，販售者與權利人可簽訂簡易合約，僅於當日有效，可在會場販售既有角色衍生自製的模型。

〈引用・參考文獻清單〉

・阿島俊，2004，《漫畫同人詩 et cetera '82-'98──從狀況論與回顧看御宅族史》（漫画同人誌エトセトラ '82-'98──状況論とレビューで読むおたく史），久保書店。

・東浩紀，2001，《動物化的後現代：御宅族如何影響日本社會》（動物化するポストモダン──オタクから見た日本社会），講談社（講談社現代新書）；2012，大藝。

・Abbott, H. Porter, 〔2002〕2008, *The Cambridge Introduction to Narrative*, 2nd ed., Cambridge: Cambridge University Press.

・CLAMP，2015，〈來自CLAMP的請求〉（2019年12月10日取得，https://clamp-net.com/archives/1980）。

・Comic Market 準備會編，2005，《Comic Market 30's 檔案──1975-2005》，Comiket 有限公司（有限会社コミケット，2019年12月10日取得，https://www.comiket.co.jp/archives/30th/）。

・Culler, Jonathan, 1997, *Literary Theory: A Very Short Introduction*, Oxford University Press.（收錄於《文學理論》，荒木映子、富山太佳夫譯，2003，岩波書店。）

・福井健策編，桑野雄一郎、赤松健著，2018，《出版・漫畫事業之著作權》（第2版　出版・マンガビジネスの著作権），著作權資訊中心。

・Genette, Gérard, 1982, *Palimpsestes: La littérature au second degreé*, Paris: Éditions du Seuil.（收錄於《Palimpsestes──第二次的文學》，和泉涼一譯，1995，水聲社。）

・Hills Matt, 2002, *Fan Cultures*, Oxford: Routledge.

・石川優，2017a，〈「YAOI」的故事生成──從故事世界觀與主軸角度來看〉（『やおい』における物語の生成──物語世界と筋という視点から），《漫畫研究》23: 29-48。

・石川優，2017b，〈關係性的文本──「YAOI」生成的動態性〉（関係性のテクスト──『やおい』における生成の動態性），《表現文化》，10: 3-20。

・伊藤剛，2005，《手塚已死：走向開放的漫畫表現論》（テヅカ・イズ・デッド ひらかれたマンガ表現論へ），NTT出版。（再版：2014，星海社〔星海社新書〕，講談社發行。）

・金田淳子，2007，〈漫畫同人誌──解釋共同體的政治〉，佐藤健二・吉見俊哉編，《文化的社會學》，有斐閣，163-90。

・金子敏哉，2018，〈二次創作與著作權法〉，《法學教室》，449: 32-7。

・吳智英，1986，《現代漫畫的整體像──備受期待的事物、超越的事物》（現代マンガの全体像──待望していたもの、超えたもの），資訊中心出版局（再版：1997，雙葉社〔雙葉文庫〕）。

・松谷創一郎，2017，〈立命館大學研究者的「pixiv論文」論點──「公審」批判究竟妥當嗎？〉（立命館大学の研究者による「pixiv論文」の論点とは──"晒し上げ"批判はどれほど妥当なのか，2019年12月10日取得，https://news.yahoo.co.jp/byline/soichiromatsutani/20170527-00071377/）。

・水間碧，2005，《隱喻的少年愛──女性喜好少年愛之現象》，創元社。

・西村Mari（西村マリ），2002，《動畫二創與YAOI》，太田出版。

・小田切博，2010，《何謂角色》（キャラクターとは何か），筑摩書房（ちくま新書）。

・大塚英志，1989，《故事消費論──「Bikkuriman」的神話學》（物語消費論──「ビックリマン」の神話学），新曜社。（再版：2001，《定本 物語消費論》，角川書店〔角川文庫〕）。

・Prince, Gerald, 2003, *A Dictionary of Narratology,* Rerised ed., Nebraska: University of Nebraska Press（收錄於《改訂 物語論辭典》，遠藤健一譯，2015，松柏社）。

・Ryan, Mary-Laure, 1991, *Possible Worlds, Artificial Intelligence, and Narrative Theory*, Bloomington: Indiana University Press（收錄於《可能世界・人工知能・物語理論》，岩松正洋譯，2006，水聲社。）

・Ryan, Mary-Laure，2007, "Toward a Definition of Narrative," David Herman ed., *The Cambridge Companion to Narrative*, Cambridge University Press, 22-35.

・佐藤雅樹，1996，〈少女漫畫與恐同〉（少女マンガとホモフォビア），酷兒研究編輯委員會（クィア・スタディーズ編集委員会）編，《酷兒研究 '96》（クィア・スタディーズ　クィア・ジェネレーションの誕生！'96），七森書館，161-9。

・椎野庸一，2014，〈1980年代的Comic Market場刊之CP標記變遷（BL・YAOI）〉（1980年代のコミックマーケットカタログにおけるカップリング表記の変遷〔BL・やおい〕），《漫畫研究》，20: 74-95。

・〈角色利用的規範指南〉（キャラクター利用のガイドライン，2019年12月10日取得，https://piapro.jp/license/character_guideline）。

・〈著作權轉載規範指南〉（著作物転載ガイドライン，2019年12月10日取得，https://www.nitroplus.co.jp/license/）。

・Comic Market官方網站（2019年12月10日取得，https://www.comiket.co.jp）。

・COMITIA官方網站（2019年12月10日取得，https://www.comitia.co.jp）。

・commonsphere官方網站（2019年12月10日取得，https://commonsphere.jp）。

・pixiv（2019年12月10日取得，https://www.pixiv.net）。

・〈東方Project版權利用時的規範指南2011年版〉（東方Projectの版権を利用する際のガイドライン 2011年版，2019年12月10日取得，https://kourindou.exblog.jp/14218252/）。

・Wonder Festival官方網站（2019年12月10日取得，https://wonfes.jp）。

第7章 「BL閱讀」的方法

BL短歌，酷兒閱讀，二次創作短歌

Keywords

● 岩川亞里莎

BL短歌　BL閱讀　酷兒評論　酷兒閱讀　男男羈絆　同性友愛　二次創作短歌　酷兒迴應

如今，BL透過小說、漫畫、動畫、電影、連續劇、遊戲等各式各樣的手法展現在世人面前。BL愛好者之間常會使用「萌」、「痛哭」（Emoi／エモい）、「超尊、神」（尊い）等用語來形容那些無法言喻的情緒、心情。不過，BL短歌、BL俳句、BL詩等BL詩歌系列這類比歡呼、單字來得長，卻又比漫畫、小說來得短的表現形式，也有獨到的表現手法，逐漸擴大了受眾的範圍。本章將以BL短歌合同誌《共有結晶》為中心，介紹其具體的實踐過程，並闡述BL短歌此一表現形式的誕生與發展。

此外，《共有結晶》讀出了短歌中，以至今在異性戀中心主義的的讀法下，一直被當作不存在的男性間的欲望，也因此出現了「BL閱讀」一詞，此一詞語也可連結到找出「（看不見的）欲望」的酷兒評論、酷兒閱讀（Queer Reading）等評論或研究領域。本章也將同時說明酷兒評論、酷兒閱讀的概要，提及其問題意識的所在。此外，隨著BL短歌的發展，二次創作短歌的領域也跟著擴展開來。用「BL閱讀」來看「原作」，透過「翻案」而看出來的男男間的欲望與關係的故事又是怎樣的內容呢？本章將從無法僅以異性戀中心來閱讀的「BL閱讀」開始，闡述其到二次創作短歌的誕生過程。

1 BL短歌登場——「讓五七五七七萌起來！」

■ 「#BL短歌」與BL短歌共同創作誌《共有結晶》的誕生

2012年初，Twitter上出現了隨著「#BL短歌」這個話題標籤貼出的短歌，BL短歌自此誕生。同年11月18日，BL短歌合同誌《共有結晶》創刊，紙本媒體中也開始有了刊載BL短歌的雜誌。

《共有結晶》創刊號的「前言」中，統籌人谷栖理衣（現名佐木綺加）為BL短歌下了個簡潔明瞭的定義：「讓五七五七七萌起來！」（谷栖 2012: 5）。谷栖的這個定義之所以具有革命性，在於她同時沿襲了短歌表現手法形式，卻又具備至今以多樣手段展現「萌」概念的Boy's Love類型之視角，並從這樣的觀點來重新詮釋短歌。BL短歌並非位於短歌之下，而是為了展現BL而發掘的新方法。谷栖在《共有結晶》第一號中，對運用短歌展現BL說明如下：

> 「他們」可能感受到的激情、欲望、愛情、慈悲，或是悲傷、絕望、殺意、憤怒，感受這些情緒的瞬間是怎樣的情況？他們對對方抱持著怎樣的想法？他居住的世界對他而言又是什麼？想著這些，試圖展現出來的我又是什麼？要闡明這些想法、要闡明我思考的「他們的世界」的存在形式，短歌應該是最適合不過的了。（谷栖 2012: 5）

谷栖的文字中可以讀出對於摸索著想要展現出他們生存的世界、他們所愛的世界，卻不擁有「他們的世界」的「作者」的糾結。想要表現出「他們的世界」的我究竟是什麼？谷栖在「前言」中提出的「他居住的世界對他而言是什麼？」和「試圖展現出來的我是什麼」，這兩個提問是同時並行，並具有相同的重要性。在第13章將會再詳述事情經緯，簡言之，自從1992年的「YAOI論爭」之後，隨著「YAOI・BL難道不是歧視男同志嗎」這樣的指責出現後，YAOI／BL相關作品的創作者與閱聽人之間，就不斷自問，該如何面對「他

們的世界」、又該怎麼表現才好。《共有結晶》便是從一開始，就正面面對了
這個問題。

■ YAOI 與 BL 短歌的關聯

此外，谷栖的文章也能看出與至今 BL 歷史的關聯[1]。谷栖在「前言」中宣
言如下：

> 「我」的感覺宛如無限擴張般，彷彿我能成為任何一切的感覺。用來質問
> 這個世界、稱作語言的武器。那對我而言的 BL 短歌。（谷栖 2012: 5）

谷栖的說法，和「JUNE 小說」的先驅中島梓在其著作《達拿都斯的孩子們》
中的言論十分類似：

> YAOI 其實是「愛的革命」。少女們拚命地想在「沒有自己存在之處的少
> 年世界」中，盡可能地奮力創造出存在之處，而讓那個少年世界變質了。
> 又或是以少年世界為雛形，依照少女們期望的模樣使之變形，打造出一
> 虛擬空間。那就是「YAOI 空間」。（中島〔1998〕2005: 218）

BL 短歌不只是運用五七五七七這層短歌形式來創造「他們的世界」，同時
也為女性們（當然 BL 短歌的讀者並非限定女性，但實際上的確以女性居多）
開拓了新的表現場域。

如同石田美紀在她的著作《祕密教育——「YAOI・Boy's Love」前史》中詳
述的內容、或是像竹宮惠子在《少年名叫吉爾伯特》（竹宮 2019）中闡述打算
以少女漫畫掀起革命一般，至今女性們總是憑一己之力，創造出自己的表現
場域。自《共有結晶》第二號開始參與編輯的平田有也回顧過往說道：「這對
我而言是一場小小的革命。就算我只是我，也還是能改變些什麼、能成就什

麼——這彷彿是祈禱、或像是句咒語，不斷重複在我耳邊響起」（平田 2018:
127）。有了 BL 短歌這樣的表現手法，至今對創作猶豫不前的人們也投入了
BL 的創作，他們為自己開拓了新的創作空間，再透過 Twitter、pixiv 等 SNS
社群發表作品，找到了同好夥伴，這也是 BL 短歌的特徵之一。獲得了表現
「萌」的手法，BL 短歌透過同好互相吟詠短歌、在文學即賣會（文学フリマ）、
Only 同人即賣會上和創作者交流，也讓這個類型愈趨成熟。

2 「BL 閱讀」與酷兒評論、酷兒閱讀

■ 「可作為 BL 閱讀的短歌」的新發現

2012 年 3 月，《共有結晶》第一號發行前不久，在 Twitter 上透過 BL 短歌標
籤互相交流的人們齊聚一堂，舉行了短歌會。參加者不只帶著自己吟詠的 BL
短歌，還帶著「可用 BL 視角閱讀的短歌」前往，這對之後的 BL 短歌發展相
當重要。現場集結了塚本邦雄、春日井健、大瀧和子、穗村弘、松野志保、
黑瀨珂瀾等現代短歌代表詩人的歌集，參加者用 BL 的視角重新詮釋、重新
閱讀其中的短歌。

「可作為 BL 閱讀的短歌」，讓異性戀制度下創造出來的短歌，作為 BL 重新
被閱讀，這是一大新發現。「可作為 BL 閱讀的短歌」這樣的發想讓至今為止
被吟詠的所有短歌，都有被重新閱讀為 BL 的可能性。實際上，《共有結晶》
第二號、第三號就設置了「可作為 BL 閱讀的短歌」單元，用 BL 閱讀了古典
到現代的各個短歌。此外，BL 閱讀不只是運用在短歌上，在閱讀小說、俳句、
詩詞、漫畫、動畫等文學、文化文本時，也都可以對一貫的異性戀中心主義
（Heterosexism）詮釋提出質疑，找出看不見的欲望、愛、關係性，加以重新
詮釋。像是石川啄木著名的短歌，若以 BL 閱讀的視角來看，將會看到完全
不同的故事：

生而為男人　交際於男人之間

失敗的輸家[1]
秋意之感沁我身
（男とうまれ男と交わり
負けてをり
かるがゆゑにや秋が身に沁む）　　　　　（石川 1952: 51）

　　這首短歌，若以異性戀的規範來看，可解讀為詠詩者生為男性，在男性社會、人際關係中失敗，因而加倍感受到秋季的寒冷。然而，「生而為男人 交際於男人之間」這一句，是否也能看出同性戀的欲望呢？從法律題材到熱血運動故事，男性間的對手關係，在 BL 中幾乎同等於愛和欲望。將 BL 式的解讀運用在文學‧文化文本上，可以看出異性戀中心的解讀法看不出的同性間之愛或欲望。

交換略長的親吻後離別而歸
深夜街道的
遠處彷彿火災啊
（やや長きキスを交して別れ来し
深夜の街の
遠き火事かな）　　　　　（石川 1952: 135）

　　這當然可以作為作家石川啄木的傳記式事實記錄來解讀，「交換略長的親吻」這一句大多也是異性戀中心的角度來解釋，然而，若以 BL 閱讀來看這首短歌，將會看到不一樣的故事。

　　深夜躲開雙親耳目偷偷見面的高中少年們的故事、兩位上班族下班時的情境、青梅竹馬在回到隔壁自家後聽到消防車的警報聲、和人類相戀的狐狸回到森林時看到的星火，多樣的故事想像無限延伸。不論腦中浮現的是原創的

角色，還是漫畫或動畫中的角色，從BL閱讀的視角可以發現，不論對象是古典還是最新的文學／文化文本，其實都可以從所有的文本中找到同性戀式的愛或欲望。

■ 何謂「酷兒」？

這類的解讀實踐，在至今的文學／文化研究中，多被稱為酷兒評論或酷兒閱讀。

「酷兒」（Queer）一詞，原是指「奇怪的、奇妙的、不一樣的」之意的英語圈用語，20世紀後成為侮蔑男同志的用語。進入1980年代後，反其道而行，將侮蔑用言的意涵、主導性重新取回的「再挪用」（Reappropriation）開始在社會運動、藝術、學術領域中發酵。

當時的歷史背景是在HIV/AIDS大流行（愛滋危機）之下，美國發起了廣泛串連社會邊緣少數族群之社會運動（AIDS Activism）。

當時，美國政府沒有採取相應政策，造成許多人染病死亡，科學家社群也將社會邊緣人貼上「（高）危險群」之標籤，打造出區別「正常的我們」與「異常的他們」之框架[3]。都市圈各式各樣的少數族群感受到，如繼續沉默就會陷入死亡危機，於是他們彼此串連，進行抗議運動或互相支援[4]。

在這樣的歷史過程中，重視廣泛度與差異性的酷兒運動、酷兒政治就此誕生，這也衝擊了學院派。1990年，在加州大學聖塔克魯茲分校，特瑞莎・德・勞拉蒂斯（Teresa de Lauretis）舉辦了「酷兒理論」學術會議，議論性別、階級、人種等「差異」問題。同年，之後成為酷兒研究的主要著作的伊芙・可索夫斯基・賽菊寇（Eve Kosofsky Sedgwick）的《闇櫃知識論》（Sedgwick 1990=1999）與朱迪斯・巴特勒（Judith P. Butler）的《性／別惑亂：女性主義與身分顛覆》（Butler 1990=1999）相繼發行問世。

■ 酷兒評論、酷兒閱讀

賽菊寇在《男性之間——英國文學與同性友愛的欲望》（Sedgwick 1985=2001）中，分析了18世紀中期至19世紀中期的英國小說，聚焦於「同性間的社會性羈絆」（同性友愛=Homosocial）中的「男性間的羈絆」，進行分析，目的在於「在普遍化男男關係結構的同時，也必須明確化其歷史性的差異」（: 2）。

賽菊寇指出，在現今強制性異性戀社會中，男性間的「同性間的社會性羈絆」與「同性戀式的欲望」（Homosexual）之連續性是被切斷分割的。賽菊寇的分析指出，男性是為了證明自己厭惡同性戀、證明自己是異性戀而「交換」女性，揭明了支持「男性間的羈絆」的其實是恐同與厭女，為女性主義和反恐同這兩個立場打造了共同抗爭的基礎。

此外，賽菊寇將追求男男間強烈羈絆的欲望稱為「同性友愛式欲望」，這也讓同性戀式欲望與前者之間可具有連續性。賽菊寇的議論在BL研究上也相當重要，她讓「同性間的社會性羈絆」與「同性戀式欲望」可解釋為彼此相關、具連續性。對賽菊寇著作進行評論分析的英語圈文學家村山敏勝在《走向（看不見的）欲望——與酷兒評論對話》（村山 2005）中，寫出了「在乍看之下固定的性框架機能正常運作的場所內，也可劃上斜線，換寫不同的認同機能」之評論，表示了「引出看不見的欲望，產出新的詮釋」之可能性，他論述如下：

> 酷兒的姿態，就是要求對所有的事物進行重新詮釋——懷疑規範了我們世界的異性戀規範，同樣的文字排序也可看出完全不同的意涵。（村山 2005: 15）

「BL閱讀」與酷兒評論／酷兒閱讀，都是能動性地介入異性戀中心詮釋，尋找不同詮釋的閱讀方法。2017年發行的《共有結晶》別冊《萬解》（柳川麻衣編），也對異性戀中心的鑑賞視角提出質疑，進行了BL閱讀、百合閱讀等，

廣義而言的某種酷兒閱讀。

酷兒評論、酷兒閱讀與 BL 研究，在質疑身體、性、欲望的規範性存在上，具有共通點。然而即便到現在，酷兒一詞依然被視為侮蔑用語。承襲這個歷史性，接續著進行酷兒評論、酷兒閱讀與 BL 研究是相當重要的。

3　採取可取捨式閱讀的人

短歌與 BL 短歌之間，也曾關係緊張。2013 年 2 月 7 日至 14 日舉行了「情人節 BL 短歌祭」，而當中的 BL 短歌卻被批評為「幼稚拙劣」[5]。BL 短歌被批評為只是「短歌」的「模仿者」、只是「BL 五七五七七」罷了。然而，為什麼「短歌」應該要是這個樣子，這種共通認識是怎麼形成的，這個問題本身才是應該要去質疑的吧。

揚言著「我能成為任何一切的感覺」，以「用來質問這個世界」的「語言武器」展開的 BL 短歌，抱持強大的意志，足以插手介入維持規範式的性與身體的力學[6]，重新質問國家、社會中被固定化的男女框架的根本問題。

有時，這種包含著對社會性別、性模式加以批評的文學文本，常會被冠上「幼稚拙劣」等否定性的評語，然而，當人們開始嘗試用言語傳達難以用言語表達的事件，比起內容「言詞含糊」、「字句混亂」，更該被質疑的應該是無法傾聽這些聲音的評論框架才對。在男性中心、異性戀中心式解讀被視為理所當然的評論框架下，努力去傾聽在這樣的框架下難以發出的聲音，這個實踐的過程和女性主義文學評論中女性作家們承受的苦難歷史是有所重疊的。

女性主義文學評論的主張，揭露了至今被認為是中立、普遍性的文學文本的詮釋制度與評價，其實都只是男性中心主義下的產物，進而要重新質問文學的「正典」（Canon）為何（一般而言，這多被稱為女性主義批判）。同時，女性主義文學評論也重新審視了女性文學的系譜（Gynocriticism），此外，不去重視作者的性別，而是以某文本為對象，去批判性地討論文本中所產生的

性別與權力關係，這類的性別評論也跟著問世[7]。之後，質疑身體、性、欲望的規範性存在方式之酷兒評論，也進而成立。

BL短歌可以視為從女性主義文學評論與酷兒評論交會的領域之中，誕生出來的一種評論或表現形態。

《共有結晶》第四號刊載的論述中，濱松哲郎主張：「所有的『讀者』作為同一文本的共有者，彼此便是對等的關係，必須努力在同一地平線上，認知乃至共享彼此的『解讀』、或是在脈絡上的差異。」（濱松 2018: 88）。此外，同在《共有結晶》該期中，穗崎圓對於切換「解讀的模式」敘述如下：

> 有意識地切換「解讀的模式」，為短歌準備一個與既有「場域」不同的「場域」，此時我才終於能夠發現這個作品的其他可能性。相反地，若不這麼做，就無從注意到這個可能性。愈是閱讀文本，愈是讓置身於這個被稱為「閱讀」的社會「場域」中的自己的偏見，面臨開陳布公。（穗崎 2018: 99）

那個作者是個至今寫了怎樣的短歌的人？那首短歌是放置在連續作品中的什麼位置？環繞著那首短歌的相關的資訊、文本脈絡等，便是穗崎所說的「場域」。光只挑其中一首抽離開來閱讀，這樣的舉動包含了怎樣的可能性與暴力性，穗崎在探究其內容的同時，也提出了閱讀短歌的讀者所處的社會性脈絡，同樣會影響到解讀，這點相當重要。閱讀乃是發生於社會性的脈絡之中，並非自由的行為，在這樣的前提下，自己如何閱讀文本，很明白地顯現了自己的「偏見」。

相對於男性中心、異性戀中心的創作、評論，BL短歌提出了取捨式閱讀的可能性。要進行取捨性閱讀，必須處為「對等的關係」，且「將偏見開陳布公」。為了導正環繞著撰寫／閱讀短歌所發生的種種不公平，傾聽嶄新的聲音，目前，各種實踐活動正在孕育發酵中。

4　二次創作短歌與改編

■　二次創作短歌的開展

2017年，《共有結晶》編輯部以別冊的方式，發行了《二次創作短歌詩集：二次創作短歌非官方導覽書》。總編輯穗崎圓在〈前言〉中為「二次創作短歌」下了以下的定義：「以漫畫、小說、動畫等現代既有創作作品世界的設定為前提所創作的短歌」（BL短歌合同誌實行委員會・穗崎 2017: 8）。

該雜誌將投稿於圖像交流服務網站pixiv的插圖、漫畫、文章作品之標籤、標題、圖說等文字中，含有「短歌」的作品全部抽出，統整了二次創作短歌的投稿數量、人氣類別等。結論而言，從人氣遊戲、漫畫、動畫等「原作」發行，到二次創作短歌的標籤（#）出現，兩者之間的時間差相當短，二次創作短歌普及化的可能性很高（BL短歌合同誌實行委員會・穗崎 2017: 17）。

自從動畫二創、YAOI之後，接收「原作」的讀者成為作者，著手創作新的二次性文本者為數眾多（參見第3章、第6章、第9章）。

金田淳子引用斯圖亞特・霍爾（Stuart Hall）的理論，提出面對「支配性／優勢性的符碼」，「對抗性解讀」、「交涉性解讀」依然可行。金田的論述闡明，將「男性間的羈絆」、「男性間的友愛」置換為「男性間的性愛」，這樣的行為其實是想讓「異性戀式符碼」去符碼化的抵抗性、交涉性行動。金田用米歇爾・德・塞杜（Michel de Certeau）的「盜獵」概念，來說明「YAOI 二創」的置換行為，而金田的論述本身，也可以說和在異性戀故事中加上斜線、置換為酷兒概念的酷兒評論／酷兒閱讀的實踐行為有所重疊。

此外，東園子在探討寶塚與YAOI的論述中，運用了珍妮絲・拉德威（Janice Radway）的「不服從的創造力」（Insubordinate Creativity）一詞，提出了嶄新的概念。拉德威的「不服從的創造力」，指的是「運用已存在於世界上的事物，依自己的想望創造出別的事物」（東 2015: 286）。東從這個概念出發，提出了「不服從的想像力」（Insubordinate Imagination），即意味著「從世界上既

有的符號、再現，去想像和一般意涵不同的內容」(: 286) 的想法。她認為將這二個詞語整合，「不服從的想像／創造力」(Insubordinate Imagination／Creativity) 正是「改變社會通用的符號與意義關係，賦予其與至今相異的意義，想像／創造新的事物」(: 286)。依東所述，運用既有符號，改變其意義的實踐行為，和酷兒運動、酷兒行動將酷兒這個侮蔑用語「再占有、再挪用」的問題意識也相互呼應。

■ 酷兒的閱讀與改編

詮釋「原作」，從不同的脈絡中創造出新的內容，也就是所謂的翻案行為——「改編」——的視角也相當重要。《活在現代的莎士比亞——改編與文化理解入門》(米谷 2011) 將酷兒理論和改編問題連結在一起，編著者米谷郁子指出，原作定義為「友情羈絆」的男性角色間關係，在改編作品中可詮釋為「同性戀」的「親密的戀愛關係」(: 29)。這樣的詮釋在「異性戀」符碼下無法解讀出來，但在「原作」描寫的關係中確實能讀得出其親密的程度。米谷對於在「故事細節」中創造出新故事的可能性，敘述如下：

> 故事若交由受訊方去解讀，則原作中沒有明示的內容、或是作者或發訊方沒有打算著墨的部分，往往會經由受訊方的詮釋行為而滿溢出來。有許多在原作中只不過是稍微提到的細節小故事，到了改編作品中經過濃縮、壓縮後被清楚呈現出來的例子，也絕不少見。(米谷 2011: 29)

米谷在這裡所指的意思是，透過重新詮釋，原本無法被看見的欲望與關係因而顯現，也就是「酷兒閱讀」的可能性。二次創作短歌也是找出「細微故事」的行動之一，質疑既有的性、身體、欲望的規範形式，透過找出至今無法被看到的欲望與關係性之「酷兒閱讀」，來進行酷兒式的改編。

《共有結晶》第二號中，詩人川口晴美與歌人飯田有子進行「腐女筆下」對

談，其中川口敘述如下：

> 我認為「享受他人的詮釋」是最重要的關鍵字。我因為著迷於《TIGER &
> BUNNY》[8]而開始閱讀起各式各樣的二次創作，也因此發現，二次創作其
> 實具有某種評論功能。想像原作沒有描寫的部分、捕捉細微的一個動作、
> 一個表情，想著──這裡其實是帶有這樣的意義吧？這個人物此時心裡
> 是這樣心理狀態吧？詮釋故事的這些場面，思考著「在這個場景和這個
> 場景之間，一定是發生了這樣的事，不然不可能會變成這樣」來進行創
> 作，我想這就是所謂的二次創作。（川口・飯田 2013: 79）

　　如同川口所述，原作總是會有些許的空白與縫隙，從原作進行「想像」、「詮
釋」原作，從角色沒有登場之處、或是不同的面向來理解角色，進行解讀。
像這樣評論式實踐行動與創作相連在一起，創作也與評論連結在一起，這正
是二次創作擁有的力量之一。

■　BL短歌作為一嶄新文化形態

　　2018年，《共有結晶》第四號發行後，刊物本身宣布停刊。然而BL徘句雜
誌《庫內燈》系列、川口晴美企劃編輯的《詩與思想》於2016年5月號特集中
刊載的〈二次創作，以及BL〉等，均可以視為BL詩歌系統持續擴張的現象。
BL短歌的個人誌也逐漸增加，BL詩歌系列的作品集也都能在文學即賣會上
購入。如同谷栖理衣在《共有結晶》第一號中說的「讓五七五七七萌起來！」
BL短歌成為展現BL的一種嶄新文化，也在BL研究上具有重要的意義。此
外，「可作為BL閱讀的短歌」這個發現，似乎也帶出了「BL閱讀」可以應用
在幾乎所有文學、文化文本上的可能性，提供了一個新的詮釋視角。

※《共有結晶》編輯部的砂漠谷、平田有、穗崎圓、柳川麻衣等人給予本文眾多意見，筆者由衷表示感謝。

◆文獻指引◆ 給想要了解更多的人

①伊芙‧可索夫斯基‧賽菊寇，2001，《男性之間 —— 英國文學與同性友愛的欲望》，名古屋大學出版會。
本書闡明了男性間的社會性連帶關係（同性友愛）是排除同性戀欲望，為了證明異性戀而需透過女性介入才能成立的概念，為女性主義及反恐同人士提供了共同抗爭的基礎。

②菊地夏野、堀江有里、飯野由里子編著，2019，《開啟酷兒研究1》，晃洋書房。
集結了在多樣的研究領域、社會運動、藝術中，酷兒研究是如何發展的相關論述。可藉本書廣泛了解酷兒研究相關的重要議題。

③大橋洋一監譯，2016，《酷兒短篇小說集 —— 無法命名的欲望物語》，平凡社（平凡社Library）。
赫爾曼‧梅爾維爾（Herman Melville）、柯南‧道爾（Conan Doyle）等作家的酷兒短篇小說選集。笠間千浪編《古典BL小說集》（平凡社Library，2015）、森井良編《特別的友情——法國BL小說選》（新潮文庫，2019）等也都可一同閱讀。

〈註〉

1. 《共有結晶》第三號，刊載了曾經為《JUNE》、《小說JUNE》雜誌的詩歌單元「黃昏詞華館」擔任評選人的藤原龍一郎的訪談。
2. 監修註：日本的短歌，是以日語讀音裡的五個音、七個音、五個音、七個音、七個音各為一句，共五句三十一個音串連起來成為一首歌的形式，所作出來的文學。由於中譯很難翻成五七五七七的五句，因此這裡僅翻成五字、七字、五字、七字的四句形式。
3. 新新江章友是文化人類學者。如同新新江在他2013出版的書中指出，不只是科學家，大部分的人都把愛滋分在「不是自己的他者之疾病」的類別中，並對該疾病患者視而不見。此外，有關酷兒閱讀，詳細內容可見森山（2017）。
4. 1980年代「愛滋危機」的代表性論文集之一，是道格拉斯‧克林普（Douglas Crimp）在1988年由美術史專家的自己，與文學家萊奧‧貝爾薩尼（Leo Bersani）擔任編輯，透過影像、文學文本分析論述了「愛滋危機」下的「再現的政治」。此外，關注「愛滋危機」的相關報導、再現之修辭法進行論述的李‧埃德爾曼（Lee Edelman）著作、探討男同志認同問題的賽門‧華特尼（Simon Watney）的研

究也都與此有所關聯。

5. 詳細參見 http://togetter.com/li/452748 及筆者部落格「地下室的資料庫（地下室のアーカイブス）」「BL短歌的雀躍法（BL 短歌の弾み方）」參照：http://d.hatena.ne.jp/ari1980/20130209。

6. 溝口彰子在其 2015 年的著作中表示，「近年的 BL 給出了一些線索，催生出克服現實日本社會中存在的恐同、異性戀規範（僅將異性戀視為正常而予以獎勵，其他都需被壓抑之價值觀）、厭女等現象的作品」（: 10），而「BL 閱讀」的閱讀法，在遠程範圍中，也一樣為社會、歷史的變遷產生重大影響吧。

7. 詳細參見 Showalter（1986=1990）、飯田（1998）、齋藤（2009）等。

8. （引用者註）2011 年播放的電視動畫《TIGER & BUNNY》。內容描述擁有特殊能力、被稱為「NEXT」的英雄們，活躍於都市修迪輪的故事。資深英雄的狂野猛虎（鏑木・T・虎徹）和新進英雄的巴納比・布魯克斯二世這對搭檔相當受到歡迎。

〈引用・參考文獻清單〉

・東園子，2015，《寶塚・YAOI・愛的置換——女性與大眾文化的社會學》，新曜社。

・Butler, Judith, 1990, *Gender Trouble: Feminism and the Subversion of Identity,* Routledge.（聞翊均、廖珮杏譯，2023，《性／別惑亂：女性主義與身分顛覆》，時報文化。）

・Douglas Crimp ed., 1988, AIDS: Cultural Analysis, Cultural Activism, MIT Press.

・濱松哲郎，2018，〈當然的出發點——短歌的《解讀》相關之評論考察〉（当然の出発点——うたの『読み』に関する時評の考察），《共有結晶》，4: 88-94。

・平田有，2018，〈在某個人的革命過後〉（とあるひとりの革命は過ぎて），《共有結晶》，4: 126-8。

・穗崎圓，2018，〈閱讀，或是小小石頭的愛戀法〉（リーディング、または小さな石の愛で方について），《共有結晶》，4: 96-103。

・飯田祐子，1998，〈隱喻的性別〉（隠喩としてのジェンダー），《他們的故事——日本近代文學與性別》（彼らの物語—日本近代文学とジェンダー），名古屋大學出版會。

・石田美紀，2008，《祕密教育——「YAOI・Boy's Love」前史》，洛北出版。

・石川啄木，1952，《一握之砂：石川啄木短歌全集》（一握の砂／悲しき玩具－石川啄木歌集），新潮社（新潮文庫）；2014，有鹿文化。

・金田淳子，2007，〈漫畫同人誌——解釋共同體的政治〉，佐藤健二、吉見俊哉編，《文化的社會學》，有斐閣，163-90。

・川口晴美、飯田有子，2013，〈對談 腐女筆下〉（対談 腐女子として、書くこと），《共有結晶》，2: 71-87。

・米谷郁子，2011，〈在日本／看日本「羅密歐與茱麗葉」〉（日本で/日本に見る『ロミオとジュリエット』），米谷郁子編著，《活在現代的莎士比亞——改編與文化理解入門》（今を生きるシェイクスピア——アダプテーションと文化理解からの入門），研究社。

・溝口彰子，2015，《BL 進化論——男子愛可以改變世界！》，太田出版；麥田，2016。

・森山至貴，2017，《解讀 LGBT——酷兒研究入門》（LGBT を読みとく —クィア・スタディーズ入門），筑摩書房（ちくま文庫）。

・村山勝敏，2005，《走向（看不見的）欲望——與酷兒評論對話》（〔見えない〕欲望へ向けて——クィア批評との対話），人文書院。

・中島梓，〔1998〕2005，《達拿都斯的孩子們——過度適應的生態學》，筑摩書房（ちくま文庫）。

· 齋藤美奈子，2009，〈「閱讀／學習／撰寫」女性主義文學評論〉(フェミニズム文学批評を「読む/学ぶ /書く」ために)，天野正子、伊藤公雄、伊藤るり、井上輝子、上野千鶴子、江原由美子、大澤 真理、加納實紀代編輯委員，齋藤美奈子協助編輯解說，《新編 日本的女性主義11 女性主義文學 評論》(新編 日本のフェミニズム11 フェミニズム文学批評)，岩波書店。

· Sedgwick, Eve Kosofsky, 1985, *Between Men: English Literature and Male Homosocial Desire,* New York: Columbia University Press (上原早苗、龜澤美由紀譯，2001，《男性之間——英國文學與同性友愛 的欲望》，名古屋大學出版會。)

· Sedgwick, Eve Kosofsky, 1990, *Epistemology of the Cloest,* University of California Press.(林玉珍譯， 2024，《闇櫃知識論》，書林出版。)

· 新新江章友，2013，《日本的「男同志」與愛滋——社群・國家・認同》(日本の『ゲイ』とエイズ——コ ミュニティ・国家・アイデンティティ)，青弓社。

· Showalter, Elaine ed., 1986, *The New Feminist Criticism: Essays on Women, Literature, and Theory,* London: Virago Press (青山誠子譯，1990，《新女性主義評論——女性・文學・理論》，岩波書店。)

· 竹宮惠子，2015，《少年名叫吉爾伯特》，小學館 (小學館文庫)；2021，尖端。

· 谷栖理衣，2012，〈前言〉，《共有結晶》，1: 5。

■ BL短歌合同誌《共有結晶》相關

· BL短歌合同誌實行委員會：谷栖理衣代表編輯，2012，《共有結晶》第1號。

· BL短歌合同誌實行委員會：佐木綺加代表編輯，2013，《共有結晶》第2號。

· BL短歌合同誌實行委員會，2014，《共有結晶》第3號。

· BL短歌合同誌實行委員會：柳川麻衣代表編輯，2018，《共有結晶》第4號。

· BL短歌合同誌實行委員會：穗崎圓，2017，《共有結晶》別冊《二次創作短歌非官方導覽書》。

· BL短歌合同誌實行委員會：柳川麻衣，2017，《共有結晶》別冊《萬解》。

Keywords

●堀亜紀子

女性主義　性別　性　色情作品（Pornography）　情色作品（Erotica）　暴力　性別規範

現今，腐女、BL等詞語已被社會廣泛認知，但腐女社群內還是殘留著「不能被別人知道」的「自重自愛」。BL這個類型包含了性行為表現，應該是原因之一。在性的規範上，社會男女有別、具有雙重標準——男性享受性愛表現被視為理所當然，然而女性享受性愛表現則會被冠上污名（烙印，參見第12章）。在這樣的性別規範運作下，腐女社群出現了自重聲浪，女性主義則主張此現象暴露社會上性的雙重標準（Sexual Double Standard），並試圖處理女性與性表現的問題。

本章將從女性主義討論色情作品的角度探究BL，闡述兩者的異同。女性主義至今揭露了男女權力關係、性別不平等等問題，其中也包含了色情批判。女性主義關於色情批判的三大重點如下：①對男女間的權力關係作有肯定性的描寫、②物化女性、③肯定暴力，本章將討論以上三點在BL中是如何被呈現的，並考察女性想像男性間的性之意義為何。

1　女性主義與色情批判

■　「父權」與公私二分法

女性解放運動（Women's Liberation Movement）、第二波女性主義運動於

1960年代後半至1970年代前半展開，透過女性們的經驗，闡明性歧視確實為一大社會問題。如同著名口號「個人的即政治的」（The personal is political.），眾多女性都共同經歷過個人的壓抑、被歧視經驗，代表這些苦痛其實是起因於社會規範、社會制度結構。凱特‧米列（Kate Millett）在《性政治》（Sexual Politics，Millett 1970=1973）中指出，「父權」即父親／男性（Patri）的支配，並非只發生在家庭等私人領域中的年長男性對年少者、男性對女性的「支配」現象，而是在社會各處都能看到的權力關係體系。

性別分工也是此體系下的產物之一。女性無償地在私人領域（家庭）從事育兒、處理家事、照護等再生產勞動（勞動力、生命等的「再」生產），男性則在公共領域（職場）有償進行生產勞動（物的生產），養家活口，如此的性別分工與公私二元論綑綁在一起，已完全組織進入社會體系中，像是日本所得稅就有配偶者扣除額這樣的項目。

■ 「正確的性」與性別規範

竹村和子指出，家庭等私人領域中是靠「正確的性」來統御欲望（竹村2002）。竹村表示，「正確的性」即是「取得社會霸權階級的家庭，以畢生單配偶制為前提，在內部進行再生產的性」的壓抑型態「異」性戀主義（〔Hetero〕sexism）。竹村之所以會在「異」性戀主義加上括號，是因為她認為「同性戀歧視是以近代公民社會的性別歧視（Sexism）為前提，更是為了促進性別歧視而組成的機制」，「異性戀中心主義和性別歧視並非各自存在，而是推進近代的性科學言說的兩大齒輪」（: 37-8）。

「正確的性」指的是以生殖為目的的性行為，其他的性行為都是「不正確的」。同時，家庭內的性行為屬「正確」，家庭外的性行為則「不正確」。然而這當中也存在著男女的不對稱性。日本從明治到二戰後民法改訂（1946年）為止的「家庭制度」下，女性在家庭外發生性行為，便是犯下通姦罪[1]，女性在家庭之外抱持性欲便要被課以罰金，從這裡即可看出對男性與女性而言，

性的雙重標準。

女性主義舉發了父權、性別分工、性的雙重標準等種種的性歧視問題，過程中也逐漸深化性別概念。我們絕大多數都是在出生時被區分為男或女，並隨著成長，學習男性該如何、女性該如何的（社會性別）知識。社會每一個角落都熟知性別二元制，從服裝、說話方式到行為舉止，所有的場合人們都受制於性別規範。性別的拘束也深深影響了性，像是在性關係中男性是主動、支配的立場，女性則是被動、服從的立場，這樣的關係被視為「普通的」；男性自由地享受性也不會被批評，還可能會被讚揚，女性卻會被貶低為「沒品淫蕩」──「正確的性」和男女不對稱的性別規範息息相關。在了解上述種種後，腐女社群中會出現「不能被人看到」的自重，是因為BL包含了性表現，性別規範從社群的外部與內部同時作用而產生的現象。

■ 女性主義的色情批判與情色作品（Erotica）

女性主義將男性支配女性的權力結構理論化，並進行批判。色情作品也是當中討論的項目之一。女性主義強烈批判色情作品，認為色情作品就是反映、維持並再生產男性中心社會的性歧視，主要可整理為以下三點：①以肯定角度描寫「支配－服從」的男女權力關係、②將女性的身體局部化，塑造為無人格的「物品」，讓女性成為被觀看的客體，即「物化」女性、③以肯定角度描寫對女性的「暴力」（堀 2009）。女性主義論述認為色情作品中描寫了具有性歧視的權力關係，讓男性看完後會以為支配女性是理所當然的，建構出一個對女性做什麼都可以，或是會如何對待女性的現實社會（Mackinnon 1993=1995）。

女性主義發現男女權力結構成為色情作品、成為一種娛樂，因而進行了批判。當中女性僅被描寫為性的對象，女性對男性的服從被描寫為女性的快樂、快感，這讓女性主義者深感憤怒，也連結到在反對性暴力運動中發現了「強暴神話」。「強暴神話」指的是「被強暴的受害者女性也有問題」、「女性本來

就有想要被強暴的欲望」這類天方夜譚般的「神話」。強暴的「問題」不在於被害者，而在於施暴的加害者，以及把責任歸咎於被害者、創造並維持「強暴神話」的社會，女性主義的這些議論，意義之重要再怎麼被強調也不為過（守 2010: 28）。

然而，色情批判也成為分離女性主義的重大議題。有的女性主義者認為，色情作品就是性歧視，應該加以規定限制；另一方面，則有女性主義者認為這是侵犯言論自由，反對公權力的介入，主張反對規定，因此產生了各種對立的意見（Califia 1994=1998，2003=2005；江原編 1995）。

格洛麗亞・斯泰納姆（Gloria Steinem）便是從與色情批判相異的視角，將性表現視為女性追求性快感與欲望來分析。當然，享受性並非只是男性的專利，女性主義在批判男性取向色情作品的同時，也主張女性的性自由和自主決定權。斯泰納姆嘗試以「情色作品」（Erotica）的概念，重新定位女性與色情作品的關係，將含有性歧視的內容分類為色情作品，而性平等、友愛式的性表現則分類為情色作品，表示也是有不會讓女性感到不愉快的色情作品（Steinem 1983=1985）。然而，情色作品這個概念也並非沒有問題，真的有所謂的性表現，可以讓所有的女性都不會感到不愉快嗎？此外，難道女性真的只有想要描寫性平等、友愛式的性表現嗎？這可能也只是另一種新的強加或壓抑的價值觀。

2　BL 作為女性也能享受的性表現

■　BL 的表現——權力關係

從可以讓女性感到愉悅的性表現觀點來看，BL 也許也能稱作情色作品。那麼，被批判為性歧視的男性向色情作品與 BL，究竟有何差別呢？或是說，有何相同之處呢？接下來就從色情批判的三大重點「支配－服從」的權力關係、「物化」、「暴力」，加以梳理檢視。

首先，從「支配－服從」的權力關係來看。BL描寫男男的戀愛與性，但二者的關係並非總是平等，至今也有眾多的批判指出，攻‧受的角色分配，就是遵循異性戀情侶的權力關係（支配－服從）來描寫（參見第13章）。

然而，男女之間的權力關係與男男之間的權力關係不同，這並非起因於性別（Gender）。BL中女性並非重要角色，男女的權力結構也就從作品中消失，女性主義者所批判的女性被支配的樣態也就不會登場。由這一點來看，BL不能說是再生產男性中心價值觀的色情作品。然而，「攻」反映出男性式社會性別、「受」則是女性式社會性別，例如多數的設定中都把「攻」的體格描寫得比「受」來得高大、更有經濟能力、包容力，受則像是公主般被對待，這種非對稱性的設定可謂是BL的王道。

這麼說來，BL是用直接用異性戀情侶的規範投射到男性情侶上嗎？因為每部作品差異甚大，筆者認為應該要個別具體地來討論才行。如同《欲望符碼》一書中所述（堀 2009: 216-7），當「攻」對「受」抱持強烈戀愛情感時，在精神上居於主導立場的便會是「受」。若是男女情侶，此時性別規範較易運作而難以反轉，然而男男情侶因不存在性別差異，權力關係是可變的。在這類的作品中，沒有力量的「受」有可能可以憑藉戀愛情感作為重要的依憑，和「攻」對等地對峙，顛覆固定的權力關係。此外，2000年代之後，出現了許多非典型攻‧受結構的BL模式的作品，也是須關注的重點（參見第4章）。

■ BL的表現——物化① 從封面來看

接下來要探討的是，特寫身體局部等，讓女性僅作為被觀看的客體、被對象化、「物化」的批判。在此，將以「關係性」作為考察物化的參考軸。如同本書多章都曾提及的重點，重視「關係」是BL的一大特徵。

要解讀角色的關係性，必須關注作品最重視、最費心去呈現的封面。圖8-1為2018年暢銷的成人漫畫（男性向色情漫畫[2]），圖8-2則是BL情報網站舉行的2018年最優秀獎[3]前四名作品，所有作品皆含有性描寫。從圖8-1可以看出

圖8-1　成人漫畫封面

幾花丹色《幾日》，台北原動力出版，2018

師走之翁《円光歐吉桑》（円光おじさん），未來數位，2018

圖8-2　BL漫畫封面

吾妻香夜《徘徊期少年》（ラムスプリンガの情景），東立出版，2019

エンゾウ《DRAG-LESS SEX 不藥性愛辰見和戌井》（ドラッグレス・セックス 辰見と戌井），東立出版，2019

它們的特徵如下：成人漫畫的封面都只有女性角色，暴露度高，強調胸部、泛紅的臉頰，且都是凝視著讀者的鏡頭視線角度；圖8-2則可發現，BL漫畫的封面非單一角色，而是CP角色一同出現，肌膚暴露度低，沒有特別強調身體局部，雖然也有凝視著讀者的鏡頭視線作品，但大部分都是看著CP對象的視線，這些可以說是BL漫畫的特徵[4]。

　　比較後所浮現的結果，可以了解到BL對於CP的執著，重視的是誰和誰在談戀愛；另一方面，成人漫畫則強調什麼樣的女性角色是主角。試想像，讀者在看到封面，決定購買哪一本書時的情境。購買成人漫畫時，應該是以女性角色是否符合自己的喜好來決定要不要購買吧。而買BL的情境，則是以CP是不是自己的喜好來決定是否購買。BL對關係性的重視、以CP為心之所向，這些從封面就可一目瞭然[5]。

■ BL的表現──物化② 從關係性的符碼化來看

　　身高差是BL關係性的一個符號表現重點。永久保陽子調查了1996年商業

發行的所有 BL 小說，發現「攻方角色比受方角色高」的比例占了 93%（永久保 2005）。此外，宇利綾香分析了 2006-17 年《這部 BL 不得了！》（宙出版）排行榜刊載的前三十名，共三百三十部作品，同樣是「攻」的身高比「受」高占了甚大的比例（宇利 2019）。

2018 年最受讀者喜愛的作品《酒與菸》（リカー＆シガレット）同樣也是「攻」的身高高出受許多。攻方卡米洛喜歡青梅竹馬的受方西奧，長相帥氣、異性緣佳的卡米洛盡心盡力地對西奧好，甚至保護著西奧（不過，二人是否成為戀人的決定權掌握在西奧手中，並非所謂支配－服從的權力關係）。「受」比「攻」矮，被「攻」寵愛、深深被愛的關係性是近年 BL 中相當受歡迎的類型。

其他關係性的符號化，可從角色設定的細分化來看。電子書銷售網站[6]都設有關鍵字搜尋，筆者對這些關鍵字的內容進行了分類與比較。BL 的關鍵字依數量多寡排列，分別為職業[7]、關係性[8]、個性[9]。成人漫畫則是以性行為的種類（Play）最多，其次為女主角的職業、女主角的外觀、性行為的情境（Situation）。由此可知，相對於 BL 作品的特徵在於重視角色是怎樣的人、CP 是怎樣的配對，成人漫畫則重視性行為的細節與女主角的外觀。不過，換到其他的網站上，成人漫畫（MANGA-DB，註 2 的網站）得到的是幾乎相同的結果，但 BL 的話（Chil-Chil，註 3 的網站）關鍵字數最多的是性行為的種類，其次才是關係性和個性。因此，或許可以說 BL 雖然重視 CP 的關係性、個性，但也會依據網站、使用者的不同，而對性行為的重視呈現光譜分布的狀態（參見第 9 章）。

BL 依身高將攻‧受角色進行視覺化呈現的符號化，而成人漫畫也同樣地依關鍵字將作品分類成數種模式。不過，BL 的符號化在 CP 的關係性、角色人物上則有相當細膩的設定。女性主義色情批判中的「物化」，是特寫女性身體局部，並將女性作為僅供觀看的客體。然而，BL 雖然也進行了看似易與物化相連的符號化，但重視關係性，講究角色的個性、內在特徵等，都顯示了對人格的重視，而完全否定了物化。這也是至今色情批判理論尚未提到的論點。

3　BL的性暴力

■　BL與女性主義的遠近

以上說明了女性主義對色情表現所進行的「支配一服從」的關係性、以及對「物化」的批判，是無法直接套用在BL的性表現上的。女性主義的色情批判，是以男性向色情作品為基準，舉發當中的女性歧視。因此，關於BL的性描寫，需要運用其他的理論來考察，這與社會中依然殘留的男女非對稱性（參見第12章）、對男同志愛的關聯性（參見第13章）、異性戀規範（參見第7章）等都息息相關，這些也都是女性主義、酷兒研究的主要論點，屬於和BL「相近」的問題點。

不過，在本章最後，將提及BL與女性主義「相遠」的問題。女性主義批判描寫男性對女性之暴力行為的內容，為「露骨地在性意識上讓女性服從」，將女性視為性的對象物（Dworkin and MacKinnon 1988=2002）。然而，BL描寫的種種「暴力」，卻讓讀者、作者感到樂趣，也成為欲望的對象。這就是接下來想要討論的面向。

■　幻想、修辭美化的性暴力

包含BL在內，所有的創作物都是幻想（Fantasy）。將幻想與現實視為同一物單純的反映論，至今已積累了諸多的批判。然而，再現依然具有莫大的影響力，不能僅以一句「反正都是假的」來帶過。就像有男性看完AV後真的實際模仿當中的性行為；恐同的角色風靡一時，也曾在當事者們心中劃下消之不去的傷痕（永易 2017）。現實與再現，幻想的問題深深交織於其中，只把它們當成是單純反映的觀點，確實必須要深刻加以注意，但是也不能說二者之間就毫無關聯。

從這樣的觀點考察BL時，「暴力」浮現出來成為一相當麻煩的問題。暴力在性相關的現象中可謂相當黑暗的一面，但在描寫方法上卻可以有多層相異

的方式。如同竹宮惠子所述，比起讓少女讀者閱讀發生在少女角色上的暴力，發生在少年角色上的暴力具有緩衝的效果（竹宮 2016）。她在 70 年代所繪的《風與木之詩》，藉由少年們的性，以迂迴的方法，讓少女們看到了性並非只是帶來幸福的行為。這部作品可以說是對屬於性暴力被害高危險群的少女們的「教養」，又或拯救已受到性暴力被害的少女走出孤立的救贖。

另一方面，BL 從少年愛時代起，無疑地不斷從物理上、精神上的支配、強暴、監禁、束縛等描寫性暴力來喚起讀者的欲望。小說家中島梓就書寫了許多男性們暴力式性行為的作品。在連載於《JUNE》的「小說道場」之〈新・YAOI 游擊宣言〉（中島 1997）中，中島表示：「YAOI 就該強姦」，YAOI（廣義的 BL）是讓「該侵犯的男人」被侵犯，因此在同性別者（男性）當中產生了階級，所以應該是屬於階級鬥爭的故事才對。小說家中野冬美也表示，色情作品的魅力就在於支配－服從的關係或是強姦，「YAOI 少女想要讓男性有感覺、想要擁抱（插入）男性，用自己的手、自己的力量讓男性露出有感覺的表情。說得更誇張一點，甚至是讓對方克服厭惡、不願意的障礙，更加感覺到快感，藉此確認自己的力量。」（中野 1994: 135）她們喜好性暴力，是將之當成了崩解男性性別規範的方式。在男男關係中，當雙方對等的力量對峙中還包含了性愛時，那性暴力便是力量的外現，這也是她們偏好的模式。

與持有相同力量的男男對峙中外現的暴力不同，溝口彰子主張的「因為愛而強暴」，是修辭學上的性暴力。溝口總結出典型的腳本來說明：「被『攻』強暴後，『受』察覺『攻』對自己的愛，原諒了『攻』的行為，也發現了自己對『攻』的愛，最後二人相愛。」在腐女社群中共有一個認知前提，那就是強暴是「過度愛情的展現」（溝口 2000，2015）。強暴為「兩人的戀愛終於修成正果的過程，因為最終有一個『受』會原諒『攻』的行為默契機能系統存在。」（堀 2009: 198）

■ 安全的性暴力與「疼痛系」

如同修辭學上的強暴，讀者還有其他以幻想作為安全閱讀性暴力的機制。像是 ABO 世界觀[10]的設定，只要將角色分配為 α、Ω，不需要詳細的說明就可以描寫出支配－服從的關係。自己無法控制性欲（發情）的設定，也讓劇情可以不用多加描述，就能說明為什麼其中一方會強硬地發生性行為（參見第 4 章）。守如子也從漫畫表現機能的角度，討論了為了享受性暴力的描寫，而產生安全化的現象。守如子分析了女性漫畫、BL，從內在的獨白表述出過度的愛戀出發，考察了攻·受立場轉換、強暴場景的虛構化等，檢證出在這些作品中埋藏著各種「去暴力的機制」（守 2010）。

不過，自 2010 年代起，描寫露骨的暴力、被稱作「疼痛系」的作品大量增加。這些作品以生與死（Erōs 與 Thanatos）、身體上激烈的痛感、被虐性向（Masochism）、角色的心理創傷等為背景（像是梶本 Reika〔梶本レイカ〕的《高三限定》、《冰鬼》〔コオリオニ〕、米田香的《鳴鳥不飛》）等作品，其中許多悽慘的暴力描寫或場景，甚至讓讀者看了連身體都感覺疼痛起來、或忍不住想別過頭去。然而，我們生活的社會中存在著這種暴力，這是事實，透過這些作品的殘虐描寫，讓我們實際感受到自己生活在這個「恐怖的世界」中。此外，BL 中的性暴力描寫有愈來愈興興的傾向，進行性行為同時絞首令對方窒息、毫無理由地毆打、越線的跟蹤狂行為等，也常被寫進故事中。

女性主義批判色情作品是為了符合男性的快樂而描寫對女性施加暴力之物。然而，BL 描寫的性暴力是為了符合女性的快樂而存在。BL 一路寫來的並非女性主義說的情色作品，女性的欲望也不只限於友愛性質。透過 BL 顯現出幻想的性暴力對女性也同樣具有魅惑力。

那麼，是不是該全面否定創作物中的（性）暴力呢？筆者不這麼認為。因為 BL 就是想要掙脫「正確的性」的束縛、轉向自由，在這當中，勢必也會存在著讓社會忍不住皺眉的欲望。

4 想像與自己相異的性

竹村和子論述的「正確的性」，是以性歧視與異性戀規範作為兩大運作主軸，BL可以被視作是使用了與情色作品不同的方法，去抵抗「正確的性」。最後，要來探討BL描寫男男的關係性、性關係、性暴力，這同時代表了作者、讀者們深刻地想像和自己相異的性別角色，這個舉動代表了什麼？

BL作品中常會在後記、書封封面，或是為了促銷而附上的購買附錄小冊（讀者特典）中，描繪CP之後的點點滴滴、或是主角CP之外角色間的交流等。這些插曲不斷累積，讓作品即便完結後，讀者依然能持續想像CP二人的後續，也實現了希望兩人能持續幸福在一起的願望。

這樣的想像，也成為促使社會重新去審視被歸類為眼不見為淨的少數族群之切入點。像是單親爸爸的存在，BL作品中不時會描寫到單親爸爸，從「攜子」的角色去開展男同志的戀愛，也描寫了男性一人育兒的種種困難。與單親媽媽的不同的困難點發揮細膩的描寫想像力，都讓人們注意到這群總是被社會視而不見的人們，也讓讀者注意到社會對他們施加了何種冷酷的打擊（參見第4章）。

在性與性別規範都已被異性戀中心支配的社會，BL所展現的故事世界，是我們尚未抵達的世界邊緣嗎？還是愚蠢的妄想？抑或是協助規範再生產的工具？

本章從女性主義的遠近距離等視角，對女性孕育而出的BL文化之意義或語意進行了考察，我們可以看出，BL具有描繪出女性主義忽略之現象的可能性。BL的性描寫並非只是單純反轉男性取向的性描寫，當中也有依循既有性別規範描寫的內容、暴力性欲望，同時也有顛覆了權力關係的獨特價值觀、朝向被視而不見的族群之視線，展現出多樣的性。相信這些BL對「正確的性」之抵抗，與女性主義的女性解放思想，是屬於同一淵源脈絡的。

◆文獻指引◆ 給想要了解更多的人

①鹿野政直，2004，《現代日本女性史——以女性主義為主軸》，有斐閣。
女性主義相關書籍很多，若想要了解女性史之歷史性視角，本書提供許多基本知識，本書以女性主義視角整理了1960年代到90年代的日本女性史，也花了許多篇幅描寫常被忽視的女性解放運動。

②Ann Snitow、Pat Califia等，2002，藤井麻利、藤井雅實譯，《色情與審查》，青弓社。
女性主義反對色情，直覺上應該相當容易理解。不過，許多女性主義者都表示反對限制性描寫。本書集結了1970年代到80年到的散文作品，其中包含了許多至今依然重要的論點。

③天野正子等編，2009，《新編　日本的女性主義7　表現與媒體》，岩波書店。
本書收錄了從各種角度研究媒體與性別的相關論述。可以看到女性形象的歷史變遷、媒體的性歧視表現、性別相關的表現政治學等。書內的閱讀指南對初學者來說也是很好的資訊。

〈註〉

1. 要是妻子通姦的話，即可以成為離婚原因，並處以通姦罪，然而丈夫若是和其他有夫之婦通姦，則要對方丈夫提告，才會被處以通姦罪（若對方是未婚女性則不適用通姦），法令本身即男女不平等。
2. 「MANGA-DB」的成人漫畫2018年綜合排行榜（依自家統計收集FANZA、Getchu.com、Aamazon的人氣、銷量製成）前4名（2020年3月11日取得，https://adultcomic.dbsearch.net/ranking/past/2018.html）
3. Chil Chil（ちるちる）「BL Award 2019」的2018年最佳漫畫（作品評價點數及7332人網路投票點數加算）之前4名（2020年3月11日取得，https://www.chil-chil.net/blAwarRank/y/2019/mode/comic/）。
4. 這些特徵，和筆者於2007年進行的雜誌封面分析（堀2009）相同。
5. BL是時常出現性描寫的類型，但從封面卻難以看出來，這與女性購買、喜好性描寫的社會污名（色情的封面讓人覺得很不好意思，不敢買）作用有關。
6. DMM電子書籍。BL為https://book.dmm.com/bl，成人漫畫（FANZA）為https://book.dmm.co.jp/comic/genre/。
7. 學生、上班族、社會人士、教師等。
8. 青梅竹馬、同班同學、前輩·後進、年下攻等。
9. 大爺性格、小狗、傲嬌、廢材等。
10. 一般認為，ABO世界觀是在2010年左右，從美國電視影集《超自然檔案》（Supernatural）的粉絲文化中誕生的。因賀爾蒙而生物性發情、與在權力結構位階中的Ω，其地位和男性中心社會中的女性位置相似，而許多作品都描寫了Ω克服這些障礙的故事。

〈引用・參考文獻清單〉

· Califia, Pat, 1994, *Public Sex: The Culture of Radical Sex.* Cleis Press.（東玲子譯，1998，《Public Sex——挑釁的激進之性》，青土社。）

‧ Califia, Patrick, 2003, *Sex Changes: Transgender Politics*, 2nd ed., Cleis Press.（竹村和子解說／石倉由、吉池祥子等譯，2005，《Sex Changes——跨性別的政治學》，作品社。）

‧ Dworkin, Andrea and MacKinnon, Catharine, 1988, *Pornography and Civil Rights: A New Day for Womens' Equality,* Organizing Against Pornography.（中里見博、森田成也譯，2002，《色情與性歧視》，青木書店。）

‧ 江原由美子編，1995，《女性主義的主張2　性的商品化》（フェミニズムの主張 2 性の商品化），勁草書房。

‧ 堀亜紀子，2009，《欲望符碼——從漫畫看性的男女差異》，臨川書店。

‧ MacKinnon, Catharine, 1993, *Only Words,* Harper Collins.（柿木和代譯，1995，《情色——「平等權」與「言論表現自由」之間》，明石書店。

‧ Millett, Kate, 1970, *Sexual Politics,* New York, Doubleday.（藤枝澪子等譯，1973，《性政治》，自由國民社＝1985，ドメス出版）。

‧ 溝口彰子，2000，〈恐同式的同性戀、因愛而強暴，以及酷兒女同志——最近的YAOI文本分析〉（ホモフォビックなホモ、愛ゆえのレイプ、そしてクィアなレズビアン——最近のやおいテキストを分析する），《酷兒Japan》（クィア・ジャパン），2: 193-211。

‧ 溝口彰子，2015，《BL進化論——男子愛可以改變世界！》，太田出版；麥田，2016。

‧ 守如子，2010，《女性閱讀色情——女性的性欲與女性主義》，青弓社。

‧ 永久保陽子，2005，《YAOI小說論——為女性設計的情色表現》，專修大学出版局。

‧ 永易至文，2017，〈「保毛尾田保毛男」烙印的創傷 獻給與男同志嘲諷對抗的社會運動者之話語〉（『保毛尾田保毛男』が刻んだトラウ　マゲイ嘲笑と戦ったある活動家に届けたい言葉），Buzzfeed News（2020年5月6日取得，https://www.buzzfeed.com/jp/shibunnaGayasu/stopGayhate）。

‧ 中島梓，1997，〈新‧YAOI游擊宣言〉（新‧やおいゲリラ宣言），《新版 小說道場4》，光風社出版。

‧ 中野冬美，1994，〈YAOI表現與歧視——解開女性專屬的情色〉，《女性 Life Cycle 研究》，4: 130-8。

‧ Steinem, Gloria, 1983, *Outrageous Acts and Everyday Rebellions,* New York: Holt, Rinehart, and Winston.（道下匡子譯，1985，《Playboy Club 潛入記——新‧生存方法論》（〔プレイボーイ・クラブ潜入記 新‧生きかた論〕，三笠書房。）

‧ 竹宮惠子，2015，《少年名叫吉爾伯特》，小學館（小學館文庫）；2021，尖端。

‧ 竹村和子，2002，《愛的認同與欲望政治學》（愛について—アイデンティティと欲望の政治学），岩波書店。

‧ 宇利綾香，2019，〈以『這部BL不得了！』為對象分析十年來BL漫畫之變化——配對與社會的連結〉（「このBLがやばい!」を対象にこの十年の BL漫画の変化を辿る——カップルと社会の接続），《2018年度明治大學藤本由香里研究室學生畢業論文研究》。

Column ④ BL 漫畫與男同志漫畫

田龜源五郎（採訪：藤本由香里）

　　BL 是描寫包含男男性愛故事的女性向媒體，而另一方面，也有描寫男男性愛，以男同志為閱聽人的男同志漫畫。BL 漫畫和男同志漫畫有什麼不同？又或是兩者間其實有很多相似處嗎？

　　思考這個問題時，我想到了同志藝術界大作家田龜源五郎老師，他曾畫過以男同志為主題的一般向漫畫《弟之夫》，後由 NHK 拍攝為真人連續劇，並大受好評。相信各位都還記憶猶新，讓我們來聽聽他的看法。田龜老師除了以繪製《銀之華》、《你知道南方地獄嗎》（君よ知るや南の獄）等男同志漫畫聞名外，偶爾也繪製 BL 作品，是位才華洋溢的作家。

《弟之夫》，臉譜出版，2018

田龜：我認為，BL 和男同志漫畫其實沒有一般印象中的那麼不同，有很多部分其實是重疊的。像是 2000 年代初期，《筋肉男》漫畫選集發行，成為之後《肉體派》選集系列的前身，當中的作家大約是男女各半，有像我這樣在男同志雜誌連載的人，也有女性作家描繪肌肉風格的 Boy's Love……那是一個混沌的空間。平常的 BL 讀者看了應該會覺得這些漫畫選集是男同志漫畫吧，不過男同志雜誌的讀者看了卻覺得這是 Boy's Love。兩邊的界線其實相當曖昧，如果一定要嚴格地分類，我想就用「刊載在男同志雜誌上的就是男同志漫畫、刊載在 BL 雜誌上的就是 BL 漫畫」這樣就可以了吧。

　　不過，若用比較粗暴直接的說法，BL 的脈絡還是來自少女漫畫，這也決定了整體的風格。相對於此，男同志漫畫主要受到青年漫畫、少年漫畫等男性向漫畫、以及電玩遊戲的視覺風格影響，因此有許多少女漫畫中較為少見的表現手法——裡面的人物不像青年漫畫系統的帥大叔，而就是真的一個大叔，或是肥胖的角色，或像我常畫的那種體毛很多的角色等等。畫風也是偏青年漫畫，比較寫實。

　　不過另一方面，回顧男同志雜誌刊載的漫畫歷史，會發現不論什麼時代，都會有

那種描寫很貼近生活、討論出櫃、怎麼和朋友相處等等……四格漫畫，始終會在日常生活中存在，而且一定都很受歡迎。

比如說，至今從來沒有跟周圍的人出櫃過的同性戀男孩子，考上大學來到了東京，第一次來到二丁目看看又是同學中有男同志公開出櫃，讓主角也跟著一點一點地改變了，每個月總會有四頁到六頁刊載這類的四格漫畫作品。

我剛剛說的，就是之前在《Badi》連載的MAEDA POCKET（前田ポケット）的作品《虹色日出》（虹色サンライズ）的故事內容。在那之前，還有Sugawara Yusuke（すがわらゆうすけ）的《T恤亞當和Y襯衫亞當》（TシャツのアダムとYシャツのアダム）等。這些都是透過柔軟的筆觸，將現實中真實發生的男同志日常、各種的煩惱、男同志遭遇的事件等傳遞出來的四格漫畫作品。

《Badi》早期也和以往的男同志雜誌一樣，有很男人的內容、也有少年的內容。

其中有趣的是，《Badi》早期的作家村野犬彥，也同時在《麗人》刊載作品。他的畫風非常地少女漫畫，看來很像Boy's Love作品，我記得村野犬彥是在《羅曼JUNE》（ロマンJUNE）出道的。

當時，《羅曼JUNE》是編輯從男同志雜誌《SABU》（さぶ）中選擇他們覺得女性應該也會喜歡的小說，加上女性取向的插圖，再多少加上一些新的單篇漫畫所組成的雜誌。由良環也是從這裡出道，他的《PARTNERS》是以紐約為舞台描寫男同志SM情侶的故事，之後成為系列作，完全版由Group Zero（グループ・ゼロ）發行。《PARTNERS》第一回就是刊載在《羅曼JUNE》上的。

不過，《SABU》中的漫畫不曾刊載到《羅曼JUNE》上，《羅曼JUNE》上刊登的漫畫都是原創作品。小說則是將《SABU》上的小說換上不同的插圖刊載到《羅曼JUNE》上，同時每月號、或隔月號一定會放上單篇漫畫，這些漫畫就由村野犬彥、由良環等人來繪製。

我也曾幫這本雜誌畫過插圖，用別的筆名寫的小說也重新刊載過。耽美小說家神崎春子也曾用筆名峯岸郁夫持續在《SABU》上固定刊載小說、插圖。這應該算是早期男同志與廣義BL的跨界合作吧。

不過，這邊必須特別說明的是，先不論跨界雜誌《羅曼JUNE》，刊載在男同志雜誌上的漫畫，並非一定都是人氣作品。其實《Badi》創刊前，男同志雜誌基本上都是投稿誌，像是《薔薇族》、《SABU》、《ADON》（アドン），裡面的小說全都是讀者投稿。照片的話，每本雜誌都有專門的人員負責，插圖則是請準職業的插畫家、或是出版社職員自己畫，漫畫也很多都是投稿作品。

此外，男同志雜誌很晚期才開始刊載漫畫。老一輩的人多對漫畫有偏見，這邊比

一般雜誌來得更嚴重。如果是劇畫或寫實的畫風可能也就算了，若是鳥山明那樣的畫風一定不會被選上。

《薔薇族》到了1970年代晚期才終於開始刊載漫畫，《SABU》的出版社Sun出版（サン出版）則是發行了一大堆直男向的黃色書刊，然後請那些直男色情劇畫家照著出版社給的劇本，畫同志劇畫，再刊載到雜誌上，而且還是在1980年代中期才開始的。

儘管如此，在那個年代，還是有「《薔薇族》的話就是由這個作家、《ADON》的話就是由那個作家……」這種每本雜誌各有固定專屬作家的時期。像是在《薔薇族》刊載作品的竹本小太郎，畫風就有點少女漫畫的風格——或許該說，是少女漫畫家在青年雜誌上刊載作品吧，彷彿是努力減少了畫面上華麗美金的部分，但造型本身還是很少女漫畫風，那種感覺的畫吧。他也是一直都固定在《薔薇族》上作畫，不過當時應該沒有集結成冊出版，幾年前才看到在Kindle上發行了。

我的《玩弄者》（嬲り者，復刻版：ポット出版）應該算是男同志漫畫中相對較早就發行單行本的例子，之後大約十年後，野原Kuro（野原くろ）的《牛奶》（ミルク，爆男COMICS）也出版了。可能是因為這樣，男同志漫畫就被冠上了這樣的印象。

其實，據說業界有一個霉運說法——出版男同志向的漫畫肯定會失敗。說到男同志雜誌最早大約是在1980年代中期開始發行刊載漫畫的單行本，Keisei出版（けいせい出版）的那幾本吧，結果沒有一本賣得好，全都失敗告終，之後業界就都不幫漫畫出書了。我在《SABU》連載的《玩弄者》完結後，出版社也拒絕幫我出書，最後我只好找了發行男同志影片的公司，也沒有ISBN，直接就這麼出版了，結果卻賣得爆炸好。那是1994年的事情。

我為什麼會在《SABU》畫起漫畫？理由之一，是因為當時完全沒有人在畫情色漫畫。在那之前《SABU》不太刊登漫畫，《薔薇族》或《ADON》刊載的漫畫則是偏向詩意的感覺，描寫兩個男性間動搖的情緒，有如少女漫畫般的作品居多，幾乎沒有那種在直男雜誌中刊載，赤裸裸的情色作品。至少在我之前，說到男同志漫畫的主流，都是偏向羅曼史、詩意的作品，劇畫系統的作品微乎其微。

所以出版社其實也想要劇畫系那樣的作品，所以像我剛才說的，才會找直男（異性戀）作家來畫。除此之外，且不論畫風，基本上大多是戀愛啦、煩惱啦、心情動盪之類的連續劇內容居多，怎麼看都還是少女漫畫的風格，只有我是以情色當賣點在畫。可能也是這樣，我的作品才會這麼受歡迎吧，因為我畫了完全沒出現過的東西。

到了2000年代中期，前述的跨界雜誌《筋肉男》等開始固定出現在市場上，男同

志雜誌這一邊也進入了變動、運轉的時期。從發展過程來說，先是《Badi》以《野郎Ze!!》（野郎ぜ!!）之名出版了專門刊載漫畫的選集，而出版《G-men》的古川書房也出版了《爆男》、《激男》等系列。彷彿是為了確保書店的書架版面，開始每個月都一定會出版漫畫，因此以《牛奶》為首的男同志漫畫單行本也跟著發行。

《Badi》創刊時（1993年），漫畫已經是男同志雜誌中固定的內容，當時寫實畫風大約占了八成，不過也還是有一些少女漫畫風的作品。御宅族的男同、熟悉漫畫文化的男同都能接受這樣的作品、不會抵抗，不過除此之外的男同可能就根本看都不會看了。少女漫畫對男同志中的某些族群相當具有親和力，這的確是事實，不然，就難以理解《Badi》怎麼會刊載《玻璃假面》（千面女郎／ガラスの仮面）的二次創作，還那麼受歡迎了。

我開始把作品刊載到BL選集時，起初非常在意兩者的差異，覺得如果是BL的話，果然一開始還是要先考慮CP的故事吧。但創作男同志作品時，首先只要先思考主角一個人的事，再開始延伸到其他角色。在畫BL選集時，要先設定CP二人，再從那裡開始深化故事內容。

至於描寫的內容，會被提醒不要太過激烈、讓人不快。像是體液再減少一點，平常我會畫上潤滑劑的白色的地方，在這裡就不畫進去等等。還有一點，可能因為讀者是女性，對胸部比男性更為敏感，畫到乳頭的部分時，會比畫男同志作品時著墨更多、更用心等，大約會做這樣的調整工夫。

不過，其實也有腐女作者的主要讀者是男同志，很多和我很要好的作家朋友都是這種類型。也有人是先在男同雜誌連載出道，之後在BL書系發行單行本。不管讀者眼中怎麼看，男同志漫畫和BL漫畫還是相當跨界、息息相關的。

※ 譯註：新宿二丁目一帶有許多Gay Bar，為男同志、LGBT聚集的知名區域。

第9章　YAOI社群中的實踐

Keywords

●東園子

YAOI　同人誌　粉絲社群　粉絲研究　嗜好緣分　詮釋遊戲　愛的符碼　關係圈消費　資料庫消費

　　BL相關研究，大致可分為針對BL漫畫、小說等「作品」本身的研究、BL所處的「狀況」的研究，以及閱讀、描繪（寫）BL的「人們」之研究等三大類。本章將以喜歡BL的「人」，特別是喜歡BL的人聚集而成的「群體」為對象，並以後述這些群體中較為外顯、具體的YAOI（二次創作BL，參見前言）愛好者作為分析對象。有關YAOI在第1、3、6、7、14章都有詳述（特別是第6章），本章將聚焦於YAOI愛好者群體所進行的行動，闡述其近年的變化。

1　YAOI社群作為一粉絲社群（Fan Community）

　　本章的對象——YAOI愛好者群體，也可稱為喜愛YAOI的粉絲們的社會群體（共同體）。說到「共同體」似乎有些誇張，不過常可看到喜歡YAOI的人們對擁有相同興趣的人抱持著夥伴意識，共享獨特的文化、各式各樣的規則，這些就足以視之為一種社會群體。

　　針對某種粉絲進行研究，屬於文化研究（Cultural Studies）、媒體研究的範疇，是近三、四十年逐漸普及、相對較新的領域。文化研究起源於20世紀後半的英國，在研究日常文化的學術潮流中，將電視節目、娛樂雜誌、流行音樂到街頭時尚等大眾文化，也納入作為分析的對象。而在媒體研究

上，也將研究對象從研究媒體內容、發訊方，擴展到閱聽人（受訊方）。在這一連串的過程中，粉絲文化（Fandom，粉絲集合體）的研究也興盛了起來。媒體研究者亨利·詹金斯（Henry Jenkins）的研究（Jenkins 1992），可謂最具代表性的粉絲研究之一。他分析了英語圈二次創作BL愛好者的社群（在英語圈，二次創作BL被稱為Slash Fiction），為外國早期的BL研究。同性同人作品或YAOI的愛好者們不只是熱心地閱讀二次創作的原作[1]漫畫、動畫、遊戲、電視連續劇等，不少人更主動畫（寫）起漫畫、小說、彩圖等，透過同人誌或網路發表，是媒體／閱聽人研究中備受注目的主動性閱聽人例。

社會學者金田淳子（金田 2007 等）、文化研究者名藤多香子（名藤 2007）、文化人類學者大戶朋子、伊藤泰信（大戶·伊藤 2019 等）等人的研究，都是考察日本YAOI愛好者社群（以下略稱為「YAOI社群」）的研究。他們的研究以參與觀察、訪談等質化調查為基礎。本章的內容也是以2005年進行的BL愛好者訪談、2004至2012年的同人誌即賣會（後述）為中心所進行的參與觀察，以及在2013年對包含BL在內的同人作品愛好者所作訪談等資料為基礎所進行的研究來撰寫的。因此，本章所指的YAOI社群，主要指聚集於同人誌即賣會的愛好者們。

2 促使社群形成的YAOI

■ 粉絲的生產

粉絲社群在各式各樣的粉絲間都可能出現，不過YAOI的愛好者和社群的密切連接程度可說特別深。理由大致可歸納為以下兩項（以下議論詳細內容參見東〈2015: 第4章〉）。

第一項，如同「二次創作」的英文「Fan Ficion」、「Fan Art」所表現的一般，二次創作YAOI就是誕生自喜歡原作的粉絲間，YAOI的作者都是原作的愛好

者，這是一大前提（也有作者是因為原作很受歡迎而進行二創，但這樣的創作理由常會受到抨擊。請參照大戶、伊藤〈2019: 218-9〉）。二次創作因牽扯到著作權、肖像權等問題，較難商業出版，粉絲成為核心的運作者。此外，閱讀YAOI的讀者也多是喜歡原作的人，基本上，不論是YAOI的作者還是讀者，通常不只是BL的粉絲，也多是原作的粉絲。

粉絲創作YAOI，除了在販售同人誌的書店販賣外，許多都是在同人誌即賣會或是pixiv之類的SNS等粉絲聚集的場所發表作品。將自己創作的同人誌帶到會場，發布給同人誌即賣會的參加者，會場攤位位置多會把相同原作的二次創作者集中在一起，而喜愛這些原作的參加者便會匯集在一起。於是，和自己一樣喜歡相同原作的人究竟有多少？他們都是怎樣的人？都可以在會場實際看到，讓粉絲社群得以實際被看見（參見第6章）。

換言之，YAOI主要都是在粉絲社群中生產、流通、消費。一般而言，就算身為某個事物的粉絲，大部分的人也是一個人享受，不會特別和其他的粉絲接觸，然而，YAOI則不一樣，即便完全不與擁有相同興趣的人接觸，當開始閱讀粉絲製作、在粉絲間交易的YAOI時，從廣義來說就已經和粉絲社群有所關聯了。

此外，YAOI愛好者之間有一些規範，也就是有些YAOI的東西是不可以讓YAOI同好者以外的人看到的。這有部分是因為前述的著作權、肖像權等問題；也有一部分對於將動畫等作品中描寫的男性間羈絆，轉換為戀愛關係呈現，而感到反彈、抱持偏見的人存在。因此YAOI愛好者更傾向遠離非YAOI愛好者的眼光，在區別同好與非同好時，也讓同好間的夥伴意識更加強烈（金田 2007: 184-5）。

■ 交換詮釋

YAOI和粉絲社群密切連結的第二項理由在於，YAOI是作者表達自身對原作詮釋的場域，而想要閱讀YAOI的動機之一，也是來自想要知道其他人是

圖9-1 YAOI的關係圖消費

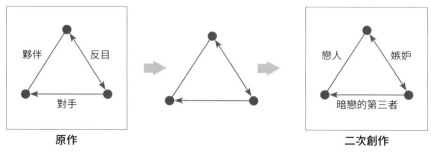

怎麼詮釋原作的欲望。

　　YAOI是由對原作中的登場人物以及相關的人際關係之關注而形成的產物。這種享受作品的方式，是把作品中的人際關係，以圖示的人物關係圖中的名稱來想像，筆者把這種享樂方式稱為「關係圖消費」（東 2010，2015）。YAOI的關係圖消費，在於把原作中描寫的男性間人際關係置換為戀愛關係（圖9-1）。YAOI愛好者在看到動畫中感情要好的男性角色們，就會開始想像他們是不是其實處於戀愛關係。「只有他會用名字、而不是用姓氏叫那個人，他們兩個一定是在交往！」YAOI愛好者進行的這種BL式想像，被稱作「妄想」，也是對原作中人際關係的一種詮釋。

　　YAOI愛好者的妄想，可以說是依照「愛的符碼」去詮釋原作中登場的男男間的羈絆。「愛的符碼」為社會學家尼克拉斯·盧曼（Niklas Luhmann）提出的概念，簡單來說，就是社會中所共享的與戀愛相關的觀念（Luhmann 1982=2005）。世間對於戀愛有共通的廣泛所知的意象，或是文化性模式等，用來解釋「戀愛就是這樣的事情」、「喜歡對方的話應該就會這樣」。日本的YAOI愛好者將「一般來說，會用名字來叫戀人」等，這些可稱作「愛的符碼」的戀愛相關「規則」，用來詮釋原作中描寫的男男羈絆。

　　YAOI社群中與同好朋友對話、或是在Twitter等網路上，常常都會熱烈地

討論登場人物中的誰和誰是在什麼時候、怎樣的情境墜入愛河這類對原作的妄想＝詮釋。將這些妄想＝詮釋化為漫畫、小說的形式表現出來，這就是YAOI。閱讀YAOI，其實就是在傾聽作者對原作的妄想＝詮釋。YAOI社群的這種行為，也可以解釋為依照「將男男間的羈絆置換為戀愛關係」的規則，來詮釋原作的一種詮釋遊戲。

YAOI愛好者承襲原作，再加上自己的喜好，追求更精彩的妄想＝詮釋，此時她們會做的便是去參考他人的妄想＝詮釋，藉此確信「果然他還是『受』才對」、或是發現「原來這句台詞還可以這樣解釋」，讓自己的妄想＝詮釋更加精緻完美。

因此，YAOI愛好者都有想要知道其他愛好者的妄想＝詮釋的傾向，這也讓同好們更願意和夥伴們交流。依北田曉大所述，喜歡二次創作的女性御宅族在友情中傾向重視擁有相同興趣的朋友（北田 2017: 278-84）。當然也是有YAOI愛好者覺得一個人默默喜歡也很好，但也有很多人喜歡透過YAOI和他人溝通交流，這也成為發行YAOI同人誌的動機之一（東 2013）。

■ 使用愛作為符碼的理由

為什麼YAOI社群要採用愛的符碼作為詮釋遊戲的規則呢？至今已有眾多研究討論過YAOI愛好者用戀愛去詮釋／呈現男男羈絆的理由，拙作也從多樣的層面進行了考察（東 2015: 第5章）。在此就特別舉出YAOI愛好者之間運用愛的符碼作為交流主軸的有力點。

盧曼認為，人大多是從愛情故事中去學習愛的符碼，愈是接觸愛情故事，愈能精通愛的符碼（Luhmann 1982=2005: 38-9）。在當今的日本社會，這樣的機會通常女比男多，像是少女漫畫雜誌等女性取向的媒體中，戀愛元素總是頻繁地出現，只要是女性，不論喜歡不喜歡，多少都會接觸、熟悉愛情故事，進而理解愛的符碼。YAOI愛好者以女性居多，在詮釋‧呈現男男關係時使用愛的符碼，一個人表示「你看，他們二人不就是少女漫畫中常出現的那種情

況嗎？」另一人很快就能理解「啊，的確是！」這樣的交流得以成立。愛的符碼讓女性間的溝通更有效率，對作為 YAOI 社群的詮釋規則而言是相當有利的。

如同上述，YAOI 社群乃是運用愛的符碼詮釋原作中描寫的男男間羈絆，和同好交換、交流的場域[2]。YAOI 同人誌不只是單純的「作品發表」管道，也具「發表活動資訊」、「討論萌點」、「交流」等機能（東 2013，參見第 4 章），是串連起愛好者們的媒體（媒介）。

3　作為同好聚集的 YAOI 社群

■　YAOI 社群的特徵與意義

接下來，我們試著討論 YAOI 社群的特徵、意義。

首先，YAOI 社群不是人們日常生活的學校、職場，也不是家庭，聚集在這裡的只是單純擁有相同興趣的人們。雖然性別以女性居多，但年齡、學歷、職業、是否結婚、是否有孩子、居住地等都各不相同，因此也可以接觸到平時難有交流、各式各樣的女性。就像少年漫畫多是以友情為主要主題，少女漫畫多是以描寫愛情為主，二戰後的日本社會，比起女性間的友情，更要求女性重視和男性的戀愛或家庭（東 2015: 第 1 章），而 YAOI 社群卻打造出一個讓女性們可以愉快交流的場域。

此外，創作 YAOI 的人們，在表現自身的妄想時，也可以將想傳達給夥伴的訊息編入故事中。像是 YAOI 愛好者 A[3] 就表示，自己創作的 YAOI 把「想要傳遞給女兒的事也寫了進去」。她想要傳達女性所需的知識和人生道理，但又不想說得像是說教，因此選擇了同人誌這個媒介（東 2015: 241-2）。

自己描繪的作品若在社群上獲得好評，也會讓人生更有幹勁。上述的 A，結婚後離開職場進入家庭，即便家人感謝她，她也很少有被認可、得到評價的機會，但在發行同人誌後，她實際感受到「自己的努力會透過某種形式得

到評價、被認可，有了這樣的場所讓我的生活更有動力了」。YAOI的表現活動，給了 A 某種專職主婦所無法獲得的「生活激勵」。

另一方面，YAOI 社群中總有多人同時從事創作，彼此的畫技、文筆能力能輕易看出高下，同人誌即賣會上同人誌的銷售狀況、近年在SNS上被點選「收藏」次數的多寡等，作品的人氣都清楚呈現出來，這讓YAOI的作者們產生排序，也引發作者間的羨慕、嫉妒等，可能讓夥伴的關係出現嫌隙。因此，一直以來，YAOI 社群都會控制，不在公開場合批評他人的作品（中島 1998: 79-80），也會注意不去談論各種會破壞「夥伴」意識的事物，像是彼此的年齡、學歷、婚姻經歷等有關社會地位、屬性，以及同人誌銷售額等金錢利益相關（大戶 2014: 72）。這些習慣可能會影響作品的進步或妨礙人際關係的深化，但卻可以避免和交流對象出現糾紛、嫌隙。

■ 作為同好聚集的YAOI社群

這種僅因共同嗜好而聚集在一起、並建立起和其他團體不同人際關係之社群，社會學者淺野智彥把其稱作「嗜好緣分」（趣味緣），定義為「超越親密關係，除了解決某問題的利害關係或關心以外，不必然擁有其他共同點的人們所組織起來的，有如合作關係的交際方式」（淺野 2011b: 10-1），表示這樣的關係將有機會孕育出「公共性」。因為嗜好緣分並非只是單純的感情交流群體，嗜好相關的事物讓人容易產生糾葛，但對嗜好共同的愛也讓彼此間需要抱持敬意、包容，以克服這些糾葛[4]（: 50-8）。

YAOI 社群，特別是自己製作同人誌的人們，常僅因為擁有相同的嗜好而建立起關係、或是互相幫助。像是參加同人誌即賣會的同人誌社團，一定都會先跟兩邊相鄰的社團攤位問好。販售同人誌時，也會和購買同人誌的客人對話、沒有客人時常和相鄰攤位的社團交談起來，輕易就能認識很多人。此外，集結數個社團一起發行合同誌，或是以往常見的、由社團自力企劃執行的Only Event（針對特定單一原作等舉辦的同人誌即賣會）等，都需要眾人的

合作、協助。這類型的企劃不只要求參加的社團協助，也會希望參加的來客一同協助主辦者，順利的話會釀造出「大家一起完成企劃」的氛圍。

以社團身分參加同人誌即賣會的YAOI愛好者們，常會提到以往傳授她們參加同人誌即賣會的方法、不成文規定的前輩「姊姊」。告知新進者們社群形成、維持、至今建構出的種種習慣等，也可連結到淺野提出的公共性。

不過，YAOI社群也會因無法克服人際關係的糾葛而發生派系鬥爭等問題。此外，YAOI愛好者們的交流，傾向只限於對同一原作的關注力一致時[5]。（金田 2007: 180；大戶・伊藤 2019: 216-7），只在彼此感興趣的對象相同時交流在一起，分歧後就不再交流，這種YAOI社群的基本人際關係模式，和社會學家齊格蒙・鮑曼（Zygmunt Bauman）提出的「衣帽間共同體」（cloakroom community）十分相似，也就是因為共同的關注而離開日常，暫時性聚集在一起共享相同情感（Bauman 2000=2001: 257-8）。鮑曼認為，衣帽間共同體擴散了追求社會性的人們之能量，並阻礙了具有包容性、永續性的「真正的」共同體形成。

■ 近代化與嗜好緣分

即使有人肯定、有人否定，但社會學不時會討論嗜好社群（或類似群體），是因為這背後牽扯到社會學的一大提問：「現代化」。在前近代社會[6]，人們多被束縛在家族、地域共同體下生活，進入近代社會後，血緣、地緣等力量削弱，相對地，國家、企業等組織的影響力增強。不過，社會學者們認為，隨著現代化不斷進化，在20世紀後半左右，現代社會可謂是又進入了一個新的階段（Bauman 2000=2001等）。國家、企業開始從「下方支持人們生活的角色」撤退，而被期待要一手擔負起這個角色的「家庭卻還沒有承擔所有的能耐」，因此人們開始「尋求不屬於這兩方的援助和與他人連結的結構」（淺野 2011b: 3）。嗜好緣分可謂就是在現代化不斷演進下擴大組成，非血緣、非地緣，也與任何組織、制度無關的人際關係（井上 1987；藤田 1991等）。

從伴隨著近代化的進展而來的共同體變化的觀點，來思考 YAOI 社群，對 BL 也許也可以得到一些嶄新的視角。YAOI 社群可以符合淺野的期待，孕育出對社會有益的公共性嗎？還是像鮑曼悲觀的看法，只是暫時的聚集罷了？要做出判斷，必須要仔細地去調查 YAOI 社群的人們究竟做了什麼、他們怎麼思考自己的行動，而這些經驗又為他們生活上的其他場合帶來了怎樣的影響才行。

4　為了理解現今的 YAOI 社群──資料庫消費的擴張？

■　鮮少描寫男性間羈絆的原作

本章是以拙作（東 2015）為基調來進行討論，主要以至 2009 年為止的調查資料，主張 YAOI 是基於關係圖消費，將男男間羈絆轉換為戀愛關係的行為的詮釋方式。不過，現在的 YAOI 社群出現了與此相異的體驗方法，這也可能影響到 YAOI 社群的存在模式。雖然還在嘗試論述階段，本節將提供一些觀察，進而去思考現在的 YAOI 社群。

思考 YAOI 的變化，首先會注意到 2015 年獲得 YAOI 爆發性人氣的《刀劍亂舞─ONLINE─》，這和至今的 YAOI 原作的性質有所不同。《刀劍亂舞─ONLINE─》是將日本歷史上的名刀擬人化，以多樣的男性角色組成的線上養成遊戲。遊戲才剛推出，還沒有製作成動畫等多媒體發展前，YAOI 就已經人氣高漲，在此將以（特別是初期的）遊戲版為主，來思考其特徵（以下的《刀劍亂舞》僅指稱遊戲版）。

至今受到 YAOI 歡迎的原作作品（遊戲來說像是《FINAL FANTASY》系列等），多是擁有強烈的故事性、作品中原就發生種種事件，並描述了男性角色間強烈的羈絆。然而，《刀劍亂舞》的內容是讓角色組成隊伍去和敵方戰鬥的狀況設定，遊戲過程中並沒有具體的故事，也沒有展現男性角色間關係的插曲。不過有些角色在歷史上有淵源，在特殊條件下會播放幾名角色訴說彼此

淵源的短動畫，或是部分角色被分配到的台詞暗示了和其他角色的關係。換言之，《刀劍亂舞》的角色間也許有深入的設定，但卻少有具體展現出兩個角色關係的事件或對話。因此，《刀劍亂舞》的YAOI在詮釋／呈現男性角色間關係時，比起明確描寫男性角色間羈絆、友情的原作，將男男友情轉讀為愛情的傾向比較弱。

《刀劍亂舞》的這種性質，也和YAOI愛好者被原作吸引的原因有關。YAOI愛好者喜歡某部作品，想將其作為YAOI對象的模式，大致可分為兩類。其一是喜歡某一個角色[7]，再從原作登場人物中尋找一個適合他的角色來配對的「角色重視型」；其二則是喜歡某個角色和另一個角色之間的關係，而把他們配成一對的「關係性重視型」。兩者的差異在於，前者的關注重心為單一角色，後者則優先關注於兩個角色間的關係（這僅為類型區分，實際狀況很多是難以明確劃分的，參見第8章）。《刀劍亂舞》作為YAOI原作，從遊戲來看較難引發關係性重視型的關注，應該是以角色重視型為主。

■ 容易自由配對的原作

再者，YAOI基本上都是讓原作中本來就有接觸的角色們配對，但《刀劍亂舞》，特別是在發行初期，很多角色根本沒有和其他角色接觸，要幫喜歡的角色選擇原作中已有交流的角色配對有其限制。然而另一方面，數十名的角色在遊戲中都可編入相同隊伍，在遊戲世界中建立關係，同時又不會違反原作設定。因此，可以依照自己的喜好的模式選擇角色、配對的空間也大。

「關係圖消費」的概念，是為了要與評論家東浩紀在考察男性御宅族時提出的「資料庫消費」（東 2001）一詞有所差異，而特別打造的詞語。資料庫消費式的二次創作享樂方式，是將角色的組成要素等從原作切割，單一、或是自由地去組合、搭配（東 2001）。相對於此，YAOI卻是以相關圖消費為主軸，不會脫離原作的故事擅自去進行配對，也不會讓角色和原作描寫的人際關係切割開來。不過，《刀劍亂舞》和一般的動畫等原作相比，故事性弱、人際關

係描寫少，從這裡似乎可以推測，YAOI愛好者中也有喜好不受原作大綱的限制，依自己的喜好去組合角色的資料庫消費方式享樂的人[8]。

■ 將男性向作品調整為女性向的原作

《刀劍亂舞》之所以適合資料庫消費模式，有一說是因為這個遊戲就是效仿深受男性御宅族喜愛的《艦隊Collection -艦Colle-》（艦隊これくしょん-艦これ-）而製作的（秋月 2015）。至今作為YAOI原作風靡一世的作品，多是少年漫畫或少年向動畫，近年又再增加了許多原是深受男性御宅族喜愛、資料庫消費型的作品，調整內容改為針對女性閱聽人後推出。和《刀劍亂舞》同樣在2015年推出的YAOI人氣原作像是《偶像夢幻祭》（あんさんぶるスターズ！）、《IDOLiSH7》等以男性偶像為主題的女性向線上遊戲，也是在以女性偶像為題材的男性向遊戲《偶像大師》（アイドルマスター）系列等在男性御宅族間大受歡迎後，陸續登場的（參見第11章）。不只《刀劍亂舞》，這些線上遊戲都有一共同點，也就是設定了各式各樣的不同角色，玩家可依喜好選擇自己喜歡的角色放進遊戲系統中去養成，這也是最適合資料庫消費的結構[9]。

至今的BL論中，常會關注於女性們將男性向原作改編置換為女性向的這一點（東 2015: 160）。不過，像《刀劍亂舞》這類原本就是針對女性製作的遊戲，就不需要再經過女性自身將之改編為女性向內容的過程了。

這樣的變化發生的原因之一，很可能是原作媒介不同的影響所致。以往高人氣的YAOI原作，多是電視動畫等免費就能輕易視聽的作品，多數的線上遊戲（初期）也都可以免費進行，現在已成為足以和電視動畫並列的人氣媒介。兩者既然都是企業為了收益而製作的商業作品，自然都會因為商業模型、製作費等問題而影響作品內容。在遊戲的部分，針對不同對象，將既有的遊戲系統進行調整，應該是既可以有效降低成本、又能增加收益的方式，也因此才會有許多男性向遊戲經過調整轉為女性向內容來銷售的遊戲出現。

■ 資料庫消費與YAOI社群

　　當然，儘管企業想要讓某個作品大紅，若閱聽人不買單，依然不會成功。僅提供角色和設定等故事素材的《刀劍亂舞》之所以會在YAOI社群中大受歡迎，可能和一直以來，在YAOI愛好者之間，喜好只從原作的登場人物與設定出發，其餘都自由妄想的傾向逐漸強化有關。YAOI愛好者B[10]表示，在《刀劍亂舞》發行前的2013年，她就感到近期深入閱讀原作，考察「這個時候他一定是這樣想，所以才做出這種行動」的YAOI在減少，而出於「我喜歡這樣的情色場景，就讓這個角色和那個角色來做做看吧」這類動機的YAOI作品增加。此外，她還提到以前稱作「平行世界」（Parallel），現在稱作「Paro」（パロ）[11]的作品，也就是運用原作角色搭配和原作完全相異的舞台設定來描繪故事的類型，以往都是在某部作品的YAOI被大量創作，過了巔峰期開始走向下坡時才會出現，現在卻在原作剛受歡迎的時候，就立刻大量被描製出來，讓她相當吃驚。「平行世界」型的YAOI只要掌握角色和人際關係的設定，其他細節不必然需要基於原作也可以盡情描繪。這一點和《刀劍亂舞》的YAOI是相通的，與資料庫消費也有相當的親近性。雖然B的陳述尚未經過調查等的檢驗，只是她個人的印象，但依然提出了之後YAOI動向的可能性。

　　奠基於關係圖消費，將原作的男男羈絆代換解讀為戀愛關係，讓共同分享了與一般設想不同的詮釋原作的方式，「看到了普通人看不到的事物的『我們』」建立起了社群（東 2015: 第5章）。倘若現在喜好資料庫消費式享樂的YAOI愛好者增加的話，會對YAOI社群帶來怎樣的變化呢？前述的B曾聽到，YAOI愛好者們熱烈地討論著「這個場景好棒哦！好想讓他們穿成這樣！」這類享受片段式符碼化的資料庫消費內容，這類的交流又會創造出怎樣的共同體呢？本節所述的內容僅只是提供一個可能性，還需要再經過實際調查去驗證。期待閱讀完本章的讀者，也能就現在的YAOI社群提出不一樣的嶄新BL論。

※ 再次感謝協助調查、訪談的各位，也謝謝協助本稿撰寫的水母桑。

◆文獻指引◆ 給想要了解更多的人

①淺野智彥，2011，《從嗜好緣分開始的社會參與》，岩波書房。

本書使用了社會關係資本論等社會學上常使用的理論，來考察因嗜好而連繫在一起的人際關係。書中也介紹了嗜好相關的既有研究、社會關係資本論的解說等，若想以社會學的觀點來研究YAOI，值得一讀。

②東浩紀，2001，《動物化的後現代——從御宅族看日本社會》，講談社（講談社現代新書）。

提倡資料庫消費而蔚為話題的男性御宅族文化評論。現在YAOI社群是怎麼享受作品的樂趣，是關係圖消費為主流、還是資料庫消費為主流，還是其實還有別的概念？閱讀本書後可以試著思考看看。

〈註〉

1. 本章將包含實際人物在內的二次創作根源之對象，都一概稱為「原作」。
2. YAOI社群也可以文學研究者史丹利‧費許（Stanley Fish）的「解釋共同體」概念來分析（笠間 2001 等，參見第5章）。
3. 1969年出生的女性，於2013年2月11日進行了約兩小時的訪談。
4. 但並沒有實際數據顯示嗜好緣分直接孕育出公共性（淺野 2011a，2011b: 105-15，辻 2015）。
5. 在筆者觀察的範圍內，有幾名特別親近的YAOI愛好者，在關注的對象分歧後也還是持續交流，但她們的關係應該被視為由相同嗜好同好轉換為一般友情了。
6. 監校註：在日本，近代指的是明治維新（1868）至終戰（1945）年，而現代則始自終戰後。現代化與近代化在英文均是Modernization，只是在日文裡依其時代分法切割為近代化與現代化二詞。
7. 本章說的「角色」，包含被作為YAOI對象的真實人物。
8. 此外，從故事中擷取部分組成要素來搭配取樂的資料庫消費，也有被指稱為旁門左道。不過包含本章在內，拙稿並不打算進行這類的價值評論，關係圖消費與資料庫消費並沒有優劣之分，都以同等的方式來處理。
9. 不過，列舉的這些遊戲中，《偶像夢幻祭》和《IDOLiSH7》都有強烈的故事性，和其他作品略有不同。
10. 1978年出生的女性，於2013年3月1日進行了約四小時的訪談。
11. 「Paro」也是諧擬作品（parody）的略稱，以前用來指稱現在所謂的「二次創作」整體（參見第3章），因此，在閱讀資料時必須注意到指稱的整體脈絡。

〈引用‧參考文獻清單〉

‧秋日ひろ，2015，〈戰鬥場景帥到不行 艦Col製作者談動畫〉（「戰闘シーンが無茶苦茶カッコい

い」艦これの産みの親がアニメを語る），Daily News Online，（2020年1月17日取得，http://dailynewsonline.jp/article/912828/）。

・淺野智彥，2011a，〈嗜好緣分的量化調查與分析〉（趣味緣への量的調查によるアプローチ），《內容文化史研究》，5: 64-780。

・淺野智彥，2011b，〈從嗜好緣分展開的社會參與〉（趣味緣からはじまる社會參加），岩波書店。

・東浩紀，2001，《動物化的後現代：御宅族如何影響日本社會》，講談社（講談社現代新書）；2012，大藝。

・東園子，2010，〈妄想的共同體──『YAOI』社群的戀愛符碼機能〉（妄想の共同体──『やおい』コミュニティにおける恋愛コードの機能），東浩紀、北田曉大編，《思想地圖5》，日本放送出版協會，249-74。

・東園子，2013，〈紙本的手感──女性們的同人活動之媒體機能分析〉，《大眾媒體研究》，83: 31-45。

・東園子，2015，《寶塚・YAOI・愛的置換──女性與大眾文化的社會學》（宝塚・やおい、愛の読み替え──女性とポピュラーカルチャーの社会学），新曜社。

・Bauman, Zygumunt, 2000, *Liquid Modernity*, Polity Press.（陳雅馨譯，2018，液態現代性，商周出版）。

・藤田英典，1991，〈學校化・情報化與人類形成空間的變遷──從分節型社緣社會至跨境型嗜好社會〉（學校化・情報化と人間形成空間の変容──分節型社緣社會からクロスオーバー型趣味緣社會へ），《現代社會學研究》，北海道社會學會，4: 1-33。

・井上忠司，1987，〈社緣的人際關係〉（社緣の人間關係），栗田靖之編，《現代日本文化的傳統與變遷3 日本人的人際關係》（現代日本文化における伝統と変容3 日本人の人間關係），ドメス出版，244-59。

・Jenkins, Henley, 1992, *Textual Poachers: Television Fans and Participatory Culture*, Routledge.

・金田淳子，2007，〈漫畫同人誌──解釋共同體的政治〉，佐藤健二、吉見俊哉編，《文化社會學》，有斐閣，163-90。

・笠間千浪，2001，〈「解釋共同體」的「YAOI」次文化──消費社會的高度發展與女性們的另類深談〉（〈解釈共同体〉としての「やおい」サブカルチャー──消費社会の高度化と女性たちのオルタナティヴな語り），三宅義子編，《叢書現代的經濟・社會與性別第3卷 日本社會與性別》，明石書店，219-34。

・北田曉大，2017，〈動物們的樂園與妄想共同體──御宅族文化接納樣式與性別〉（動物たちの楽園と妄想の共同体──オタク文化受容樣式とジェンダー），北田曉大、解體研編著，《對社會而言何謂嗜好──文化社會學的方法基準》（社会にとって趣味とは何か──文化社会学の方法規準），河出書房新社，261-313。

・Luhmann, Niklas, 1982, *Liebe als Passion: Zur Codierung von Intimitat*, Suhrkamp.（張錦惠譯，2011，《愛情作為激情：論親密性的符碼化》，五南圖書）。

・中島梓，1998，《達拿都斯的孩子們──過度適應的生態學》，筑摩書房。

・名藤多香子，2007，〈「二次創作」活動與其網路〉（「二次創作」活動とそのネットワークについて），玉川博章、名藤多香子、小林義寬、岡井崇之、東園子、辻泉《各個粉絲研究──I am a fan》（それぞれのファン研究──I am a fan），風塵社，55-117。

・大戶朋子，2014，〈腐女社群的匿名性與實名性〉（腐女子コミュニティにおける匿名性と実名性），《年報「少女」文化研究会》，「少女」文化研究會，6:69-75。

・大戶朋子、伊藤泰信，2019，〈二次創作社群的「愛」之鬥爭與調停〉（二次創作コミュニティにおける

「愛」をめぐる闘争と調停），《Contact zone》（コンタクト・ゾーン），京都大學人類・環境學研究科文化人類學領域，11: 207-32。

・辻泉，2015，〈年輕世代的個人網路與「嗜好緣分」──以2007YCRG杉並調查結果為例〉（若者たちのパーソナル・ネットワークと「趣味縁」──2007YCRG 杉並調査の結果から），《人類關係學研究》，大妻女子大學人間關係學部紀要，17: 145-62。

第 10 章　男性偶像與BL

解讀BL凝視看到的男性集團之「羈絆」描繪法

Keywords　　　　　　　　　　　　　　　　　　　　　　● 西原麻里

傑尼斯　K-POP　大眾文化研究　媒體分析　雜誌研究　網路媒體　同性友愛（Homosocial）　真人同人（ナマモノ）　粉絲同人創作（Fan Fiction）　粉絲活動

東亞的男性偶像團體在世界各地獲得高度人氣，其原因除了歌曲、表演、偶像本身的魅力外，和他們針對女性粉絲進行的媒體戰略也有很大的關係。尤其從BL粉絲角度來看，其媒體戰略其實可以解釋為BL式戰略，甚至可以說，是先設定好採用BL的詮釋方式，才去規劃的戰略。

本章將以BL論視角分析日本（傑尼斯）和韓國（K-POP）的男性偶像文化特徵。將聚焦於雜誌、網路媒體的呈現，闡述以傑尼斯與K-POP為基礎的媒體相異性及各自發展的差異，並考察將男性偶像文化視為BL來解讀之意義。

1　男性偶像文化與BL的相近性

■　將男性偶像文化視為BL的一環

說到男性偶像，基本上是為了扮演女性粉絲心目中的理想情人而存在[1]。他們發行的歌曲很多都是以異性戀為主題，描述對女性的單戀、情人間的對話，或是戀愛的痛苦、無奈等。演唱描繪對女性情感之歌曲的偶像，以及接收這些歌曲的女性粉絲，從異性戀的脈絡來看，這是在構築偶像與粉絲一對一的擬似戀愛關係。

　　然而，男性偶像人氣的原因不僅只於此，也有很多情況是偶像們在媒體上積極地展現偶像之間要好的交流、關係性，以此來吸引粉絲（陳 2014，辻 2018）。在僅由男性組成的空間中展現出親密關係，這在女性粉絲眼中是充滿魅力的。

　　將男性偶像文化與 BL 相比，會發現兩者具有相似的結構：「僅由男性、多人集團（團體）組成」、「彼此間是工作夥伴、朋友或對手等親密關係」、「容姿美、體格好、帥氣為前提」、「和女性戀愛（異性戀）是禁忌」、「以女性為閱聽人，滿足女性的願望為基本目的」等……都是兩者的共通點。說得極端一點，BL 和男偶像世界觀最大的差異，在於是否有描繪出男性之間的戀愛關係。BL 中，主角不會和女性發生戀愛關係，而是男男結為情侶；而男性偶像除了家人、結婚對象之外，不會展現出和其他女性的親密關係，但同時也排除同性戀。此外，BL 的作者、編輯等發訊方多是女性，而男性偶像的製作人、經紀公司老闆等則多為男性。

■　傑尼斯與 K-POP 偶像

　　「傑尼斯事務所」旗下的藝人們，可謂是支撐日本偶像文化的代表者（以下，傑尼斯事務所旗下藝人皆以不加括號的傑尼斯來代稱）。傑尼斯事務所為 1962 年傑尼喜多川設立的演藝經紀公司，自 1964 年推出名為「傑尼斯」的四人偶像團體起，一直為日本男性偶像文化的龍頭。

　　傑尼斯大致可分為 CD 出道藝人，以及尚未出道的研究生（小傑尼斯／傑尼斯 Jr.）二種，近年兩者多是以五人以上的團體進行活動。即便只是小傑尼斯，也會開演唱會、出現在演藝娛樂雜誌、電視節目等多樣的媒體上。2020 年最新出道的是 Snow Man、SixTONES 等團體，團員多是 1990 年代至 2000 年代出生，在他們出生時出道的 V6、嵐等團體至今依然活躍在演藝圈。

　　相對於傑尼斯的粉絲多分布於日本、東亞、東南亞一帶，韓國的男性偶像（K-POP 偶像）則獲得全球性粉絲的支持。韓國偶像不論男女，約是在 1990

年代後半逐漸聲勢看漲，到了2000年代初期韓流熱潮進入日本，男性偶像團體東方神起（SM Entertainment）、BIG BANG（YG Entertainment）獲得極大的人氣。現在SM Entertainment、YG Entertainment，以及BTS（防彈少年團）的經紀公司Big Hit Entertainment等，光是日本熟知的偶像經紀公司，就多達三十間之多，競爭相當激烈。

現在的傑尼斯和K-POP偶像，一個團體人數約在十名左右，以二十多歲的偶像為人氣的中心。在組成上兩者差異並不大，但和粉絲接觸的頻度和接觸方法，則是大相徑庭。

例如，傑尼斯僅有年輕團體會舉辦握手會、簽名會，但K-POP偶像就算是出道已久的資深團體，在CD發片時期自不用說，還會配合贊助廠商的企劃，頻繁地舉辦活動和粉絲交流。

此外，使用媒體、SNS的方式也不相同。可能是為了防止粉絲或媒體擅自變造旗下藝人的形象，傑尼斯直至今日依然禁止非官方攝影或無取得許可的肖像照上傳至網路上，同時也會控制旗下藝人在媒體上的言行。一直到2019年，藝人才得以開設自身的SNS帳號（山下智久為傑尼斯第一位開設Instagram帳號的藝人）。另一方面，K-POP偶像在某種程度上允許粉絲、報導媒體拍攝旗下藝人的照片、並上傳至網路上，偶像也多有開設自己的Twitter、Instagram帳號，主動發布訊息。

簡單統整以上內容，傑尼斯偶像和粉絲直接交流的機會較少，或是說這種交流機會是被管控的；而K-POP偶像則有許多偶像和粉絲直接交流的機會。這樣的差異，也與BL式的展現／看得見的樣貌差異有關。

■ 兩人一組的戰略──「對稱搭檔」與「官方配對」

傑尼斯稱作「對稱搭檔」（シンメ）、K-POP偶像稱「官方配對」，兩者都設計戰略將偶像兩人一組作為賣點。用BL視角觀察男性偶像時，這是非常重要的「萌點」要素。

　「對稱搭檔」（シンメ）為「Symmetry」的略稱，依公司策略，在小傑尼斯時期就會兩人一組搭配活動（至今應該都是由傑尼喜多川選定），如同symmetry（對稱）字面上的意思，在演唱會、媒體呈現上，多是由兩人進行對稱的、或是相似的表演、對談，如此推廣，一旦被認為是對稱搭檔，粉絲便會將兩人的名字合在一起，同四個音節的略稱來稱呼[2]，這樣的關係會一直持續到出道後，像是嵐的二宮和也（Ninomiya）和相葉雅紀（Aiba）合稱「NinoAi」、Sexy Zone的中島健人（Kento）和菊池風磨（Fuma）則被稱作「FumaKen」。

　如果把對稱搭檔升級的話，就是K-POP的「官方配對」。從傑尼斯的對稱搭檔得到靈感，K-POP最大規模經紀公司SM Entertainment率先展開「配對賣點」戰略，不時把兩人一組當成公司的「主推」，兩人成為官配後，始終會並排站在一起，受訪時也會說起彼此的事，在媒體上不斷展現出兩人在一起的狀態。這樣的戰略一瞬間擴展到K-POP整體。配對名稱和傑尼斯相似，像是BTS的V和Jimin被稱作「구오즈」（95z），因兩人都是1995年出生、Wanna One的Ong Seong Wu和Kang Daniel則取二人的共同點、名字第一個字母等，被稱作「オンネル」（ONNERU）。

　傑尼斯和K-POP的這種策略被認為是針對BL粉絲（腐女）的推銷戰略，常被揶揄為「腐推銷／腐營業」。不過也正因為粉絲明顯支持這樣的方針，「腐推銷」才得以成立，不論是官方還是粉絲的想像，此時偶像間的「羈絆事蹟」就非常重要。並非只是單純在同一個團體、同一個世代，配對就可以紅起來。個性差異、外觀搭配得宜、同年紀的對手、同鄉或上同一所學校、在出道前研究生／練習生時代就感情很好等等，這些事蹟都會被視為兩人「羈絆」的根據。換言之，有這類僅存於兩人之間的親密故事，才讓「對稱搭檔」、「配對」的組合具有必然性的價值，才有意義。而媒體上兩人的關係展現，就在此扮演了重要的角色。

2　傑尼斯與K-POP的媒體戰略

■　傑尼斯的媒體戰略——他人創造的「真實樣貌」

　　偶像的基本工作是演唱歌曲、表演舞蹈,然而現在隨著在媒體曝光的機會愈來愈多,除了電視的音樂節目、演唱會外,更多的是綜藝節目、廣播、連續劇、電影、雜誌、網路媒體等多樣的媒體,其中綜藝節目、雜誌訪談、YouTube等影像共享平台等,都是他們展現親密關係、提供「事蹟」的重要媒介。

　　綜藝節目上,可用視覺影像展現偶像間的友愛關係,不過傑尼斯主要還是用雜誌這個媒介來向粉絲傳遞詳細資訊。特別是在演藝娛樂雜誌、電視情報誌等雜誌中,偶像會訴說工作近況、拍攝後台等「工作上」(On)的花絮,再加上私人領域發生的事、假日從事的活動等「私底下」(Off)的「事蹟」,以及在從事偶像工作時的心情、想法等「真實面貌」,刊載自身相關的狀況。像是日本代表性的演藝娛樂雜誌《Myojo》,偶像會談論在參與的電視節目中,和其他共同演出的藝人之交流(工作上／On)、平常生活中做了什麼努力、有什麼特別注意的事(私底下／Off),以及自身的原則(真實面貌)等(如〈Sexy Zone 創造我的elements〉,2019年8月號:81)。透過雜誌這種能刊載詳細資訊的媒體,閱聽人可以從縫隙間看到一般檯面上所無法看到的「真實心聲」的表演。

　　演藝娛樂雜誌還會透過原創企劃,表演偶像的私人領域空間。常見的企劃有「要是和XX上同一所學校的話」等架空舞台設定,或是「如果團員一起去XX的話」等限定空間設定(如〈傑尼斯「旅行」啟程計畫!夏季尾聲的妄想Trip〉,《Myojo》2017年10月號:37-43),這些雜誌刊載的偶像們的發言等內容,都是粉絲找出偶像間「感情好」的重要線索之一(陳 2014)。

　　同樣地,傑尼斯事務所於2018年3月開設的YouTube官方頻道「傑尼斯Jr.頻道」,也是提供他們表演親密關係性的影像內容的管道。頻道每天以不同

的小傑尼斯團體為主題，上傳一支約二十分鐘左右的影片，有類似YouTuber的「嘗試做了XX」類型的企劃，也有玩遊戲比賽競爭，或是在贊助廠商協助下出外景等，企劃內容、節目構成有如電視綜藝節目的網路版。

這些影片中不會出現訪問者等工作人員的身影，幾乎都只有傑尼斯偶像出現在鏡頭前，他們甚至會開玩笑、笑倒在一起，給人保證是「真心話」、「真實」的印象，演出他們彼此是可以放寬心、開心相處的關係。

不過必須注意的是，所有的企劃都是在經紀公司或出版社準備好的空間中進行，傑尼斯不會讓偶像直接發布自身近況，總是必須透過經紀公司、出版社等這一層濾紙來提供偶像資訊。換言之，他們的「真實樣貌」明顯是經過縝密的規劃、所創造出的內容。

■ K-POP的媒體戰略——自身創造的「真實樣貌」

K-POP偶像也時常登上韓國的演藝娛樂雜誌、時尚雜誌，但內容和日本相異甚大，基本上都是訪談、介紹工作內容、時尚打扮等。

對K-POP而言，描述他們親密關係的重要媒體是網路。韓國的媒體產業原本就特別著眼於網路，其中K-POP不只是各家經紀公司，就連每個偶像團體都可能各自開設數個YouTube頻道。頻道公開的影片，比起「工作上／On」的內容，更多是電視節目、演唱會、CD封面拍攝時等的休息室花絮的「私底下／Off」場景。像是在日本也很受歡迎的年輕團體ASTRO在YouTube頻道「ASTRO 아스트로」上公開了「ASTRO PLAY」系列、「ASTRO DDOCA」系列，或是自2012年出道以來就多元發展的VIXX，也在YouTube頻道「RealVIXX」中上傳了「VIXX TV」等，都是明顯的例子。這些影片拍攝了偶像在休息室或拍攝空檔的模樣，可以看到他們放鬆交談、吃飯，展現隨興的樣子。雖然字幕、影像剪輯應該還是都由工作人員來進行，但「私底下／Off」的資訊量遠遠大於傑尼斯。

此外，2015年開設的網路直播平台V LIVE、Instagram直播等，也都是

K-POP展現「真實面貌」的重要工具。這些媒體中，偶像會用自己的智慧型手機前置相機（自拍功能）進行直播，拍攝休息室、宿舍，或是工作結束後搭車等場景，因此完全感受不到經紀公司、電視台工作人員等發訊方的存在。

綜觀以上，展現K-POP偶像間的親密關係的媒體空間，一言以蔽之，就是讓「後台」被看見，而且還是由偶像親手表演、提供的資訊。K-POP的影片（特別是直播節目）從影片企劃、製作、到展現出來的模樣都是由偶像本人進行，讓閱聽人認為這就是他們的「真實面貌」，當偶像間進行親密交流時，也會被認為當中的關係性是真實的（粉絲認為正因為感情真的好，才會做出那些親密的舉動），這樣的操作方式，是這類媒體表現的特徵。

是由經紀公司打造媒體空間（傑尼斯）、還是由偶像打造媒體空間（K-POP偶像），兩者的差異也影響到如何用BL來詮釋他們的交流。接下來，就從媒體空間反映出的偶像間關係性的特徵，來解讀這些具有特徵性的表現。

3 男性集團的羈絆表現——不BL的傑尼斯／展現BL的K-POP

■ 「打打鬧鬧」——專屬偶像們的親密空間

不論是傑尼斯還是K-POP，讓偶像間的親密關係宛如「真實面貌」般展現，這一點是相同的。首先來看看兩者是如何展現出「真實面貌」的親密關係。

偶像間的身體接觸，是讓親密感視覺化的流行做法。演藝娛樂雜誌裡常會看到牽手、搭肩這類展現友情記號的照片頁面，休息室等「私底下」的場面裡，出現身體接觸的場景也已不算稀奇。

看到這樣的親密展現，媒體或粉絲常會用「打打鬧鬧」（わちゃわちゃ）一詞來形容。這裡打打鬧鬧指的是「團員間展現強烈友情、信賴關係，或是讓人可以解讀為男男『戀愛』關係的表現」（西原 2014）。電視節目、演唱會聊天時間，或是休息室、宣傳活動時展現出包含身體接觸在內的隨興玩笑、惡

作劇,都是「打打鬧鬧」,蘊釀出這種氣氛的事則稱作「打打鬧鬧感」。

在此脈絡下,這些沒有條理的談天、玩鬧,呈現在媒體上就像是沒有劇本、大綱的「真實面貌」,這也是他們向粉絲展現偶像間是互相打開心房的親密朋友之信號。而當偶像們表現出「正在打打鬧鬧中」時,現場不僅女性,就連男性工作人員也幾乎不會出現,因為他們在偶像們的親密關係中都只是外人。

與針對不特定多數傳遞訊息的電視台等大眾媒體不同,傳遞偶像打打鬧鬧模樣,多是演藝娛樂雜誌、網路發布影片等的媒體。在這些受訊方/發訊方距離較近的媒介,能讓僅只團員間真心展現親密的關係更真實般的演出來,傳遞出偶像們跨越了工作夥伴關係,具有更強烈的「羈絆」。

■ 「擬似BL」──使用戀愛用語的演出

更進一步,偶像在展現深刻「羈絆」關係時,有時也會表現出宛如戀愛關係般的模樣,粉絲稱之為「擬似BL」(Near BL),像是兩人近距離地接觸身體、彷彿說起自己情人伴侶般談到對方,但其實兩人完全不是戀人關係。兩人明明處於宛如BL般的男男配對狀態,卻又不是真正的戀愛關係,因此用「Near BL＝與BL相近」這一詞來指稱。如果「打打鬧鬧」一詞基本上是指朋友間要好的關係性,那麼再這那之上更增加親密度,則便是「擬似BL」一詞。

比如說,使用「最佳情侶」、「相愛」、「恩恩愛愛」來形容對稱搭檔、官方配對,使用愛心符號、男偶像說別的男偶像「可愛」、「喜歡」,這明顯都是擬似BL的表現。身體接觸上,偶像間親吻、擁抱其實也都不算稀奇。

K-POP偶像發布的內容中,更頻繁出現可被解讀為擬似BL的場景。韓國文化與日本文化相比,同性間的距離較近,搭肩、牽手等身體接觸原本就較為頻繁,因此媒體也會頻繁播出偶像擁抱其他偶像、身體接觸的畫面。這些舉動展現出同性間的強烈羈絆,也讓友情與愛情的界線變得曖昧模糊。正因為輕易就能解讀為BL,只要是具有BL讀解能力的人,馬上就可以把這些訊號作為二次創作的素材。

■ 不BL的傑尼斯

只要閱讀媒體呈現的脈絡，傑尼斯與K-POP偶像的差異便會浮現出來。

傑尼斯偶像的重要媒體——演藝娛樂雜誌中，前述的「打打鬧鬧」是必備的關鍵字，像是小傑尼斯團體Travis Japan的三、四位團員穿著休閒服裝睡倒在一起的雜誌寫真頁上，就寫上了「主題是『剛剛好』，我們請團員們放鬆在一起打打鬧鬧了一番」（《WiNK UP》，2018年7月號：68-70）。

此外，傑尼斯偶像在「理想的女朋友」、「理想的約會」等異性戀主題的報導中，也會頻繁出現可解讀為男男戀愛（擬似BL）的表現。像是《Myojo》近年都會舉辦由傑尼斯偶像投票給同為傑尼斯偶像的「傑尼斯大賞」企劃，特集第一頁都會先刊載「最想作為老公」、「最想作為老婆」、「最想一起約會」等題目，讓偶像們選出理想的戀愛對象。

這個企劃其實是《Myojo》每年慣例舉行的讀者投票「Jr.大賞」活動的自家二創企劃。和「Jr.大賞」一樣，發行時是以封閉式頁面裝訂，這也可以理解為男偶像的親密性在媒體化的時候，戀愛符碼是相當重要的要素之一。

不過，在這類擬似BL報導中，也同時會刊載很多這不是「真實」而是「妄想」的詞語（如「『如果自己是女性，想要他當老公』的妄想排行」《Myojo》2018年11月號：7。），表明使用的戀愛符碼僅只於團員之間展現友情、憧憬強度的範圍內。其他的報導中，也會看到偶像回答著「如果要跟團員交往的話會選誰」等問題，但最後還是以「不過還是女生好」收尾，傑幾乎不會讓結論維持在BL的表現上。他們將異性戀和同性間的愛混雜在「戀愛話題」中呈現，同時把男性間的戀愛當作玩笑、表演，在字裡行間表現出那不是認真的，發展出一套傑尼斯式的言說（西原 2014），異性戀才是真的。其他像是演唱會上的嬉鬧、偶像間的輕吻等，也都會做出脈絡表現這些只是服務粉絲的表演、只是玩笑或僅限於當下的哏。傑尼斯一方面展現出偶像間親密的關係，促使粉絲用BL角度去解讀，但卻不在官方上承認BL。擁有豐富符合BL式解讀的要素，卻又絕不讓它們真的成為BL，這也許就是日本的偶像文化吧。

■　偽裝成BL（擬態）的K-POP

相對於傑尼斯的媒體展現，K-POP偶像可以說是從發訊方開始，就已置入BL粉絲的需求、並將其內容化了。

如同前述，2010年代之後出道的偶像團體，以兩人一組單位為賣點的戰略已是理所當然。官方配對既然是經紀公司的媒體策略，也有可能依時期、人氣高低或粉絲的期望等解散或變換配對。徹底掌握並依照粉絲需求來擬定方針，是K-POP偶像重要的戰略方法之一。2017年，從韓國內外都大受歡迎的觀眾參與型選秀節目《PRODUCE 101 season2》（Mnet）出道的Wanna One，同年七月在官方網站上舉行了粉絲投票選出團內感情最好兩人組的「1＋1 Matching投票」活動（此團體為期間限定活動團體，已於2018年底解散，目前網站已關閉）。

此外，男偶像在節目上玩「Pocky遊戲」（兩名偶像各自咬著Pocky棒的一端開始吃，剩的Pocky最短的組別獲勝）、「Paper Kiss」（數名團員用嘴來傳遞紙張，花最短時間的組別獲勝），兩人一組相擁競賽式的遊戲，或是「눕방」（nub-bang），（偶像們蓋同一條棉被睡覺直播）等，各種會讓男偶像們身體接觸的內容時常出現於媒體上[3]。雖是遊戲形式，但不是暫時性，而是頻繁且連續性地媒體化放出這類的內容，這一點和日本傑尼斯的媒體呈現有很大的不同。

而且，這類呈現許多也是偶像們主動透過直播或SNS發布，偶像也曾在Twitter公開宣稱其他團員（官配）為「我女友」（吉光2012），或是在演唱會的談話時間、廣播節目中直接介紹粉絲的BL式詮釋內容，展現出偶像本身也接受BL式解讀的印象。先不論實際的戀愛狀況為何，這些利用BL元素裝扮為「真的」（或說擬似）表現，並積極提供相關素材，可說是K-POP偶像的媒體戰略之一。

4 為男性偶像文化的「羈絆」而萌

■ 粉絲的「YAOI」／粉絲同人創作

由前述可知，男性偶像文化和BL具有高度親和性，粉絲輕易就可將之轉化為「YAOI」的創作題材。同人世界中，將實際存在的人物作為YAOI題材的作品稱作「真人同人」（ナマモノ），（英語圈將真人為題材創作的YAOI稱作Real Person Slash，而粉絲的二次創作活動及其作品則稱為粉絲同人創作Fan Fiction；韓國則稱用韓文標示FanFic來指稱[4]）。研究上，也有許多論述是針對女性們如何享受偶像們的關係性、積極將偶像作為萌的對象來討論（吉澤2012；吉光2012；Nagaike 2012等）。

傑尼斯事務所與粉絲確立了明白的上下關係，事務所直接限制、規範粉絲的支持活動，一旦「違反」規定，甚至會禁止粉絲繼續追星。因此，若被事務所或不喜歡YAOI的粉絲發現在從事YAOI二次創作活動，很可能會妨礙到其他從事二創的粉絲。此外，為了不造成偶像本人或事務所相關人士的「困擾」，網路、同人誌界的交流中有條不成文的規定：將直接寫出偶像團名、人名視為「禁忌」。除了用特定的隱晦用語來指稱偶像團名，還設定了「J禁」（Johnny's禁止＝不能讓事務所發現）、「P禁」（People禁止＝不能讓不喜歡BL的偶像粉絲或一般人發現）、「N禁」（Net禁止＝不可在網路媒體流通該同人誌）等各種規則，費心地在網路上「避免被搜尋」，並細心注意不外流二次創作活動或作品、作家本身的資訊[5]。

K-POP偶像其實也沒有公開認可粉絲的BL萌、二次創作活動，而粉絲也很少會大方地公開明言表態。不過，K-POP原本在媒體發訊方就展現了各種各樣的BL式內容，可能也是因為這樣的原因，相較於日本的真人同人，韓國對BL萌的自制或BL萌的內容限制也就較為寬鬆[6]。

K-POP的發展遍布全球，東南亞或歐美的粉絲會用英語來撰寫粉絲二創，並發表於網路。像是大型Real Person Slash網站「asian fanfics[7]」的主要二創題

圖 10-2 《攻略粉絲心 偶像TV》的介紹圖（網路截圖）

※ 2016年春季播放的娛樂節目「팬심공략 아이돌TV (攻略粉絲心 偶像TV)」。為了粉絲，男偶
　像團體玩了 Pocky 遊戲等。
出處：https://www.viki.com/tv/35669c-fan-heart-attack-idol-tv?locale=ko

歷史

作品・創作

媒體

粉絲

性別・性

材就是K-POP偶像，且任何人都能免費上去註冊，並可閱讀上面幾乎所有的
作品。

　　此外，K-POP有很多粉絲們組織起偶像支持社團，稱作「Daum Café」（팬
카페，粉絲在網路上聚集在一起的場域，稱作café）。只要活動內容不涉及犯
罪或加害他人，各經紀公司都不禁止Daum Café的活動。從BL角度支持兩人
一組配對的Café，很多都要粉絲傳送私訊給Café經營者，訴說自己有多為此
配對而萌，或是必須通過數個測驗，合格後才能進入Café成為會員，並閱覽
網站內的內容。

■　發現異性戀規範／性別規範的破綻

　　用BL式凝視來解讀男性偶像文化，相信會有新的發現。而這些新的發現，
有可能動搖男性為主體、女性為客體的男性中心主義式異性戀規範、性別規

範。男性偶像文化乍看之下，是排除女性的同性友愛空間，但其結構卻有數個破綻。

伊芙・可索夫斯基・賽菊寇闡明的「同性友愛」（Sedgwick 1985=2001）這類恐同與厭女機制，是巧妙排除男同志，同時將女性客體化、邊緣化，才得以成立的男性間羈絆（男性們堅強的友誼、信賴關係）。為什麼要排除男同志？因為男同志可能會成為動搖男性友愛基石的異性戀規範與性別規範之故。男性友愛不僅是將女性排除於羈絆之外，也不容許男性本身具有女性元素。男性與男性持有性關係、男性展現宛如女性的姿態或舉止，都被視為錯誤、不應該的。透過如此這般反覆強化男性中心主義式的異性戀規範與性別規範，男女非對稱性的權力關係得以維持下來（參見第7章）。

接著再來看到傑尼斯或K-POP偶像描繪關係的方式，會發現雖然形式類似同性友愛，但卻有一關鍵性的不同，那就是觀看他們而享樂的女性凝視之存在感，逐漸明顯且明確化。在偶像們描繪親密關係的當下，的確該空間內只有男性，女性的身影被排除在外。然而另一方面，對這些媒體空間提出需求的，卻是女性粉絲。即便萌點被發訊方以「只是妄想」來收尾，但女性們卻在那之中找到了偶像們關係的魅力，並為此而支持（萌上）他們。以BL式解讀偶像間的羈絆，享受他們的玩笑，這讓被視為強韌、強硬的男性主體同性友愛出現了複數的破綻，甚至可能動搖規範本身。

規範的破綻，在媒體的表現中隨處可見，再加上近年透過網路媒體打造的男性偶像文化，偶像與粉絲間已不再只是單行道式的關係。BL式享樂於偶像的女性們的需求，轉動著他們的世界，一再生產出動搖性別規範的內容。正是與BL具有高度親和度的粉絲想像力，建構出現今的男性偶像文化。

◆文獻指引◆ 給想要了解更多的人

①陳怡禎，2014，《台灣傑尼斯粉絲研究》，青弓社。

如同書名，本書統整了傑尼斯台灣粉絲活動、言行調查等內容。書中考察了粉絲活動如何使用媒體、如何解讀媒體內容。不限於傑尼斯，對大眾文化之粉絲研究的有興趣人來說都值得參考。

②Lucy Glasspool, 2012, "From Boys Next Door to Boy's Love: Gender Performance in Japanese Male Idol Media," Patrick W. Galbraith and Jason G. Karlin, eds., *Idols and Celebrity in Japanese Media Culture,* Palgrave Macmillan, 113-30

研究男性偶像與粉絲間的文化或BL相關研究意外地並不少，本論文整理了英文文獻中眾多媒體相關內容，值得參考。而收錄於本論文中的書籍本身，也相當適合作為偶像研究、名人研究的參考書。

③吉光正繪，2018，〈發訊方與粉絲的相互作用——K-POP的女性粉絲文化〉，小川博司、樫田美雄、栗田宣義、好井裕明、三浦耕吉郎編，《新社會學研究》新曜社，38-33。

作者吉光從事K-POP及東亞女性粉絲研究多年，本論文彙整了其多年來的研究成果。想要了解女性粉絲活動之文化是如何改變媒體產業、以及其與產業的關係，本文值得一看。

〈註〉

1. 當然也可能不是情人，而是朋友、親子、親戚等親密的關係感，這和雙方的實際年齡無關。另外，想當然耳，比起偶像扮演的角色，歌曲、表演的能力愈好，愈容易獲得粉絲青睞。
2. YAOI、BL將配對做這樣的略稱時，意味著名稱前半的人物為「攻」、後半的人物為「受」。但傑尼斯的對稱搭檔之配對略稱前後非「攻·受」之意，而是粉絲之間以好唸、常使用的名稱指稱配對，進而擴散成為固定用語。
3. 在此不特別舉出具體案例，但只要在YouTube上搜尋「偶像團名＋kiss」等關鍵字，就可以立刻看到世界各地粉絲製作的「Kiss統整影片」。
4. 日本在1970年代「少年愛」時期，作者們就已經將QUEEN、澤田研二等自己喜愛的音樂人、演員融入作品中。雜誌《JUNE》也曾以「耽美」來詮釋藝人，《ALLAN》也刊載以藝人為題材的YAOI投稿作品。
5. 不限於BL，1999年當時也有人整理了在網路上經營、製作刊載偶像情報網站時的注意事項、規範（麻彌「網站安全講座」（2019年5月30日取得，http://www12.big.or.jp/~meher/inet0.html）。
6. 雖然與BL無關，不過K-POP經紀公司公認粉絲的追星活動一事，並不稀奇。SM Entertainment本身就經營了讓世界各地粉絲針對旗下藝人，進行粉絲創作並投稿、分享的社群平台「Fanbook」，還會在平台上舉行用戶投票選出優秀獎、在首爾特別市的COEX中設置的自家設施「SMTOWN」展示得獎作品等。經紀公司積極納入粉絲對旗下藝人進行的各種二次創作的態度，和傑尼斯大相徑庭。
7. https://www.asianfanfics.com/（2019年5月30日取得）。其中作品數量最多的是SM Entertainment旗下的男團EXO之二創作品。不只BL，也有描寫女性偶像間的戀愛作品。

〈引用・參考文獻清單〉

・Aoyagi, Hiroshi, 2000, "Pop Idols and the Asian Identity," Timothy J. Craig ed., *Japan Pop! : Inside the World of Japanese Popular Culture*, M. E. Sharpe, 309-26.

・Aoyagi, Hiroshi, 2005, *Islands of Eight Million Smiles: Idol Performances and Symbolic Production in Contemporary Japan*, Harvard University Asian Center.

・東園子，2015，《寶塚・YAOI・愛的置換──女性與大眾文化的社會學》，新曜社

・陳怡禎，2014，《台湾傑尼斯粉絲研究》(台湾ジャニーズファン研究)，青弓社。

・Darling-Wolf, Fabienne, 2003, "Male Bonding and Female Pleasure: Refining Masculinity in Japanese Popular Cultural Texts," *Popular Communication: The International Journal of Media and Culture*, 1 (2): 73-88.

・Darling-Wolf, Fabienne, 2004, "SMAP, Sex, and Masculinity: Constructing the Perfect Female Fantasy in Japanese Popular Music," *Popular Music and Society*, 27 (3): 357-70.

・Glasspool, Lucy, 2012, "From Boys Next Door to Boys' Love: Gender Performance in Japanese Media." Patrick W. Galbraith and Jason G. Karlin eds., *Idols and Celebrity in Japanese Media Culture*, Palgrave Macmillan, 113-30

・前川直哉，2012，〈「被觀看的男性、觀看的女性」之系譜──交纏的二次元與三次元〉(「見られる男性、見る女性」の系譜──絡みあう二次元と三次元)，《Eureka 特集＝BL On the Run!》，44(15): 138-44。

・Nagaike, Kazumi, 2012, "Johnny's Idols as Icons: Female Desires to Fantasize and Consume Male Idol Images", Patrick W. Galbraith and Jason G. Karlin eds. *Idols and Celebrity in Japanese Media Culture*, Palgrave Macmillan, 97-112

・西原麻里，2014，〈現代男性偶像形象與「戀愛」／「羈絆」之樣貌──透過雜誌分析〉(現代の男性アイドル像と〈恋愛〉／〈絆〉の様相 ── 雑誌分析を通じて)，日本大眾媒體學會2014年度春季研究發表會，研究發表論文，日本大眾媒體學會網站（2020年5月6日取得，https://mass-ronbun. up.seesaa.net/image/2014spring_C3_Nishihara.pdf）。

・西原麻里，2019，〈傑尼斯的關係是同性友愛嗎──『羈絆』的表現動搖了什麼〉(ジャニーズの関係はホモソーシャルか──《絆》の表現が揺るがすもの)，《Eureka 總特集＝日本男性偶像》(ユリイカ 総特集＝日本の男性アイドル)，51(18): 95-104。

・太田省一，2016，《傑尼斯的真面目──娛樂的戰後史》(ジャニーズの正体──エンターテインメントの戦後史)，双葉社。

・大谷能生、速水健朗、矢野利裕，2012，《傑尼研！──傑尼斯文化論》(ジャニ研！─ジャニーズ文化論)，原書房。

・Sedgewick, Eve Kosofsky, 1985, *Between Men: English Literature and Male Homosocial Desire*, Columbia University Press.

・宣政佑，2018，〈「同人虛構」文化為K-POP帶來了什麼〉(「ファンフィク」文化がK-POPシーンにもたらしたこと)，《Eureka 特集＝K-POP研究》(ユリイカ 特集＝K-POPスタディーズ)，50(15): 223-7。

・辻泉，2018，〈再次考察「同擔拒否」──偶像與粉絲的關係，粉絲社群〉(「同担拒否」再考──アイドルとファンの関係、ファン・コミュニティ)，小川博司、樫田美雄、栗田宣義、好井裕明、三浦耕吉郎編，《新社会學研究》，新曜社，3: 34-49。

‧矢野利裕，2016，《傑尼斯與日本》（ジャニーズと日本），講談社（講談社現代新書）。

‧吉光正繪，2012，〈著迷K-POP的「女生」們——粉絲群體看到的亞洲〉（K-POPにはまる『女子』たち——ファン集団から見えるアジア），馬場伸彥、池田太臣編著，《「女子」的時代！》，青弓社，199-227。

‧吉光正繪，2015a，〈K-POP熱潮期的韓國媒體與粉絲——從「看得見的廣播」調查結果〉（K-POPブーム期の韓国メディアとファン——「見えるラジオ」の調査結果から），《東亞評論》，7: 63-76。

‧吉光正繪，2015b，〈韓國的流行音樂與女性粉絲——K-POP偶像的粉絲Café經營者調查〉（韓国のポピュラー音楽と女性ファン——K-POPアイドルのファン・カフェ のマスター調査から），《國際情報學部研究紀要》，長崎縣立大學，16: 173-83。

‧吉光正繪，2018，〈發訊方與粉絲的相互作用——K-POP的女性粉絲文化〉（送り手とファンの相互作用——K-POPの女性ファン文化），小川博司、樫田美雄、栗田宣義、好井裕明、三浦耕吉郎編，《新社會學研究》，新曜社，3: 8-33。

‧古澤夏子，2012，《「個人事物」與想像力》（「個人的なもの」と想像力），勁草書房。

Column ⑤ 2.5 次元舞台的 BL 實踐

須川亞紀子

　　本專欄中，「2.5次元舞台」的定義為以漫畫、動畫、遊戲為原作、原型的舞台劇（音樂劇、朗讀劇）及其相關的演唱會、秀、活動。也就是將二次元角色的視覺外觀、內在、世界觀在三次元中重現，而這樣的重現度和商品化的重要性成正比之內容，定義為「2.5次元舞台」[1]。「2.5次元舞台」在跨媒體展開（media mix，透過多種媒體經銷）占有相當重要的位置。如同「2.5次元舞台」名稱所強調，將二次元中非實際存在的人物（角色）透過真實人類的身體再現，讓虛構更接近現實的同時，飾演的演員在擔保角色身體性的前提下，也被意識到只是無限地接近虛構，亦即所謂的「虛構的身體性」。

　　「2.5次元舞台」採用了多樣的表現或形式，在此將以音樂劇《網球王子》（テニスの王子様，2003-）作為BL式實踐（妄想BL關係，並實行相關的驅動、行為）之案例。

　　音樂劇《網球王子》（下稱「網球音劇」）為改編自原作少年漫畫《網球王子》（1999-2008於《週刊少年JUMP》連載，動畫播放為2001-2005年）之音樂劇，描寫青春學園中等部（略稱「青學」）中男性網球社團團員們的故事，已上演長達十六年。原作中有女性角色，但在舞台上女性角色僅以聲音演出，出場的只有男性角色展演喜劇，完全沒有任何女性演員，即「男子隊」（Team男子）[2]。不論是粉絲／閱聽人的詮釋、還是符合期待進行演出的演員方表演，該舞台都能看出將女性排除在外的BL式實踐。

　　接著來看看「網球音劇」舞台上及舞台外的種種事例。舞台上，許多粉絲對青學內敵對卻又能力相當的二年級生桃城武和海堂薰、嚴格指導他們的部長手塚國光、狂妄的新人——主角越前龍馬等人的關係，以及青學對手學校學生的關係等進行BL式的想像（角色互相組合可有無數的配對）。將透過漫畫、動畫妄想的關係性，投射到以虛構的身體演出的演員身上，觀眾成為從外部眺望男子隊的女性立場。[3]此外，舞台上為網球比賽加油的「長凳工作」（ベンチワーク）時間沒有設定固定台詞，而是由各演員各自發揮即興演技，此時展現的演技內容不但反映出演員間的關係性，也是在漫畫、動畫中沒有描寫的框架外（漫畫的畫格、動畫的畫面、舞台的背景）展開的「活生生的二次創作」，觀眾也能藉由演員們的演技進行BL式詮釋，此時需要靠演員的演技，來突顯這「活生生的二次創作」。2019年10月在橫濱Arena舉行的《音樂劇　網球王子　秋季大運動會2019》，集結「網球音劇」所有演員於一堂，

進行運動會活動。原作漫畫、動畫中沒有描寫的角色關係，透過演員們在會場各處不斷展現，故事中不曾相遇、認識的角色們也在運動會上互動、交流，實現了粉絲的想像。障礙物競賽、投球等比賽等，每當演員們互相搭肩、嬉鬧，會場就響起女性的尖叫聲。整場運動會，靠的都是演員們的即興演出[4]。

另一方面，舞台下演員們會透過社群網站媒體發布訊息，粉絲與演員的BL式實踐相互交錯。演員發布彩排後和演員夥伴們的合照，粉絲們則比較演員間的關係與角色間的關係，一面幻想一面享受當中樂趣。像是飾演第三季的冰帝學園部長跡部景吾的三浦宏規，與飾演順從部長的二年級生樺地崇弘的八卷貴紀，這兩位演員因三浦本人年紀較八卷小，在舞台外對八卷說話時自然是比較客氣有禮，粉絲便會認為「個性大爺型的跡部大人（三浦）對樺地（八卷）特別在意！」等，用BL式的關係妄想二次元與三次元的落差。即便扮演在故事上沒有交流的角色，若演員隸屬相同經紀公司，私下也可能感情很好、在SNS上發布二人的合照等，粉絲便會將兩人的關係性置換為兩位演員背負（飾演）的角色之關係性，從而感受到萌點。在虛構與現實已無限交錯的現今，透過「虛構的身體」展現的角色間的關係與演員間的關係，互相參考對照，都是粉絲喜愛的樂趣。

〈註〉

1. 此處的定義，比一般社團法人2.5次元音樂劇協會，或收集、公布票房成績等資料的Pia（ぴあ）總研所採用的「2.5次元音樂劇」（以二次元的漫畫、動畫、遊戲為原作打造的三次元舞台內容的總稱）定義更為狹義。漫畫原作的2.5次元舞台還有舞台劇《飆速宅男》（弱虫ペダル，2012-)、《Live spectacle NARUTO》（2015-)、Hyper Projection舞台劇《排球少年！！》（ハイキュー!!，2015-)，遊戲原作則有舞台劇《刀劍亂舞》、音樂劇《刀劍亂舞》（2016-)、舞台劇《Mankai Stage A3！》（2018-) 等。

2. 「男子隊」（Team男子）如同文字，乃僅由男性組成的團體，為1980年代起流行的萌點屬性之一。「女子」被排除在「男子隊」外，只能用女性的視角從外部眺望並關愛他們。本文中不討論個人對角色的喜好，而是被排除在外的女性對對手、夥伴、青梅竹馬等男男的關係性的強烈興趣。

3. 這裡說的「女性」，指的是從「男子隊」外部眺望並關愛的女性觀眾，但這不意味著觀眾的社會性別僅只為女性，換言之，男性觀眾也可以從此立場進行BL式實踐。

4. 出處：《音樂劇　網球王子　第三季全國大會青學VS立海後篇場刊》。

第11章　BL遊戲與資料保存

Keywords　　　　　　　　　　　　　　　　　　　　　●木川田朱美

BL遊戲　PC遊戲　家用遊戲　線上遊戲　電子資料　歸檔　資料保存　同人誌　BL語言　後設資料
書誌資訊　資料庫　圖書館

　　當你計劃研究BL、準備深度調查自己主要關注的媒體時，便會遇到一個重大的問題。那就是BL發表於各式各樣的媒體，卻很少透過公家機關等進行資料保存，一旦要研究時，便會發現很難得到第一手資料。書籍還算較好收集，若是發表於遊戲、同人誌、語音、網站等媒體上的BL，性質上難以找到歸檔保存資料。當然並非只有BL會遇上歸檔保存困難的問題，但在BL研究上，這的確是一特別醒目的障礙。本章將特別以BL遊戲為對象，討論BL作品歸檔保存之現狀，並考察在無法歸檔保存的領域中該如何進行研究。

1　資料保存困難的BL作品──以遊戲作為主要對象

　　綜觀本書的各章內容，便會了解目前BL作品透過各種方法與媒介發表，並有多樣的研究都在探討BL。其中，BL遊戲算是位於相當特殊的位置，它與漫畫、小說不同，是透過（雙向）互動的玩法讓主角和多位對象建立關係、進行性行為，讓玩家感受樂趣的媒體。BL遊戲誕生在1990年代晚期，至今已製作開發、流通了二十年[1]。近年BL遊戲研究雖然已有所進展，但因為多是透過電子媒體販售、流通，歸檔保存難，也造成研究、重新體驗過去作品有所困難。

　　歸檔保存困難，是同人誌、BLCD、發表於網路等各媒體的BL面臨的共通問題。如同第6章所述，因此研究者才必須直接前往即賣會場收集資料以進行同人誌研究。

　　本章將聚焦於BL遊戲，並探討歸檔保存困難的BL之保存狀況與研究的可能性。

■　何謂BL遊戲？

　　BL遊戲指的是利用PC、PlayStation等遊戲專用主機或手機、智慧型手機等遊玩（play）含有BL元素的遊戲。一般多是針對BL愛好者製作的原創作品，不過也有二次創作BL遊戲，可分為由法人組織推出的商業BL遊戲，以及非法人組織之團體、個人（同人社團等）推出的同人BL遊戲。兩者都是於1990年代後半，隨著Windows PC的普及開始研發製作。起初幾乎都是PC遊戲，之後有些轉至遊戲主機，近年則有許多不分主機或作業系統的瀏覽器遊戲、或利用智慧型手機即可玩的遊戲。

　　BL遊戲多是小說式的劇情遊戲，七邊信重將小說式遊戲定義為「由劇本、CG、音樂、畫面特效組成，需一面讀取劇情一面進行的遊戲」，並具有以下七項要素（七邊 2010）：

①CG上或畫面下方視窗顯示文章內容。

②全畫面尺寸的CG（表示所在場所之背景，或特殊場景CG）。

③角色的全身圖像。

④搭配角色心情、故事發展的BGM或音效。

⑤畫面特效。

⑥從提供的選項中選擇角色的行動，依此分岐故事發展，為多重劇情架構。

⑦依照選擇（劇本的選項等）故事向前推進的介面。

圖 11-1　全身圖像案例：攻略角色（中）
　　　　　與主角（左下）（遊戲截圖）

圖 11-2　靜態彩圖（全版）案例（遊戲截
　　　　　圖）

出處：《Lucky Dog 1》（ラッキードッグ1）

出處：《Lucky Dog 1》（ラッキードッグ1）

　　小說式遊戲也實現了後述的多長劇本、多重結局[2]的發展。

　　西原麻里指出，BL遊戲的特徵為以下兩點（西原 2019）：其一，BL遊戲隨劇情描寫男男戀愛，同時也加入性愛場景。其二，在性愛場景或其他重要場景時，會運用CG全版靜態彩圖（圖11-2），許多還會加上男性聲優錄製的角色語音。小說式遊戲形式除了要有描寫男男戀愛、性愛場景的文字故事外，也需要賦予提高臨場感、沉浸感的彩圖與聲音。

■　多重劇本與多重結局

　　接下來概觀說明一般的BL遊戲架構。BL遊戲多是以男性主角與多位男性角色（攻略對象）中的一位或數位建立某種關係，並進行性愛（進入攻略對象路線）來發展。在故事關鍵點玩家必須從複數選項中選擇、採取行動，決定要走哪一條路線。依作品不同，有時主角的攻‧受位置可依選擇路線不同而變化。玩家破關某一攻略路線後，可回頭重新選擇不同選項，掌握故事整體走向，進而解鎖聲優語音、CG播放。將全部的路線都體驗完成後，便可進入真正大結局（True End）。BL遊戲的結構，是讓作為故事讀者的玩家透過選項的選擇與得以介入故事各個分歧的方式，享受多重故事情節、結局之樂趣。

經過數個分岐，迎向數種相異結局，這樣的劇本稱作多重劇本／多重結局。BL小說、漫畫較不會出現，但BL遊戲可較輕易地設定多重劇本／多重結局，因此也常出現近年BL漫畫‧小說較少採用的無奈哀傷結局、壞結局（主角或攻略對象死亡、或無法達成遊戲內目的等）。透過層層的分岐最後走向無奈哀傷結局或壞結局，這樣的遊戲廣受歡迎（如《Lucky Dog1》等）。

西原指出，BL遊戲為「讓玩家同時享受圓滿結局等戀愛元素以外的憂鬱部分，並透過富有強度的性愛場景，讓玩家從視覺／聽覺上滿足性愛的幻想」之媒體（西原 2019: 240）。此外，BL遊戲中備有多位對象，在作品中已預備好了攻‧受可變換的關係性。西村Mari表示：「從遊戲可攻略多位對象的觀點來看，確實是動搖了BL一對一CP至上主義」（西村 2015）。與漫畫、小說從一對一的關係走向單一圓滿結局的模式相異，BL遊戲提出了不一樣的BL形式，這也是具備互動性質的BL遊戲之特徵。

■ BL遊戲與分級

依照遊戲等內容中的性描寫、暴力描寫程度來區分適用對象年齡，並在銷售時清楚標示，是為分級制度。BL遊戲因含有性愛場景，依電腦軟體倫理機關審查規定，未滿十八歲不得購買。而家用遊戲主機發行的BL遊戲，目前全都是受歡迎的PC版直接移植過來，依照電腦娛樂分級機構（CERO）審查基準，多會刪除PC版中的性愛場景，不過語音、靜態彩圖等則比PC版更豐富。家用遊戲主機版的發行多晚於PC版，因此可以追加各種新的元素進入，對BL遊戲而言，增加聲優語音、靜態彩圖，可能是為了補足刪除性愛場景的重要元素。

■ BL遊戲的聲優語音

BL遊戲的視覺呈現，靠的是角色的「全身圖像」之彩圖與背景，以及重要場景的全版靜態彩圖（全版繪）。配合劇情，角色的表情須跟著變化，因此全

圖11-3　表情變化案例（遊戲截圖）

出處：《Lucky Dog 1》（ラッキードッグ1）

身圖像會備有多種不同的表情微差異（圖11-3），若習慣漫畫、或使用3DCG
等角色動作方式動態遊戲，可能會覺得BL遊戲的視覺呈現有些單調不足，
不過，此時再加上以聲優配音為首的聲音，便能讓BL遊戲的呈現變得立體
起來。聽著角色語音、閱讀劇情文字，再加上角色的表情變化、借助全版靜
態彩圖等，玩家更能想像故事的世界，產生與其他媒體不同的沉浸感。石田
美紀便從「聲音的BL」角度來論述BL遊戲，BL遊戲的視覺呈現雖然不如漫
畫，但加上了彷彿連「……」都會發出聲音的音感，讓情色性全面提升（石
田 2007）。BL遊戲利用視覺呈現的不足，營造出漫畫、小說無法表現的喘息
聲的微妙感，讓玩家可以更有感覺（Ishida 2019）。

　　BL遊戲外，BLCD（CD劇）也是加入聲音的媒體。BLCD和BL遊戲在文
字呈現、彩圖、選項有無等各方面都不同，有趣在於BL遊戲會採用多位聲
優，各自演繹不同的角色；而BLCD則是一個作品只會採用兩名聲優演繹攻・
受。BL遊戲可以一次聽到多名男性聲優的聲音。近年，BLCD與BL遊戲多
採用雙耳人頭錄音（Binaural）之錄音技術，即運用與人部與耳朵構造相同的
人頭麥克風（Dummy Head Microphone）進行立體音收錄，透過耳機可聽到
深層的聲音。BL遊戲製作上運用的技術，是朝著提升玩家沉浸感的方向發展。

■　線上BL遊戲

　　購買BL遊戲，首先多是要持有Windows PC或家用遊戲主機，再購買收錄在DVD-ROM的遊戲軟體或下載資料，這麼一來，即便之後不連接網路，也能從頭到尾完整玩完遊戲。不過，從2020年現在的角度來看，採用這類形式的遊戲環境受到了很大的限制。

　　2000年代已出現了連接網路就能玩的遊戲，不過一直到2010年代才出現線上BL遊戲，隨著瀏覽器遊戲興起，許多在mobage、GREE、Ameba等SNS中直接玩的BL遊戲紛紛問世，同時，利用智慧型手機或平板電腦遊玩的APP遊戲也走向普及。瀏覽器遊戲可以不受PC作業系統限制，APP遊戲則是不限地點隨時可玩，這些變化讓BL遊戲的環境產生巨大的改變。

　　線上BL遊戲中，GREE的《我！企劃》（俺！プロジェクト，SUNSOFT），可以在GREE的網頁上玩，同時也發布了APP版本，每個遊戲都由一個角色展開本篇故事，特殊活動時則會發布支線劇情，性愛場景雖然存在於故事中，但不會以全版靜態彩圖直接描寫。而2017年發布、2018年結束服務的《Bloody Chain》（DMM Games），原本是瀏覽器遊戲，之後發行了APP版。此遊戲特別重視劇情，由知名BL小說作家執筆、出版社監修控管劇情等，是它的特徵。但因為有直接的性愛場景，依APP Store的規範限制，瀏覽器版和APP版的內容有所不同。

　　上述的瀏覽器遊戲、APP遊戲除了劇情外，也會加重益智類、戰鬥、音樂遊戲、角色養成、換衣服等元素的比例，要求玩家課金取得點數以閱讀接下去的故事、或遊玩益智類關卡、獲得新角色，透過收費機制來持續經營遊戲。線上遊戲並非販售軟體後就結束交易，持續經營都是花費，為了回收成本、取得收益，必須不斷製作劇情、角色，遊戲的結構也和之前的BL遊戲有所有不同。

　　西原指出，「將設定完善的角色互相組合配對，享受其戀愛過程的小說形式玩法，在BL遊戲中也許算是有些落伍了」（西原 2019: 234）。這樣的推測是

因為《刀劍亂舞》、《偶像夢幻祭》（あんさんぶるスターズ！）等非BL的線上遊戲都活用了大量角色，玩家的類別也相當豐富，在YAOI領域也廣泛受到歡迎。而多以原創內容為主的BL遊戲中，從出現了以漫畫為原作的線上遊戲開始，也能預見變化的發生。像是寶井理人的《10 COUNT》（テンカウント）、緒川千世的《Caste Heaven》（カーストヘヴン）、中村春菊《世界一初戀》等BL漫畫改編的線上遊戲紛紛問世（參見第9章）。這些漫畫改編遊戲的角色配對都忠於原作，並以補充漫畫內容或故事後續發展為主軸來進行遊戲。或許BL線上遊戲會改變以往採用原創故事、藉由多樣配對、多重結局吸引玩家的特徵，繼續製作下去吧。

2　BL遊戲與歸檔

■　BL遊戲作為「物」的特質與研究的難處

BL遊戲是以玩家透過選擇讓劇情產生互動式變化為基礎，再加上故事、語音、彩圖等呈現的複合式媒體。因為BL遊戲必須具有互動性，同時處理故事、語音、彩圖等，且都要很輕易上手，因此必須以數位遊戲形式製作。

也正因為BL遊戲屬於數位遊戲，研究本身相對困難。目前以數位遊戲等為首的電子資料研究，在歸檔保存、如何使用資料等面向上，仍處於發展階段，而且更不待歸檔保存的方法確立，通常就已產生了大量資料，並不斷散落出去，根本來不及歸檔，BL遊戲也不例外。

BL遊戲從草創期一直到智慧型手機普及前，多是研發為Windows PC形式，並收錄於CD-ROM中發行；家用遊戲主機形式也是以磁碟片或光碟發售，像這類有具體發行形態的遊戲，也許還能找出其軟體資料。

然而媒體的物理特性，一直是研究的難處。磁碟片、光碟這類雖然將遊戲資料固定燒錄到了物理媒介裡，但其壽命不但極為短暫，還需要特定的播放機器才能讀取。雖然也有人主張，這是轉接裝置或模擬軟體等就能解決的問

題（Monnens 2009），但現實中要維持這些設備、製作複本、付諸使用時，還需要法律上的應對措施（後藤 2010）。

特別是同人 BL 遊戲多是僅以下載方式發佈或販售，只要確保播放裝置環境，就能讀取軟體內容。然而，一旦製作者或販售方不持續維持伺服器或販售服務，就再也無從找起了。

至於線上 BL 遊戲，除了發行者沒有人可以保存其內容，若發行公司決定中止服務，玩家幾乎就再也無從遊玩。雖然也有發行公司基於好意讓遊戲維持在可以玩的狀態，但為數稀少。業界也曾討論過是否應該歸檔保存線上遊戲，但包含玩遊戲的環境裝置等，在保存上相當困難（《平成 29 年度 遊戲歸檔保存收藏館相關調查事業實施報告書》，2019）。

■　遊戲保存與後設資料整頓

上述的問題當然不限於 BL 遊戲，對收藏機構而言，確保電子資訊來源、網路資訊來源的入手、播放讀取方式，一直都是傷腦筋的問題。1990 年代後半，日本公家機關首次針對數位遊戲保存展開議論，也逐步設立保存機關。日本遊戲業界相關人士及公家機關都開始著手數位遊戲歸檔保存，及其後設資料整頓的工作。像是立命館大學遊戲研究中心便收集遊戲，進行後設資料的整理（https://collection.rcgs.jp/s/rcgs/page/welcome）；日本文化廳媒體藝術資料庫（https://mediaarts-db.bunka.go.jp）則整理了遊戲的後設資料。日本文化廳資料庫在 PC 遊戲方面只收錄了適用 PC-8801 的遊戲後設資料，而沒有 Windows 的遊戲後設資料；家用遊戲主機的遊戲中，則有 BL 遊戲的後設資料。這些資料庫都還在嘗試階段，無法找到所有的遊戲，今後會再進行怎樣的整頓，需要持續關注其動向。日本國立國會圖書館則將遊戲收藏於電子出版物分類。不過目前尚未看到 BL 遊戲[3]，今後有可能會被加入收藏對象中。

■ 線上遊戲‧歸檔的困難點

線上遊戲的歸檔保存目前尚未有定論，大多是遊戲服務結束後就跟著消失。依發行公司方針，有的遊戲在服務中止後依然能玩，也有公司會發行劇本集，但都為數稀少。BL遊戲今後的主要平台如果也移到線上形式的話，將讓研究的積累更加受到阻礙。

若光是等待公部門保存機關展開行動，絕對就太遲了。要研究BL遊戲從過去以來的狀況，不能只坐等歸檔資料變得充實。要長期且網羅齊全的BL遊戲加以研究、分析，勢必得分出一部分的研究資源，去取得遊戲並維持遊戲的裝置環境。

■ 即便如此，還是要研究BL遊戲

以伊利諾大學厄巴納－香檳分校（University of Illinois Urbana-Champaign）為核心，馬里蘭大學（University of Maryland）、史丹佛大學（Stanford University）、Linden Lab共同參與了「Preserving Virtural Worlds」計畫[4]，這個舉動證明了遊戲歸檔保存實屬困難，也表明將嘗試解決研究上的困難性。此計畫不只是討論遊戲保存問題，還收集了粉絲（玩家）發布的玩遊戲影片、實況影片（Internet Archive 2019）[5]。若BL遊戲本身的歸檔保存能逐步發展，進而將遊戲作為研究對象，當然是最理想的狀態，不過若仍遇到困難，則也只能從遊戲界的邊緣來進行研究。

日向良和論述了公共圖書館[6]收集遊戲的社會性意義。他表示除了遊戲本身，圖書館本來就有收藏的遊戲相關資料，只是充實度必須再更增加。具體來說，包含遊戲原作的小說、漫畫、動畫、電影等，以及遊戲實況影片、遊戲畫冊、設定集、遊戲雜誌、遊戲相關的神話、歷史事件、人物傳記、遊戲製作者的散文、專欄等都屬收藏標的（日向2018）。

其中也可以利用遊戲雜誌等，國立國會圖書館等公家機關已確立的歸檔機制中的相關資料來進行研究，像是西原麻里的研究（西原2019）就參考了BL

遊戲專屬雜誌《Cool-B》。《Cool-B》每年都會舉辦讀者投票，發表最受歡迎的 BL 遊戲排行榜，並刊載候選遊戲一覽表，包含商業、同人、線上遊戲等共超過百部，是 BL 遊戲研究資料的重要書誌之一。此外，像是「Chil Chil」（ちるちる，https://www.chil-chil.net/）等評論網站、影片網站、SNS 等遊戲邊緣的資料，也都是研究的線索。

3　圖書、雜誌、同人誌、音訊與資料保存

本章要來討論與 BL 遊戲一樣，在歸檔保存的問題上遇到更加困難狀況的 BL。例如，中小型出版社出版的 BL 漫畫、小說、雜誌，自費出版的 BL 同人誌，或是 BL 卡帶、CD 等聲音的 BL 等。這裡先爬梳其保存的現狀，然後再來提示研究的可能線索。

■　BL 雜誌・漫畫・小說

比起遊戲等，收集紙本媒體商業出版的圖書、雜誌相對容易。國立國會圖書館設有匯集日本國內所有出版刊物的法定送存制度，商業出版的圖書、雜誌全數都會根據法定送存制度被網羅進來，包含近年發行的眾多 BL 圖書、雜誌也都收藏於國立國會圖書館。從雜誌網路書店 fujisan.co.jp 查看「BL 漫畫、雜誌一覽」（https://www.fujisan.co.jp/cat4000/cat3083/）中列出的 BL 雜誌與 Amazon 可確認到的 BL 雜誌共三十八部，其中有二十七部都完全沒有遺漏或缺號，完整收藏在國立國會圖書館。此外，從「Chil Chil」隨機抽出 2018 年發行的一百部 BL 漫畫，也都可從國立國會圖書館的館藏中找到。

不過，也是有在國立國會圖書館找不到的圖書或雜誌[7]。像是 2020 年 1 月的現在，《花音》（芳文社）五號與八號都缺號沒有收藏，從國立國會圖書館 ONLINE（國立國會圖書館目錄資料庫）中找不到 Magazine・Magazine 社發行的《Boy's Love》（《Boys' ピアス禁斷》的前身），似乎並未收藏。圖書則是較

舊的出版品常沒有收藏。這些未收藏、缺號的原因，可歸因於國立國會圖書館的法定送存制度流程。國立國會圖書館基本上是透過日本出版經銷商協會（日本出版取次協会）、東販等經銷商網羅書籍，若經銷商沒有經手，就難以掌握其出版狀況。即便之後國立國會圖書館發現刊物出版，要求出版社提供書籍，若出版社已沒有庫存，這條路徑也就此中斷。此外，被認定為有害圖書的書籍、雜誌，大型經銷商就不會再進貨，因此在東京都或其他幾個都道府縣被認定為有害圖書的圖書、雜誌，就難以收藏進圖書館。

據調查，標有成人向標籤、區分為含有性描寫分級，並且沒有透過大型經銷商流通的圖書，約有80%沒有被收藏進圖書館（木川田、辻 2009）。今後若BL漫畫也被擴大區分進成人向分級區，大型經銷商不再經銷時，資料的歸檔保存可能會比現在更加困難。2012年Libre（リブレ）發行的漫畫選集《PINK GOLD》、2013年發行的《情色融化R18》（エロとろR18）等被劃分為成人向，都沒有收藏在日本國立國會圖書館中（截至2020年1月）。

除了國立國會圖書館，也可利用米澤嘉博紀念圖書館、京都國際漫畫博物館等設施調查BL圖書、雜誌；BL小說則可在一般公共圖書館找到收藏。不過，資料保存並非是公共圖書館的主力業務，為了讓讀者多使用圖書館，常會廢棄舊有資料、納入新刊物，因此對BL研究來說，並非是直接搜尋資料的合宜機構。

■ BL同人誌、同人BL遊戲

米澤嘉博紀念圖書館為BL同人誌最大的保存機關，裡面收藏了歷年來的Comic Market的同人誌公關書，在限定條件下可於館內閱覽。不過僅靠此處進行全體網羅性的調查還是有困難，因為女性向同人誌大多是在赤ブーブー通信社或Studio YOU等企業主辦的即賣會上販售，而這些即賣會都不會要求社團提供公關書作為收藏。若要調查非Comic Market發布的同人誌，就只能靠一己之力去收集了。

此外，米澤嘉博紀念圖書館也有收藏在Comic Market發布的同人BL遊戲，但若為需要播放裝置的遊戲，目前則沒有開放閱覽[8]。

■ BLCD・BL卡帶

日本國立國會圖書館也收集BLCD・BL卡帶等錄音資料，像是淀川You（淀川ゆお）原作改編的《CD劇　腐男孩的甜蜜特訓》（腐男子クンのハニーデイズ，2014年發行）等。不過，從安利美特線上商店目錄資訊中隨機抽出2016年至2017年發行的五十部BLCD作品與國立國會圖書館收藏對照，發現圖書館一部都沒有收藏，也沒有找到其他有效的歸檔收藏機關。BLCD和BL遊戲一樣，在歸檔保存上相當困難，不過安利美特線上商店的目錄資訊上持續刊載有目前已停售的CD作品，可藉此掌握作品數量。比安利美特刊載作品更古老的作品，則可參考由熱心人士製作成維基形式的BLCDWiki（https://wikiwiki.jp/blcd/）。

■ 網站、社群網路刊載的YAOI・BL作品

發布於表層網路（Surface Web，不用密碼也能閱覽的網站）上的漫畫・小說等YAOI、BL作品，即便發布時間久遠，只要知道URL還是機會可以查看依Internet Archive表示，只要知道URL，舊版本的內容也依然有可能保存於網頁上。但若是放置於深層網路（Deep Web，有設限，需密碼等才能閱覽，在一般搜尋引擎上搜尋不到的網頁），要找到以往的資料就相當困難。

研究現在依然刊載於網上的資料相對來說較為簡單，研究者可自己手動下載，或使用自動收集網頁內容的程式碼來收集對象資料。不過，依對象作品刊載的網站、服務不同，有時使用程式碼大量收集資料是違反網站使用規範的，需特別注意。

有些刊載於網站・SNS上的YAOI・BL作品，在劃分閱聽人上特別小心，會特別避開搜尋引擎搜尋，只想讓同好看到，在研究時必須特別慎重。具體

來說，和引用書籍內容不同，在論文等研究刊物中要引用特定作品時，須另行得到作者的授權、認可為佳。2017年度人工智能學會全國大會暨網路公開發表要旨，刊載了pixiv上的YAOI作品資訊（作者名、作品名、作品URL）。這些作品在pixiv上被作者標示分級（R-18），必須是pixiv會員、滿十八歲並予以申告，才能閱覽內容。發表要旨公開後，馬上有多數二次創作社團表示強烈不滿，當事人紛紛把被刊載的作品設為私人閱覽、或直接刪除。人工智能學會的對應方式是將論文發表要旨從網頁上刪除，但論文發表者並沒有對這些批判表明自身的意見與立場。從研究倫理的觀點來看，破壞研究對象或生產研究對象（作品）的社群本身，甚至讓其消失，這種行為的危險性尚待更深度的議論。

海倫・尼森鮑姆（Helen Nissenbaum）認為隱私是「讓資訊妥當地流通的權利」，約束資訊的流通是對「資訊相關脈絡的相對性規範」（Nissenbaum 2010）。馬修・J・沙加尼克（Matthew Jeffrey Salganik）在數位社會調查入門書中引用尼森鮑姆的論述，從隱私的觀點，討論了研究上如何使用不設限閱覽的資訊。當把隱私視為「讓資訊妥當地流通的權利」時，僅以公私二元面向去思考某則訊息是否可用於研究上是不充分的。如果從「資訊相關脈絡的相對性規範」觀點來思考，「脈絡的相對性規範」是約束資訊的流通（Salganik 2018=2019），在沒有設想版權方而使用資料的情況，應該也算是觸及了脈絡的相對性規範吧。

今後，進行網路上的YAOI、BL作品及其周邊的研究時，可參考The Association of Internet Researchers的倫理方針（https://aoir.org.ethics/）或英語圈的粉絲研究相關學術誌《Transformarive Works and Cultures》（TWC）的投稿指南（https://journal.transformativeworks.org/index.php/twc/about/submissions#authorGuideines）、社會學評論形式導覽（https://jss-sociology.org/bulletin/guide/quotation/）等，不僅只把研究對象當成資料，而是要時時記著，自己的研究對象是一群不想被他人入侵自身文化的人。

4 為了研究難以保存的BL作品

　以BL遊戲為首，BL的歸檔保存相當困難。保存相關的方法、研究還在持續進行中，特別是遊戲、CD等電子資訊，也開始有歸檔保存的動向，但收集資料這一個研究的基本動作依然不易。要開始進行研究時，須慎重考量自己是否真的能夠取得研究對象的資料，必要的資料還是必須靠自己的力量去收集。對保存困難的BL而言，要等待其「物」的內容資料能充分歸檔、完善保存，再對之進行全面網羅式的分析，也許是很難的。

　然而，即便如此也還是想要繼續研究下去的話，則可利用二手資料，如BL相關雜誌、評論網站、SNS等言論空間來進行研究、分析。至今的研究都不只是針對難以保存的BL的「物」本身，也仰賴了MOOK、雜誌等資料，迂迴地取徑。靠他人留下的可保存資料，去接近無法歸檔保存的世界，這也是一種方法。線上遊戲的標題，即預告了無法歸檔保存的BL被製作出來，又再不斷消失。但研究者依然要以可行的手段持續研究，讓那個不可能歸檔保存的世界相關痕跡，在這個世界裡逐步增加積累，這也是研究難以保存的BL的可能性之一。

◆文獻指引◆ 給想要了解更多的人

①西原麻里，2019，〈BL遊戲的歷史與結構——遊戲才有的BL樂趣〉，松井廣志等編，《多元化的遊戲文化與社會》，New Games Order，223-42。
　本書執筆者之一的西原撰寫的詳細BL遊戲論，舉出多數遊戲作品為例，詳述商業BL遊戲的歷史與故事結構。何謂BL遊戲？它們具有什麼特徵？今後將會如何發展？都值得我們去思考。

②國立國會圖書館監修·NDL入門編輯委員會編，1998，《國立國會圖書館入門》，三一書房。
　從囊括收集日本國內所有出版刊物的法定送存制度來看，國立國會圖書館為目前日本最大規模的BL圖書館。本書詳述了國立國會圖書館的沿革、服務、藏書內容等，可以理解其資料收集方法、保存方法、提供方法等。

〈註〉

1. 一般認為，第一部商業 BL 遊戲，為 1999 年 1 月 22 日發售的「聖情人節學園（聖バレンタイン学園）」（《BL 遊戲完全導覽》:7）或 1999 年 4 月 9 日發售的「BOY × BOY——私立光學院誠心寮」（《B's LOG 別冊 BL 遊戲白書》:4）。同人 BL 遊戲早於商業 BL 遊戲，為此類媒體先驅，至少在 1990 年後半就已出現。在 Comic Market 的刊刊上搜尋製作販售女性取向同人遊戲軟社團的社團介紹中，是否有「同志遊戲」、「YAOI」、「BL」、「JUNE」等標示，會發現 1997 年 C52 首次可以看有「同志遊戲」標示，之後 1998 年 C55 可看到「YAOI」，2001 年 C61 共有二十社，之後約穩定為每年十社左右。（是否該將「同志遊戲」算進 BL 還有討論的餘地，不過因是在女性取向遊戲區域，還是先將「同志遊戲」也算進 BL 類型中）。

2. 此外，本章將 BL 遊戲歸類為小說式遊戲，但在《Cool-B》等專門雜誌上則被分類為冒險遊戲（AVG）。

3. 2019 年 7 月當時，國立國會圖書館收藏的遊戲（分類記號 YH279、YH519）整體都找不到 BL 遊戲。

4. 美國國會圖書館（Library of Congress）接受全美數位情報基礎整頓、保存計畫（National Digital Information Infrastructure and Preservation Program，簡稱 NDIIPP）下的「Preserving Creative America」計畫補助而執行。

5. 現在部分遊戲製作公司對於玩遊戲影片的發布、直播，設定了限定性授權的規範指南。

6. 日向所討論對象為公共圖書館，公共圖書館對於以性事為興趣之資料，多採取不收集或慎重處理的方針。今後即便開始收集遊戲資料，BL 遊戲也很可能因為違反其收集方針而不被列入收集資料中。

7. 石田仁闡明了二戰後，男同志定期刊物於國立國會圖書館的收藏狀況，像是《薔薇族》的 1981 年 10 月號、1985 年 6、9、10 月號、1986 年 2 月號、1987 年 9 月號都有漏缺或未收藏。男同志定期刊物的缺號多少落差相當大，特別是《薔薇族》以外的刊物缺號非常多。推測的理由可能是因為這些刊物很多是由對出版並不熟悉的出版社發行的，或是擔心雜誌成為情色問題的違法證據，而拒絕繳交至國會圖書館收藏的，也有可能因為出版社的反骨精神而拒絕配合，再加上可能中間沒有透過經銷商推出市場，因此缺號。

8. 米澤嘉博紀念圖書館網站上公告「需播放裝置的資料，為保全資料並讓其正確播放，需要對其播放設備再加以整頓、研究，因此目前不提供閱覽服務」（https://www.meiji.ac.jp/manga/yonezawa_lib/qa/index.html#doujin）。須再關注今後的動向。

〈引用・參考文獻清單〉

・後藤敏行，2010，《電腦遊戲歸檔保存現狀與課題》（コンピュータゲームアーカイブの現狀と課題），《情報科學與技術》，60(2)：68-74。

・七邊信重，2010，〈視覺小說遊戲——數位遊戲使用的表現方法之一〉（ノベルゲーム——デジタルゲームを使用した 1 つの表現），數位遊戲教科書製作委員會，《數位遊戲教科書——須先了解的遊戲業界最新趨勢》（デジタルゲームの教科書——知っておくべきゲーム業界最新トレンド），Soft Bank Creative，310-20。

・日向良和，2018，〈圖書館情報資源之遊戲〉（図書館情報資源としてのゲーム），井上奈智、高倉曉大、日向良和，《圖書館與遊戲——從活動到收集》（図書館とゲーム——イベントから收集へ），日本圖書館協會，125-55。

・Internet Archive, 2019, "Archiving Virtual Worlds: Free Movies: Free Download, Borrow and Streaming:

Internet Archive,"（Retrieved July 6, 2019, https://archive.org/details/virtual_worlds）。

‧ 石田仁，2018，〈男同志雜誌之成立與國立國會圖書館的收藏狀況〉（ゲイ雑誌、その成り立ちと国立
国会図書館の所蔵状況），《現代的圖書館》，56(4)：196-204。

‧ 石田美紀，2007，〈聲響與氣息──「聲音的BL」無法辯解的快樂〉（響きと吐息─〈声のBL〉という中
し開きのできない快楽について），《Eureka總特集＝BL研究》，39(16):190-6。

‧ Ishida, Minori, 2019, "Sounds and Sighs: "Voice Porn" for Women," Jaqueline Berndt, Kazumi Nagaike and
Fusami Ogi eds., *Shōjo Across Media Exploring "Girl" Practices in Contemporary Japan*, Palgrave
Macmillan, 283-99.

‧ 木川田朱美、辻慶太，2009，〈國立國會圖書館的情色收藏書籍狀況〉（国立国会図書館におけるポルノ
グラフィの納本状況），《圖書館界》，61(1)：234-44。

‧ Monnens, Devin, 2009, "Losing Digital Game History: Bit by Bit." Henry Lowood ed., *Before It's Too Late: A
Digital Game Preservation White Paper*. Game Preservation Special Interest Group, International Game
Developers Association, 3-8

‧ 西原麻甲，2019，〈BL遊戲的歷史與結構──遊戲才有的BL樂趣〉（BLゲームの歴史と構造──ゲー
ムならではの BL の楽しみ），松井廣志、井口貴紀、大石真澄、秦美香子編，《多元化遊戲文化
與社會》（多元化するゲーム文化と社会），New Games Order，223-42。

‧ Nissenbaum, Helen, 2010, *Privacy in Context: Technology. Policy, and the Integrity of Social Life*, Stanford,
CA: Stanford Law Books.

‧ 西村マリ，2015，《BL文化論──了解Boy's Love的書籍》（BLカルチャー論 ─ボーイズラブが分か
る本），青弓社。

‧ 立命館大學遊戲研究中心，2019，《平成29年度 遊戲歸檔收藏串連相關調查事業實行報告》（平成29
年度 ゲームアーカイブ所蔵館連携に関わる調査事業実施報告書），立命館大學遊戲研究中心。

‧ Salganik, Mattew J., 2018, *Bit by Bit: Social Research in the Digital Age*, Princeton: Princeton University
Press.（瀧川裕貴、常松淳、阪本拓人、大林真也譯，2019，《Bit by Bit 數位社會調查入門》〔ビ
ット・バイ・ビット デジタル社会調査入門〕，有斐閣）。

‧《BL遊戲完全導覽》，INFOREST，2009年。

‧《BL遊戲激萌導覽》，ブックマン社，2007年。

‧《B's-LOG 別冊BL遊戲白書》，enterbrain，2007年。

‧《Cool-B（隔月刊）》，宙出版。

第三部　BL 與衝突

第12章　成為社會問題的BL

性描寫與性的雙重標準

Keywords

●堀亜紀子

性描寫　有害閣書認定　性的雙重標準（Sexual Double Standard）　父權　純潔主義　反挫（BackLash）
性別角色分工　性別規範　恐同

BL的特徵除了女性向、描寫男男戀外，應該還可加上一項——富含性描寫。BL有許多性描寫的場面相當直接，甚至到了被認定為有害圖書（東京都則稱「不健全圖書」認定）的地步。雖然也是有完全沒有出現性愛場景的作品，但如今BL已是女性享受性描寫樂趣的類型之一了。

然而，女性享受性描寫樂趣這件事本身，不但依然稱不上自由，還常招致社會性衝突。本章將舉出兩件把BL性描寫變成社會問題的案例（堺市發生的BL圖書下架事件、2010年大阪府認定BL為有害圖書），從案例發生的背景，來闡明存在於社會中的關於性的雙重標準（雙重規範、Sexual Double Standard）。

1　BL圖書下架事件與兩種性歧視

■　BL圖書下架事件

讓BL的性描寫成為重大社會問題的，是2008年發生於大阪府堺市的BL圖書下架事件，該事件是指堺市立圖書館在市民、市議員強烈要求下，一度將館藏的五千四百九十九本BL圖書全面下架（事件詳細參見堺市監察委員公布第48號[1]，熱田2012，堀2015）。

事件起因來自於堺市官方網站的「市民的聲音 Q&A」之投稿[2]。

「堺市圖書館架上有大量的 BL 圖書任人閱覽。」
「書的封面畫了『男性和男性相擁、親吻』的畫面，在公共設施放這種寡廉鮮恥的書籍，還開架讓人看，根本是性騷擾[3]。」

面對這些針對 BL 小說彩圖的抗議，圖書館方決定將 BL 圖書——①全部收納至書庫，不公開上架；②今後不再收集、保存；③不提供給 18 歲以下的青少年閱覽。

然而，公民團體提出反對意見，認為圖書館的決定牴觸了「圖書館自由宣言」，加上這些圖書並沒有被認定為有害圖書，拒絕提供給青少年的法源根據不明確，要求堺市公開資訊，並提出居民監察要求，這一連串的舉動引來了媒體新聞報導[4]。

公民團體抗議後，圖書館態度大轉變，再次調查納入書庫的圖書，發現幾乎沒有未成年者閱覽這些圖書、年齡限制也沒有法源根據，因此解除了未滿十八歲青少年不得借閱的限制。下架的五千四百九十九本書，除了「封面、插圖、彩圖有特別激烈的性描寫之圖書[5]」外，都再次重新上架。這就是事件的大致經過。

■ 是什麼地方被視為有問題？①——性別規範

批判 BL 圖書的市民將自己和市政府的對話、交涉內容公布於網路上的「監視女權納粹（Feminazi）揭示板[6]」。

其中對於 BL 圖書的批判內容如下：

「日本女性作家已經毀滅，這只是恐怖現況的冰山一角。」
「這個破壞力比一般青少年有害圖書大太多了，日本女性正在進行精神

破壞行為。看了這種有害圖書，女性真的還可以正常談戀愛、成家、育兒嗎？」

「從圖書館員、以及與我商量的某市議員對話中，都能隱約感受到他們大量購買BL的企圖。其中一個理由是『男女平等（共同參與）』，是想說『女性也該和男性一樣享受這種樂趣』嗎？」

從這些投稿中可以看出，BL的存在本身就是一個問題，以及硬把兩種性別規範強加於女性身上的現象。第一種性別規範是對喜歡BL的女性能不能「正常地戀愛、成家、育兒」的疑問，他們認為男女具有不同的角色分工，不僅從本質上否定了男女平等，並將女性完全與家庭、母親等角色連結在一起。這種想要回歸父權式家庭形式的想望，被稱作保守派的「反挫」（BackLash）。在日本，男女共同參與社會基本法制定（1999年）前後的1990年代至2000年代，就曾吹起激烈的反挫風暴。BL圖書下架事件雖然發生於此風暴之後，但批判內容還是可以說是與反挫派的主張一致。

第二種性別規範為純潔主義式批判，禁止女性的性自由。純潔主義主張避免婚前性行為、外遇、墮胎、情色作品等，也可以說是禁欲主義。批判BL圖書的市民主張，「女性和男性一樣享受」、「寡廉鮮恥的書」，是不良的「男女平等」，從這裡可以看出其僅針對女性，強制要求她們要有純潔思想。反挫派將女性接觸「和男性一樣」的性表現視為禁忌，認為這是「恐怖現狀」。率先報導此一事件的統一教會系統的媒體《世界日報》，寫道：「大量購入BL書加速破壞性秩序[7]」，也是以同樣的邏輯在批判BL圖書。

支持BL圖書下架的背後，是視性別角色分工為理所當然的父權式價值觀，以及視女性享受性描寫為禁忌的古老性別規範。依照性別不同，適用的基準也不同，這就是性的雙重標準。雙重標準常在各種各樣的情況下發生，但性的雙重標準的特徵在於相較於男性，通常對女性的規範更為嚴厲。

■ 是什麼地方被視為有問題？②──恐同

事件還有另一個背景。把BL圖書批為「寡廉鮮恥的書」，使整個事件看來像是針對公共圖書館處理性描寫相關書籍剛發生的衝突，然而必須注意的是，其他含有性描寫的作品沒有出現在事件中，整個事件只有BL成為標的。如同前述，是「女性」和男性一樣享受性描寫的樂趣這件事被視為有問題。不過，這不只是來自於性別區分的軸線，還有另一項雙重標準成為要求BL下架的理由，那就是異性戀與同性戀的性向軸線。

最後圖書館決定下架「有過度激烈性描寫的圖書」，不過批判者的癥結點並不是「激烈」的程度，有問題的是「男性和男性」相擁、接吻這些「寡廉鮮恥」的事情。此外，批判者把收藏BL圖書的圖書館指稱為「收集BL的變態圖書館[8]」，暴露出他們認為異性戀是普通、正常，男同性戀為變態的恐同思維。由此可知，BL圖書下架事件是以性描寫為契機，最終顯露出的是其背後歧視女性的觀念與恐同思維。

日本圖書館協會的圖書館自由委員會嚴厲批判了整個事件，表示如果圖書館接受了「用保護孩子不受有害資訊影響、培養健全青少年等抽象的一般性理由，有時甚至是主觀的理由來要求下架藏書」，那不只孩子，也同時涉及了對成人接收資訊自由的限制，則圖書館必須要對抗「基於意識形態、價值觀而企圖下架、排除收藏」的潛在性「審查」才行（日本圖書館協會圖書館自由委員會 2010）。這個意見相當重要。然而，不能忽視的是，雖然上述提到了「基於意識形態、價值觀而企圖下架、排除收藏」，但BL圖書下架事件的標的是針對女性取向類型的BL，且有恐同思維在當中運作，不能只從性描寫與青少年健全發展的問題來思考，而應要考慮到由社會性結構所造成的性歧視問題（女性歧視、同性戀歧視）。

2 性描寫與性的雙重標準

只要關係到性的事，性別規範總是會強烈運作，而且時常矛頭只會對準女性。接下來將從性的雙重標準角度，依循BL和性描寫歷史，來與其他類型進行比較和探討。

■ 大量使用性描寫的BL

雖然也有沒有性描寫的BL作品，但大多數的BL作品都含有性愛場景。像是YAOI作品，作者和讀者透過原作已熟悉故事中角色是怎樣的人、兩人的關係如何、在什麼樣的背景下、故事設定為何，因此即使僅以性愛場景構成的作品，該CP的粉絲也一樣可以看得很開心。

商業雜誌作品在出版社的規劃下，通常都會依照「一話就要有一次」性愛場景的「規則」來進行[9]。除了劇情需要，有的作者也會依照讀者要求，一邊小心不讓故事出現破綻，一邊將性描寫融入故事中。BL小說方面，1996年發售的三百六十七部作品中，「約99%的作品都直接描寫了CP的性行為」（永久保2005）。由此可知，性描寫在BL中占有重要的位置。

■ 1970年代的性描寫

從漫畫的畫技來看，BL被定位於少女漫畫的系譜上。在此常出現的疑問是，為什麼主要由女性繪製、提供女性樂趣的類型，要以男男間的性描寫為主題呢？

竹宮惠子被視為BL起源的作品《風與木之詩》便是從少年與少年的床戲展開（參見第1章）。竹宮早已決定要繪製描寫孩子間與性愛有關的問題之故事，但在當時這是相當激進的主題，她花了七年時間才終於得以登上雜誌連載。此外，《風與木之詩》的設定並非少年與少女，而是少年與少年，據說是因為編輯部不同意少年與少女的設定，同時也為了避免太直接寫實的緣故，

畢竟要以少女的角色直接描寫性暴力與欲望等問題，在當時的雜誌是相當困難的（竹宮 2016）。竹宮透過少年與少年的設定，增加了幻想性，讓少女讀者在閱讀時，認為這不是會發生在自己身上的災難。

1970 年代的少女漫畫雜誌大半的編輯都是男性，竹宮等女性漫畫家要挑戰的不只是作品主題，還有與整個業界頑強的性別規範的戰爭。漫畫家會因為描繪舉手動作時，被要求不能看到腋下而重畫；接吻場景則要將雙唇模糊處理，嘴唇和嘴唇絕不能碰在一起等（石田 2008: 305），少女漫畫在性相關的描寫上有諸多禁忌，少年愛作品就是在與這些禁忌的抗爭之中誕生於世（參見第 2 章）。

另一方面，少年漫畫雜誌在 1970 年代初期就已燃起性描寫熱潮，青年雜誌掀起大膽描寫性愛的劇畫風潮。男性取向類型不論閱聽人是小孩還是青年，從搞笑漫畫到劇畫，性相關描寫都大有人氣。米澤嘉博表示，此一時期少年漫畫雜誌「和讀者一同成長，也開始描寫思春期少年的『性』問題」，對這個現象米澤作出了以下的評語：「漫畫透過情色（Eroticism）主題，更擴展了其領域」（米澤 2010: 109）。

然而同時，自 1950 年中期的「惡質書籍排除運動」開始，逐漸進展成各自治單位制定青少年保護育成條件與有害圖書認定制度，限制青少年漫畫的表現方式。關於性描寫的事件，像是 1970 年三重縣排除永井豪作品《破廉恥學園》（ハレンチ学園，1968-，《週刊少年 JUMP》連載），此外，刊登手塚治虫的《瑪莉的傳奇》（やけっぽちのマリア，1970-，《週刊少年 Champion》連載）、《阿波羅之歌》（アポロの歌，1970-，《少年 KING》〔少年キング〕連載）的雜誌都被列為有害圖書（長岡 2010）。

同人誌方面，1975 年第一屆 Comic Market 舉辦，七百位參加者中「近九成都是國中至高中的女生」（霜月 2008: 16）。刊載萩尾望都《波族傳奇》（ポーの一族）諧擬作品《Por 族傳奇》（ポルの一族）的《漫畫新批評大系》一瞬間就完售，被視為 YAOI 社團的先驅（: 16 ，參見第 2 章）。不過，此時 Comic

Market、同人誌僅是社會上的邊陲，少女漫畫中的少年愛主題雖然人氣高漲，但依然稱不上主流。因此和少年雜誌、青年雜誌相比，「外部」還難以發現少女們正在享受性描寫樂趣。

■ 從同人誌到BL

進入1980年代，描寫少女性愛相關的場景之作品在青少年閱聽人的雜誌上增加了。像是《月刊Seventeen》上刊載Shiraishi Ai（しらいしあい）的作品《也許不與洗手台》（あるまいとせんめんき，1978-）、《處女♪溫度》（ばあじん♪おんど，1981-）；而《Petit Seven》（プチセブン）則刊載了牧野和子《Highteen Boogie》（ハイティーン・ブギ，原作・後藤ゆきお，1978-）等，都相當受歡迎。漫畫之外，在1984年日本眾議院預算委員會上，曾有五本青少年雜誌被提起，並稱之為「性欲講座」，最後這些雜誌都落到不得不停刊的下場。然而1985年中期開始，以成人女性為閱聽人、含有激烈性描寫的雜誌紛紛創刊，1990年代初期，「Lady's Comic」問世，為女性向作品首次出現的情色專屬類型，「擅長畫做愛」的YAOI作者很多流向了此一類型的創作（西村2002，守2010）。

同人誌則因《足球小將翼》、《聖鬪士星矢》掀起熱潮，包含性描寫的YAOI空前盛況。受此熱潮影響，1990年代初進入了商業BL雜誌創刊風潮（參見第3章）。對出版社來說，讓同人誌界已有一定粉絲基礎的作者轉向商業出道，比從零開始培養作家人氣更省力。

《足球小將翼》的人氣同人作家尾崎南沒有大幅改變YAOI時期的畫風，便在《瑪格麗特》雜誌以《絕愛—1989—》（1989-）出道，同為人氣同人作家的高河弓、CLAMP等也都順利於商業雜誌出道。BL的性愛描寫經過了1970年代竹宮等人在少女漫畫上的抗爭與挑戰、80年代地下性活動的同人誌界YAOI興盛，到90年代同人作家在商業雜誌出道，一步步向外擴大。男性向漫畫雜誌的性愛描寫則是在1970年代擴大，不過，如同米澤所述，「由女性

們主導、專屬於女性們的『性描寫』，一直到80年代中期才終於開始」（米澤 2010: 288），無論在時期與發展方法上，都與男性取向大相徑庭，其背景也和加諸於女性與女性向類型之性的雙重標準有關。

■　性的雙重標準

　　即便現在，也還是很難說女性向類型作品的性愛描寫已超過男性向的比重，原因依然與性的雙重標準有關。

　　依性別不同，被要求遵守的規範基準也不同，這就是性的雙重標準。像是數人一起餐敘時，女性會被期待要幫忙分菜，男性則不會；女性薪水不高沒有關係，但男性薪水不高就會被視為問題。性的雙重標準不只是周圍的期待，也包含了「因為是女性，所以必須……／所以不能……」等個人內化的意識。

　　特別在性行為相關領域中，性的雙重標準格外根深蒂固。人們嘉獎男性性經驗豐富，女性卻會被責備為「淫亂下流」。對遭受性暴力的女性，人們會執著地質問她當時的穿著打扮、幾點出門在外、是不是喝了酒，認為是她自己的責任，有時還會回溯以往的性經驗，挪揄她可能根本是在「仙人跳」。

　　雙重標準也影響了性相關的媒體。AV等成人內容主要以男性為閱聽人，雖然也有女性向作品，但為數稀少，女性要實際拿在手上去收銀台結帳的門檻也很高（門檻的高度來自社會性凝視，以及女性自己的內化性規範）。如同BL圖書下架事件所見，男性享受性描寫被視為理所當然，女性接觸到性描寫卻被視為禁忌。不論男性取向、女性取向，都存在有包含性描寫的內容類型，但兩者卻有相異的基準，這點是不容忽視的問題。

3　性描寫與非對稱性

■　BL被列為有害圖書

　　接著從法律制度層面來看女性與男性的性的雙重標準。在此將舉2010年大

阪府發生的BL雜誌認列有害圖書事件[10]為案例。

日本有兩項與性描寫相關的法規：一是刑法一百七十五條之「猥褻」相關法條，其二為各都道府縣各自設置的青少年健全育成條例（青少年保護條例）下的「有害圖書認定」（東京都為「不健全圖書認定」）相關法令。兩項法規的目的不同，「猥褻」規範主要是針對性器的呈現，有害圖書認定則適用於「妨礙青少年健全培育」，在性器、性行為描寫的限制比「猥褻」法規更嚴格（不過，有害圖書認定並非僅針對性描寫）。此外，這些規範被認為沒有具體的規範指南，至今曾多次遭受質疑。

大阪府自2006年起展開認列「TL」（Teen's Love，含有性描寫的女性向漫畫）、「Lady's Comic」（含有性描寫的成年女性向漫畫）為有害圖書，2010年更一口氣（個別）認定了八本BL雜誌為有害圖書。照理來說，即便認定列為有害圖書，還是可以販售給十八歲以上的讀者，但某大型書店卻因此停止販售。而被認定的雜誌，次號並沒有再被認定，應當可以販賣，書店也依然不願意經銷，又或是書店進貨了卻指定未滿十八歲不得購買，須出示身分證明等[11]。書店方像這樣一連串混亂的對應方式，其實是出於自主性的限制販售，但卻完全超出了條例內容的規定。

不過，確實有書店的方針為「不販售十八禁（認定圖書）」。在此之前，大阪府表示「BL為描寫同性戀之性少數之內容，『並非所有人都會受到其性情感刺激』，因此不納入為認定對象[12]」，如今卻突然被認列為有害圖書，可以想像這些書店當時的混亂與苦惱。突然之間變成了有害物，這不是因為BL作品急遽間增加了性描寫的激烈程度，而是大阪府改變了想法，認為BL的性描寫會「妨礙青少年健全培育」，對書店來說完全是天外飛來的狀況。

■ 被規範的男女平等

男性向作品也會被認列為有害圖書，出版社因此印上成人向標示、自主規範，做了種種努力；BL被認列為有害圖書，也許可以說是女性向類型也和男

性向受到相同待遇，有害認列也「男女平等」了吧。然而實際上，現在東京都認定的不健全圖書，幾乎全是BL作品。

不過，在此必須思考的是，這些規範都沒有想過女性在書店購買成人向圖書的情境。有害圖書必須要另行區分陳列，但很少有書店會特別設置女性專屬的成人向書櫃[13]。當女性成人向圖書放置於大量男性向成人圖書的書櫃中時，女性真的有辦法伸手購買想要的圖書嗎？在性的雙重標準運作下，通常也會造成心理上的負擔。此外，書店若無法特別設置女性向專屬書櫃，很可能就不會再進貨、販售該圖書了。讀者當然也可以購買電子書，但在出版社的自主規範下，規範的「男女平等」還是限制了成人女性取得含有性描寫圖書的權利。

另外，有害圖書認定是因為它們「妨礙青少年健全成長」，然而閱讀BL後實際從事性犯罪、非禮、暴力行為的狀況又有多少呢？對少女而言，閱讀煽情的男男性描寫，具體來說究竟與「健全的成長」有多少相關？我們時常聽到「漫畫對青少年的成長有不良影響」這句老生常談的說法，卻從來沒有實證性的數據作為依據。

漫畫是「可以用任何形式去解讀的表現內容」，詮釋方法絕非只有一種，也正因如此，才需要討論方法論、思考該怎麼去評論分析漫畫（堀 2009）。漫畫是否有害，這個問題不能只從漫畫畫了什麼之表現內容去看，還需要從包含漫畫被接收的過程、性別等社會性狀況多方地來思考。

■ 擁護與忽視

漫畫不只影響個人，接下來也來看看圍繞著性描寫的社會狀況及其言說。

提到漫畫影響人們實際行動，通常都會提及《破廉恥學園》案例。漫畫中有一段描繪主角模仿當時流行的電視廣告（「丸善石油 Oh！猛烈」）掀裙子的場景，結果在中小學生大肆流行，成為社會問題，《破廉恥學園》成為攻擊標的，大批負評指稱該作品是描繪大量性描寫的問題作品。輿論抨擊中，《週刊

少年JUMP》請來教育家阿部進，展開《阿豪破廉恥學園評論記》的連載，從教育者的立場讚揚該作品並予以肯定解說。

阿部表示，《破廉恥學園》描寫了「孩子們（中略）最想知道的事，男生想知道女生的事、女生想知道男生的事。」（《阿豪破廉恥學園評論記》，《週刊少年JUMP》。1970年50號：20），並稱讚當中的性描寫「健康，帶有直接開朗的精神」（1970年62號：33）。

不過，阿部提及的只是「少年」想知道的內容。小學五年級的女生投稿表示，自己的學校也流行起掀裙子，她認為掀裙子「（小學）三、四年級流行算是正常，五、六年級勉勉強強，到國中就應該立刻停止」（1970年52號：34），少女對自己學校流行的行為表示「勉勉強強」，這個被害的訊息絕不能忽視。

此外，阿部藉由讚賞女主角來轉移批判焦點。女主角十兵衛是比男生還強的女生，在當時帶有劃時代、解放層面的象徵意義。然而，十兵衛在故事中常遭到被脫衣服、被襲擊的場景，阿部在連載單元中稱讚這樣的十兵衛是「有品的性感」，並在害羞而用手遮住胸口的十兵衛旁，印上標語「健康且有品」阿部肯定少年雜誌的性相關描寫，認為這可以滿足無法直接入手情色內容的少年對性的關注與好奇，而被害的少女、女主角的描寫方式，就僅是滿足性關注、性好奇的對象而已。此漫畫評論其實已經納入了性的非對稱性。

這樣的問題一直延續到現在。2017年，網路上針對三浦忠弘（ミウラタダヒロ）作品《搖曳莊的幽奈小姐》（ゆらぎ荘の幽奈さん，2016-，《週刊少年JUMP》連載）的性描寫展開了議論[14]。對於將人氣角色投票結果描繪出來的刊頭跨頁彩圖，有人批判認為以少年雜誌來說，暴露尺度是不是太過頭了，加上女性角色表情個個看似不情願、羞恥，可能讓孩子們誤認可以把性騷擾當成娛樂。

爭論中，有人主張這個彩圖場景是「幸運色狼」的觀點，特別引起話題。所謂的幸運色狼，指的是可能因為一陣強風忽然把衣服吹脫這類預料之外的

事件。律師三浦義隆表示，引發問題的彩圖「並非是故事中的人物在進行性騷擾」，只是幸運色狼事件，不該視為性騷擾、性暴力[15]。然而，女性角色不情願、含著淚的描寫會連結到「色狼」，這種詮釋的漫畫文法（Code）其實已牽扯到性的雙重標準、性別非對稱性。

在現在的日本社會，法庭審判依然不認可「性合意」（Sexual Consent）的概念，還在必須要強烈訴求「不行就是不行」（No means No）的狀況。這樣的社會背景下，將女性角色描繪為僅為滿足少年性好奇的對象，很可能會產生「嘴上說不，其實是要」（No means Yes）的誤解。而這些批判並非與BL無關。我們不能忘記溝口彰子提出的「因愛而強姦」問題，也必須不斷地對把強姦視為「過度的愛情展現」的修辭學、漫畫文法（Code）提出質疑（參見第8章）。

■ 腐女與「自重」

從至今的論述可了解，性描寫與社會的存在形式緊密地連結在一起，那麼，最後來談談腐女的「自重」（參見第4章）。

這裡的「自重」，指的是腐女社群內部的規範，即「在腐女同伴以外的場合，須隱藏自己的興趣／嗜好」，同時，也受到來自社群外部的壓力，要求「腐女請自重」，使腐女們會作些像是在網路上花工夫避免被搜尋引擎搜索等的對策（參見第11章）。

內部、外部（社會）同時運作，將女性享受性描寫樂趣視為禁忌，才造成這樣腐女自重的風氣（北村 2010）。其他原因還包含了二次創作在法律上處於灰色地帶所以要自重、因男同志會批判所以要自重（參見第13章）等，但性的雙重標準在其中的運作再明白不過。

現在，悠哉公開自己喜歡BL的腐女增加，甚至還有討論喜愛性描寫內容的Mook誌出版，出現了彷彿性別規範已不再是枷鎖的氣勢。2000年代中期，從小島AJIKO的《我的801女友》大受歡迎開始，對「腐女」一詞的負面印象減緩了許多。不過，被小心地保存於社會中的性的雙重標準、性別非對稱性

並非與 BL 無關，因為文化是存在於社會內部，會受到社會的影響、被社會所壓抑的。文化與社會的關聯，在今後的 BL 研究依然會是重要的主題。

◆文獻指引◆ 給想要了解更多的人

① 長岡義幸，2010，《漫畫為什麼受到規範——「有害」相關的半世紀攻防》，平凡社（平凡社新書）。
漫畫自 1950 年代起，就反覆成為被規範的對象。本書追溯規範的邏輯與出版社的處理方式等歷史，可了解漫畫與政治間有著無法切割的關係。

② 風間孝等，2018，《教養的性研究》，法律文化社。
性絕非私人的問題，也和權利、健康等公共議題深切相關。本書從多面向討論性，可了解許多批判性禁忌、規範時所需的知識。

③ 加藤秀一，2017，《新手性別論》，有斐閣。
性別論的入門書有很多，本書認真面對「我們是如何建立起『人類分為男與女』這個現實」，是一本充滿個性的著作。閱讀書單也很豐富。

〈註〉

1. 堺市官方網站「平成 20 年 12 月 28 日堺市監查委員公表第 48 號」（2020 年 3 月 15 日取得，http://web.archive.org/web/20190223062601／http://www.city.sakai.lg.jp/shisei/sonota/kansa/kansakajokyo/sochijokyo/201228kansa48.html（上述內容皆從堺市網站上刪除，URL 為歸檔資料）

2. 請參考註 1。

3. 「市民的聲音」（市民の声）Q&A 公報（2019 年 8 月 20 日取得，http://s03.megalodon.jp/2008-0910-2149-48/www.city.sakai.osaka.jp/city/info/_shimin/data/5374/html（內容皆已從堺市網站上刪除，URL 為「web 魚拓」網站庫存）。

4. 〈煩惱的「Boy's Love」堺圖書館 小說五千五百冊〉（《朝日新聞》）、〈男同志愛相關的 BL 小說 應收納於書庫卻公開上架 堺市立四圖書館〉（《每日新聞》）、〈未滿十八歲不得借閱 BL 書 堺市立圖書館〉（《產經新聞》），皆為 2008 年 11 月 5 日新聞。

5. 請參考註 1。

6. 監視女權納粹揭示板目前已關閉，無法閱覽，引用內容可從註 1 的歸檔網站上讀取。揭示板的說明如下：「濫用公權力，本 BBS 將檢舉以『男女共同參與』之名推動破壞文化、否定家庭的『性別自由』政策的女性法西斯主義，喚醒國民的關注」。

7. 世界日報線上版《企劃系列特集 公立圖書館的 BL 書》2008 年 10 月 28 日取得（現在已無法閱覽）。

8. 請參考註1。

9. 角川書店編輯部〈《純情羅曼史》(純情ロマンチカ) 中村春菊訪談〉,《野性時代》,2008年55號: 28-33。

10. 大阪府當時進行了「個別認定」、「涵蓋認定」、「團體認定」等,「個別認定」為經過大阪府青少年健全育成審議會的答辯而個別認定:1.顯著刺激青少年性情感,阻礙青少年健全成長之內容、2.顯著助長青少年的粗暴性或殘虐性,阻礙青少年健全成長之內容、3.顯著誘發青少年犯罪,阻礙青少年健全成長之內容。

「涵蓋認定」則是在質的、量的上達到一定基準的圖書類,即便沒有審議會的個別認定,也可列為有害圖書,「全裸或半裸之猥褻姿態、性交或類似之性行為於下數內容刊載頁數 (含封面),超過總頁數十分之一或共超過十頁以上」,基準為「(一) 全裸或半裸的猥褻姿態」:1.露出陰部或陰毛,或強調之姿態、2.露出臀部、或強調之姿態、3.自慰姿態、4.女性排泄的姿態、5.親吻或愛撫陰部、胸部或臀部的姿態;「(二) 性交或類似的性行為」:1.性交或明顯可聯想至性交的行為,2.SM之性行為,3.強姦或明顯可聯想到強姦之行為或強制猥褻行為」。

11. 當時書店狀況之相關資訊,由「思考表現規範問題關西之會」(表現規範問題を考える関西の会) 的副代表豐永提供。

12. 2010年4月27日《朝日新聞報導》。此見解為同性戀歧視,相當有問題。

13. 漫畫專賣店等,有時會設置有女性取向專屬書櫃。

14. Career Connection News (キャリコネニュース) 刊載〈是否太激烈了?《少年JUMP》的情色表現褒貶不一『不能給兒子看』『成長是需要情色的』〉2017年7月6日 (2019年8月20日取得,https://news.careerconnection.jp/?p=37894)。針對性描寫的批判,網上提出的反駁多是「給性描寫蓋上蓋子的限制」。然而,批判者的論點如同本文所述,多不是要求限制性描寫本身,反駁的重點沒有對焦。

15. 三浦義隆《『幸運色狼』是否可視為性騷擾描寫》,BLOGOS,2017年7月6日 (2019年8月20日取得,https://blogos.com/article/233139/)。

〈引用・參考文獻清單〉

・熱田敬子,2012,〈從排除「BL」看歧視與性享樂的萎縮──堺市立圖書館的「BL」圖書下架事件〉(「BL」排除からみえた差別と性の享楽の萎縮──堺市立図書館での「BL」本排除事件),《Eureka特集 = BL On The Run!》,44(15): 184-91。

・堀亜紀子,2009,《欲望符碼──從漫畫看性的男女差異》,臨川書店。

・堀亜紀子,2015,〈從BL圖書下架事件與BL有害圖書認定看性規範的非對稱性──聚焦女性的快樂〉(BL図書排除事件とBL有害図書指定からみる性規範の非対称性──女性の快楽に着目して),日本漫畫學會,《漫畫研究》,21: 80-105。

・石田實紀,2008,《祕密教育──「YAOI・Boy's Love」前史》,洛北出版。

・北村夏實,2010,〈是什麼讓腐女潛水──從御宅族群體內的同性友愛看她們的規範〉(腐女子を潛在化させるものは何か──オタク集団内のホモソーシャリティからみる彼女たちの規範),《女性學年報》,31: 32-55。

・守如子,2010,《女性閱讀色情──女性的性欲與女性主義》,青弓社。

・永久保陽子,2005,《YAOI小說論──為女性設計的情色表現》,專修大學出版局。

・長岡義幸，2010，《漫畫為什麼受到規範──關於「有害」的半世紀攻防》(マンガはなぜ規範されるのか──「有害」をめぐる半世紀の攻防)，平凡社 (平凡社新書)。

・日本圖書館協會圖書館自由委員會，2010，〈堺市立圖書館的BL (Boy's Love) 圖書規範〉(堺市立図書館におけるBL〔ボーイズラブ〕図書の規範について)，《圖書館的自由》別冊。

・西村マリ，2002，〈動畫二創與YAOI〉，太田出版。

・霜月たかなか，2008，《Comic Market創世紀》(コミックマーケット創世記)，朝日新聞出版 (朝日新書)。

・竹宮惠子，2015，《少年名叫吉爾伯特》，小學館 (小學館文庫)；2021，尖端。

・米澤嘉博，2010，《戰後情色羅曼史》(戰後エロマンガ史)，青林工藝舍。

第 13 章　男同志如何閱讀BL？

Keywords ●前川直哉

YAOI論爭　「再現的奪取」　女性主義　批判與應答　恐同　克服歧視　攜手抗爭的可能性　BL的多樣化與「進化」　寫實　當事人性質

　　BL作品主要以女性為閱聽人製作，不過一旦問世，任何人都可能成為讀者，其中也包含了實際進行（或想要進行）BL中描寫的男男戀愛、性愛的男性們——也就是男同志。

　　本章將以「男同志如何閱讀BL」為主題，概觀1990年代至2010年代的狀況。這段期間有人從男同志的立場主張，BL其實是歧視男同志的表現；也有男同志雜誌發表特集，表示「BL和男同志站在同一陣線」。本章的目的在於回顧這些論述，並探究其誕生的背景。

1　女性方針對「BL歧視Gay」批判所做出的回應

■　「YAOI論戰」

　　「YAOI論戰」指的是從標榜「為了關注女性主義之女性」而製作的自主出版雜誌《CHOISIR》20號（1992年5月），刊載了佐藤雅樹執筆的文章，寫著「什麼YAOI最好都去死」，以及高松久子的回應〈超越『敵人－夥伴』論 1〉而展開的一連串論戰[1]。一直到1995年為止，四年來該雜誌幾乎每號都會刊載各家論者的文章，此論戰的詳細考察，可參考堀亜紀子、溝口彰子的研究（堀 2010；溝口 2015）。

佐藤在文章一開始就寫下相當激烈的內容：「什麼YAOI最好都去死，我最討厭YAOI，根本就是歧視……」（佐藤〔1992〕1994a: 1），更寫道「那些傢伙，描寫我們男同志的性愛、看男男性愛的漫畫，一個勁地開心，沒有必要去喜歡這些噁心的傢伙，第一點就是，讓我很不爽！」（佐藤指的「YAOI」並非是漫畫、小說等作品，而是生產這些作品、並喜愛閱讀這些作品的女性們）。從佐藤的這句「我們男同志的性愛」可知，他認為BL作品[2]是「描寫男同志的作品」，進而加以批判。

參考堀亜紀子的整理（堀 2010），筆者彙整了論戰初期佐藤對「YAOI」的批判要點，主要為以下兩點：

① 　喜愛BL作品的女性們，將以往女性主義批判異性戀男性的情色作品，也就是所謂「觀看－被觀看」結構運用到男性少數族群上，享受了「觀看方」的愉悅。

② 　BL作品僅描繪美貌的男性，過度美化男同志，成為壓抑現實中男同志的枷鎖[3]。

對於這些批判，除了前述在《CHOISIR》回應的高松外，還有很多女性都刊載文章回應。起初並非針對個別作品，而是批判佐藤描繪的「YAOI」印象，並指稱佐藤其實「根本搞不懂YAOI和御宅族、女性男同控（Fag hag、オコゲ）的差異」（堀 2010: 31），也因為佐藤的言詞太過激烈、攻擊性強，讓論戰在無法聚焦的情況下出現了各種論點。不過整體來看，眾多女性在「YAOI論戰」中試著對佐藤的批判誠懇地做出回應，這一點相當重要，證明閱讀《CHOISIR》的女性們認為佐藤提出的①、②二項批判，的確應當放在與女性主義不斷批判異性戀男性的主軸線上來思考，並真誠地想要回應。在〈座談會 YAOI 該怎麼辦？〉（首出《CHOISIR》213號，1992年9月）上，高松表示「這次的事件（引用者註：指佐藤的批判），我並不只是被害者，對某位男性

而言我可能是也加害者，認識到了這一點，我也開始思考接下來該怎麼做」，從這裡可看出回應者誠摯的一面。

■　恐同的再生產

佐藤激烈的攻擊言論，隨著執筆次數增加而逐漸趨於緩和，取而代之的是佐藤述說起自己從小學就愛看少女漫畫，其中連載的男男戀愛故事是「讓十多歲的男同志少年可以存活下去的避風港」，表明了自己對少女漫畫的情感。佐藤特別喜歡《日出處天子》和《摩利與新吾》，對這兩部作品「有很深的共鳴，完全著迷」：

在未來完全看不到任何希望，卻又對現世的幸福有所留戀，無法輕言自殺的那段日子中，每個月一次可以看到連載的後續，是我姑且得以繼續活下去的動力。（佐藤〔1994〕1994b: 9）[1]

佐藤甚至寫道，「多虧了少女漫畫」，「自己對喜歡男性這件事才沒有罪惡感」（佐藤 1994b），從這點來看，佐藤的真意似乎並非批判BL本身，或是女性向作品中描寫的男男戀與性愛情節。佐藤從栗原知代的文章中得到啟發，將「『24年組』等作家的作品」視為「文學」，認為這些作品「透過同性愛戀這個機制讓少女了解嶄新的關係性／感性」，並將「在毫無批判性前提下，把『24年組』等人孕生出來的的嶄新價值觀，作成一『模式』打造的YAOI」視為「只是隨處可見的同志眼少女漫畫」的「娛樂」，把二者劃清兩者界線。他分析認為如今「娛樂」不斷肥大，已壓縮到足以稱作「文學」的作品，讓他相當感嘆（: 10）。

佐藤也表示，BL作品具有克服、減緩社會上對同性戀之歧視的可能性。佐藤雖然視《日出處天子》為「少女漫畫中名留青史的『名作』」，但也引用了作者山岸涼子後年的雜誌訪談：「當時（作品連載時），基本上同性戀根本不被

認可，因此我也沒有讓主角廁戶和毛人有圓滿結局」，指出「作者在內在存在著恐同情結」的狀態下繪製的作品，也可能造成偏見／歧視的再生產（佐藤〔1993〕1994c: 27-8）：

> 刻板印象產生的背後，通常隱藏著複雜的偏見。讀者在不知道作品已受到偏見荼毒的情況下閱讀，偏見就此烙印進讀者心中。「同性戀」→「不被允許」→「得不到回應」→「不能圓滿」→「同性戀」→「不被允許」→……∞（: 28）

此外，對於山岸表示「到了這個年紀，覺得其實廁戶和毛人的情況也不是絕對不能圓滿啊」，佐藤評價認為「聰明如她發覺了內化於心中的恐同情結，如今已克服了此偏見」，並表示「現在（山岸）應該可以畫出男男圓滿結局，真想看看。這樣的『名作』相信擁有能量，足以動搖讀者內在的恐同障壁」（佐藤〔1993〕1994c: 28）。在「YAOI論戰」後半，佐藤比誰都希望溝口彰子說的「Boy's Love撼動社會」的時代趕快來臨，成為向女性們訴求、期望實現此時代的男同志之一。

■ 「搶奪再現」

佐藤引發「YAOI論戰」後，「BL是不是其實在歧視男同志？」這個提問不斷被提起（關於此點詳細參見堀 2010，溝口 2015）。其中石田仁也和佐藤相同，認為BL的確有此傾向，許多作品都是在加深現實中對男同志的歧視，而讀者也從這樣的結構中獲得愉悅感。

石田首先批判，BL是依附於現實男同志才得以成立，卻無視作為當事人的男同志實際活生生的狀況，擅自創造各種再現，是「搶奪再現」（Representation）的行徑[4]。舉例而言，BL作品中很多男性主角都宣稱「我不是同性戀！我不是喜歡男性！我只是喜歡他！」而阻礙主角幸福的情敵配角

常是男同志，卻沒有出現相反的設定，這種透過「搶奪再現」所造成的「權益的非對稱性」，很可能造成男同志歧視的再生產。此外，石田也指出，當他提出 BL 作品有「搶奪再現」的問題時，部分喜愛這些作品的女性主張「這是想像的故事，和現實中的男同志無關」而拒絕對話、他人涉入，想讓批判變得無效，石田表示這也是一大問題。

石田並非不清楚在過去「YAOI 論戰」時，眾多女性曾真摯地回應，或許該說正因如此，石田在了解「YAOI 論戰」的回應，以及 1990 年代初期「男同志熱潮」時「對男同志有共鳴的女性們」後，感到「90 年代中期以來，女性和男同志手牽手打算一起扭轉世界的那股氣勢已不復存」（石田 2007b）。石田指出部分「現代腐女」展現出「對現實的男同志沒興趣」的態度，拒絕對話，也讓這層斷裂更難消除。

■ 面對批判的誠懇回應

堀亞紀子針對佐藤、石田等人的批判，表示 BL 作品是為了在社會現存的性別不平等情況下，描繪對等的「關係性」，為了在性規範雙重標準下讓女性得以自由享受故事，才選擇以男男這樣的組合來進行（堀 2010: 27）。[5]此外，堀表示喜愛 BL 的女性們都有自覺，了解 BL 是以男同志為符號所轉化的想像故事。堀更進一步表示，BL 為了將二人的關係展現為「極致的戀愛」，而提到異性戀規範、恐同這件事本身，才應該被視為問題。BL 作品將故事中登場的男同志他者化、抽象化，讓現實中的男同志感到疏離感，可能會背負起（以社會中存在的恐同不同的形式）的男同志歧視。堀表示，如今 BL「已不再是封閉小小世界中關起門來享受的事物，而是任何人都能輕鬆入手的商品，流通各處」，因為 BL 開始被要求要克服「讓男同志受傷，讓男同志在現實與想像的夾縫間被撕裂的表現方式」（堀 2010: 48）。

溝口彰子也是針對「BL 其實是在歧視男同志吧」的批評，不斷真誠地回應的人之一。溝口先是整理了前述「YAOI 論戰」中對 BL 所提出的問題，並表

示正因為「YAOI論戰」中佐藤和栗原提出的問題點，使得「2000年代之後的BL變化，能被理解為一種給予我們克服厭女、恐同與異性戀規範線索的進化形」（溝口 2015: 122）。溝口說的「BL的進化形」，指的是克服、擺脫了1990年代BL固定模式「男性角色一面進行男男戀愛，一面主張自己是直男（異性戀者）」、「角色劃分為『攻／受』，表演固定化的性別角色分工」、「性愛總是肛交」、「強暴劇情氾濫」等情節的作品。

■ 從誠懇的回應中習得的事物

堀表示，男同志的批判促進了BL作品「察覺自身的歧視」，也為之後的BL作品帶來克服歧視、逐漸變化的可能性（堀 2010: 49-51）。溝口則更加明確地表示[6]，「許多BL愛好者開始『注意起男同志的視線』後，特別是針對恐同，意識到那不是不證自明的，而是能克服的對象，並開始摸索克服的方法、創作進化形的BL作品。」

> BL愛好者作為表現的主體，發現到現實中作為「他者」男同志，是「不可取代獨一無二的存在」，而自己也是「不可取代獨一無二的存在」，在這樣的前提下，呼應著現實中的男同志伴侶的再現物，該怎麼去描繪？必須面對「自己」，運用誠實的想像力去描繪，才得以打造出進化形BL作品，這也是本書的主張。（溝口 2015: 121）

溝口的主張要實證很難，要全面予以肯定也還有議論的空間，不過下面這件事是可以確定的：面對「BL其實是在歧視男同志吧」的這個提問、以及「既然要畫男同志，就應該要克服現存男同志歧視的問題」之要求，多數的BL愛好者女性都真誠地回應。相對地，男性在面對女性批判異性戀男性取向情色作品的內容表現時，男性有多少人做出了回應？又或是女同志們在異性戀男性取向情色作品中不斷被「奪取」再現的苦惱，又有多少男同志曾表示關心

了呢？想到這裡，就更可明白上述的女性們展現出的誠懇態度了。也許正因為BL為親近女性主義的表現形態，才更會將男同志歧視的問題視為「自己的事」來面對。

「BL其實是在歧視男同志」的批判，來自男同志解放運動的脈絡，是考慮到男同志人權而提出的批判。面對此問題，與女性主義相關的女性們真誠地回應，嘗試克服這些問題的作品也開始問世。相對地，男同志解放運動對女性主義的提問做了怎樣的回應呢？上野千鶴子曾表示，只要一天無法保證「理論上／實踐上同性戀不連結厭女的必然性」，「女性主義與男同志研究要攜手共同抗爭，應該還是很困難的吧」（上野 1998: 246）。這個問題該如何面對？男同志應該可以從「YAOI論戰」後女性們的回應中學到良多吧。

2　喜愛閱讀BL的男同志們

■　別冊寶島《男同志的贈禮》

從男同志立場論述BL的觀點，絕非只有批判，其實對BL抱持肯定的態度、介紹BL的文章不在少數。

「YAOI論戰」引爆的1992年，當時相當受歡迎的Mook誌《別冊寶島》發行了《男同志的贈禮》（ゲイの贈り物），由大塚隆史、伏見憲明、上田理生編輯，之後參與男同志雜誌《Badi》創刊的小倉東也是其中撰稿人之一。封面寫著「Gay為大家打造的Gay文化介紹！」，雜誌中從時尚到藝術、電影、音樂等各個不同領域，介紹「Gay文化」，為一導覽書。《男同志的贈禮》和之後出版的《Gay的玩具箱》（ゲイのおもちゃ箱）、《Gay的學園天國》（ゲイの学園天国）並列為「別冊寶島男同志三部曲」，廣為人知。

《男同志的贈禮》在「文學」、「漫畫」章節中介紹了許多BL作品。「文學」章節中介紹了被溝口視為「廣義BL的始祖」（溝口 2015: 22）之森茉莉短篇小說《戀人們的森林》（恋人たちの森）、栗本薰的《午夜的天使》等；「漫畫」

章節介紹的作品超過一半都是女性向作品，從木原敏江的《摩利與新吾》、竹宮惠子的《風與木之詩》等長青作品到高口里純的《幸運男子》、尾崎南的《絕夏 1989 》《BRONZE betwal sinaa 1980》、吉田秋生的《BANANA FISH》等當時正在女性向漫畫雜誌中連載的作品都有，相當廣泛。作品介紹大多抱持肯定的意見，像是「想要理解男同志的戀愛心情，這本最適合，請一格一格、一句一句地品味」（大島弓子，《Pascal群》〔パスカルの群れ〕）、「內有數篇敏銳地描寫出少年或年輕人之間微妙情感的作品」（西炯子，《必須成為天使》〔天使にならなきゃ〕）等，不過其中也有評論寫道「無視男同志身而為人的心理，劇情發展輕率」（秋里和國，《睡美男》），不過之後接著續寫著「但也不用因此感到焦躁，這其實是為女性而描繪的輕度情色作品」。

在這裡，看不到佐藤在「YAOI論戰」中討論的「觀看－被觀看」結構，或是過度美化男同志等批判。《男同志的贈禮》的撰稿人雖然不只男性，也有女性，目錄頁下方的「注意」寫著「本書為充滿專斷、偏見的男同志編輯們彙整之內容，其中介紹的作品，（中略）皆是依照編輯的興趣、嗜好選擇」（：16）。至少在男同志握有編輯權的Mook誌中，BL作品是被視為「Gay文化」之一，並抱持著肯定態度予以介紹，此意義重大。

■ 男同志的肯定態度

當伏見憲明被問到：「對少年愛主題的少女漫畫或『YAOI族』有什麼想法？」他回答：「他們讓同性戀從變態的領域提升到美感的世界，並成為一種普遍的流行，從此觀點來看，我給予一定的評價」（伏見 1991: 14）[7]。福島光生《男同志的贈禮》中以肯定的態度介紹雜誌《JUNE》：「在少女時期看了這些雜誌的女性之後若成為母親、得知自己的孩子是gay或是lesbian時，她會覺得『哎，我家的孩子真棒！』開心地養育他們長大的話，那我想就能形成一個每個人都很幸福的世界了」（：218）。當時日本社會的恐同風氣更盛於現在，而BL作品將男男的戀愛、性愛視為「美麗的」、「值得去鑑賞的」，而非

「骯髒的」、「變態行為」，雖然不能一概而論，但相信男同志絕非都抱持否定的眼光。

　　網路普及前，男同性戀相關的情報來源有限，可推測喜好閱讀描寫男男戀愛、性愛的 BL 作品之男同志絕不在少數。和《薔薇族》等情色風格強烈、販售店鋪有限的男同志雜誌相比，連載《絕愛—1989—》、《BANANA FISH》等作品的《瑪格麗特》、《別冊少女 Comic》或是單行本漫畫絕對更能輕易入手。

　　若以個人的記憶作為資料回溯，筆者 1977 年出生，90 年代前半正值國高中，也是貪婪地閱讀這些作品的男同志之一。老家附近的大型書店沒有販售男同志雜誌，倒是在收銀櫃檯前放置了大量的少女漫畫雜誌，《JUNE》也靜靜待在角落。高中男生每期購買少女漫畫雜誌或《JUNE》，的確是非常羞恥，但若在書店購買男同志雜誌，等於就是直接出櫃宣告「我是男同志」了，加上當時老家附近也買不到男同志雜誌，就算真的買了，還要小心不被雙親、朋友發現，辛苦找地方藏起來。少女漫畫雜誌就算放在房間裡，別人也不會知道我是為了哪一部作品而買，這一點真的很感激。以上完全是我個人的體驗，不具代表性，但我相信一定有其他的男同志跟我有相同的經驗[8]，在接受自己是男同志、肯定自己的過程中，BL 作品的存在扮演了非常重要的角色。

■　男同志雜誌《Badi》的 BL 特集

　　男同志雜誌《Badi》曾刊載 BL 特集，2009 年 7 月號的封面打上了標語「知道了就會陷下去！？魅惑的 BL 世界」，刊載特集〈腐男推薦〉（: 56-7），與〈給新手的 BL 背景知識〉、〈BL 用語集〉並列，刊登了文章〈BL 是男同志的夥伴〉。

　　當中寫道「和情色為主體的男同志漫畫不同，BL 完全是以戀愛為主體的愛情故事，對期望談場美好戀愛的男同志而言，輕易就能投射自身理想、願望」、「BL 中男男戀愛不是特殊事件，而是自然發生，對降低恐同強度應該是有所助益的。這麼想來，身為當事者的我們，應該要張開手歡迎現在的 BL 熱潮才是吧」，強調 BL 作品及「BL 熱潮」（應是指 BL 市場擴大）對男同志而言

所具有的正面作用。同時也介紹了在SNS網站上募集「BL的魅力」之回答，多是「看完後有甜蜜的感覺」、「沉浸在男性與男性也可以幸福的妄想中」等肯定的意見[9]。

此特集的著者桃井アロム，在前一年發行的《Boy's Love不知道的男同志真實愛戀》（ボーイズラブではわからない　ゲイ恋リアル）中直率地表示，「想像的」BL與自己身為男同志所知的「現實男同志生活」差異極大，沒什麼好感（桃井 2008: 10-3）。桃井是在怎樣的背景、怎樣的變化下，開始對BL抱持了肯定的態度呢？原因之一，可能是他注意到了寫在「腐男推薦」中的以下這點：「BL的多樣化」。

> BL熱潮後，腐女的嗜好和BL類型逐漸多樣化。「女性喜愛的美型畫風」、「美少年與美少年」等規則逐漸弱化，性愛場景激烈，且出現外表不起眼的角色、滿是肌肉充滿男性氣息的角色、中年大叔的角色，而且這些角色還是受方，很多讓人感到不可思議的BL紛紛問世，怎樣都不稀奇，讓我不禁懷疑女性真的會因此而「萌」嗎？這樣的變化，應該代表BL在投射女性心目中的理想戀愛對象的同時，也開始追求同性戀的現實了吧。
> （《Badi》2009年7月號 :56）

桃井以往因為覺得「不切實際」而對BL抱持否定態度，但隨著BL呈現多樣化，開始追求「同性戀的現實」後，他轉而表示歡迎這樣的轉變。面對男同志讀者，桃井表示「沒有必要勉強自己看BL」，卻也提議「不論是類型還是故事，BL的世界觀都愈來愈寬廣，也的確有可以讓我們投射情感閱讀的優質作品，不妨尋找適合自己的作品，從男同志的角度享受BL的樂趣，我想這也是不錯的方法」。

之後的《Badi》也不斷出現「BL走向多樣化，符合男同志現實的作品增加了」這樣的論述，像是2017年2月號特集〈現在就想馬上看的名作漫畫二十

選！〉，介紹道「以往的BL漫畫都是睫毛閃亮亮、脫離現實的劇情發展，但現在急速出現大量男同志看了也會產生共鳴、心動的作品」、「男同志作家描繪的情色漫畫在性愛描寫技巧更高超，但要描繪纖細的戀愛情緒、從輕柔的空氣感描繪出纖細的戀愛心情，用畫面中傳遞心動的感悟，還是少女漫畫手法描繪的Boy's Love作品更優秀」等。該特集還刊載了羅川真里茂的訪談[10]，並一起介紹了吉永史的《昨日的美食》、米田香的《無法觸碰的愛》、SHOOWA的《黑毛豬與椿之戀》等強調寫實、對男同志而言易於投射情感，或是畫風平易近人的BL作品。《Badi》4月號刊載的讀者感想，特別介紹了一位四十多歲讀者的意見：「BL也變得這麼多變化、這麼豐富了。雖然對我們來說情色很重要，但是BL富含主題性、故事性的作家有這麼多了。」

3　男同志與BL的今後

如同上述，對男同志而言，BL絕非只是「歧視男同志」的批判對象，反倒還有抹去同性戀的負面形象，以及因BL作品比男同志雜誌更易入手，讓許多男同志喜歡閱讀，而在一定程度上受到BL的影響的男同志等面向。

不過，對男同志而言，除了會用鑑賞者的第三者視角（或是說「神的視角」）去看BL怎麼描繪當中的登場人物，有時也會把角色視為「自己的事」去解讀。如果故事用恐同再生產的方式去描寫，他們便會指出「這其實是在歧視男同志吧」，對於這樣的批判，喜愛BL的女性們則誠懇回應，以及溝口透過考察這些對話，發現了作為「他者」而存在的現實中的男同志，促成了BL的「進化」。男同志雜誌《Badi》表示他們歡迎這樣多樣化的BL，並向讀者推薦「BL是男同志的夥伴」。

現在，漫畫進入可透過手機、平板電腦購買並閱讀的時代，已不僅只為紙本媒體。必須在書店購買，和店員面對面的門檻已經消失，今後男同志可以更輕易地入手BL。此外，日本也終於逐漸開始正式討論起伴侶制度、同性婚

姻等議題，對男同志而言，「和相愛的男性一輩子生活在一起」（依地區、世代、個人不同還是有所差異）也比以往更具有真實感，有更多的男同志會依此目標來規劃人生，這些變化都縮短了男同志和BL的距離。男同志感到「BL變得更寫實了」，其背後除了BL走向多樣化，和現實的男同志貼近外，男同志與他們所處的社會環境也逐漸貼近BL描寫的世界。喜愛閱讀BL的男同志增加，也許更能促進BL的多樣化與「進化」；而憧憬BL描寫的戀愛與關係性的男同志增加，也相當有可能影響到現實中男同志的意識與生活風格。

根據石田仁近期的論述，可知有相當多的年輕男同志在同志使用的APP自我介紹中，於「喜歡的書籍」欄位中填上「BL」，其背景是本章提到的「進化形BL」之存在，而這類「進化形BL」也可能讓男同志發現更多至今未曾發的事物（石田 2019b）。此外，也有像湯瑟斯・柏糖木（Thomas Baudinette）積極進行性考察的研究問世，他透過訪談了解日本、中國的年輕男同志是如何看待BL（及後述的男同志漫畫）、BL在他們的性取向認同形成上扮演了怎樣的角色，這樣的研究在今後應該會愈來愈重要吧（Baudinette 2017，2019）。

此外，還有本章沒有討論到的課題，像是針對女性讀者打造的BL，與以男同志為閱聽人的男同志漫畫之間的差異（參見Column④）。吉本 Taimatsu 表示，男同志為閱聽人的漫畫與BL漫畫發生了「跨境、界線模糊化」的現象（吉本 2007）。金城克哉則進行了BL漫畫三十三篇、男同志漫畫三十三篇的台詞比較等量化分析，表示具有相異點與相同點（金城 2012）。男同志漫畫的流通數量雖然少於BL，不過日本的男同志雜誌除了小說，也刊載了相當多的漫畫作品，這樣作品和BL有什麼樣的共通點、相異點，兩者又帶來了怎樣的影響？都是相當值得玩味之議題，有待今後更深入的探討驗證。

◆文獻指引◆ 給想要了解更多的人

①石田仁，2019，《第一次學習LGBT——從基礎到趨勢》，ナツメ社。

最適合作為思考LGBT等性少數族群相關課題的入門書。每一個主題都用跨頁來解說，簡單易讀，同時涵蓋了最新的研究與見解，內容非常充實，是必備之著作。

②溝口彰子，2015，《BL進化論——男子愛可以改變世界！》，太田出版；麥田，2016。

BL研究必讀的文獻之一。本章討論的「YAOI論戰」等男同志的批判，書中都誠懇地回應，也展現出克服恐同的「進化系BL」問世的歷史觀。

③James Welker編著，2019，《BL開啟的門——變遷的亞洲之性與性別》，青土社。

除了本章介紹的論文，也刊載了BL對社會接納同性戀扮演的角色（泰國）、同性婚姻合法化運動中BL粉絲的存在（台灣）等論文。可透過本書考察BL在亞洲對各社會帶來的影響。

〈註〉

1. 這場論戰被整理收錄到《別冊 CHOISIR YAOI論戰合本 I-IV》裡，原本刊載的雜誌因是自主出版雜誌，已很難取得，本章主要是引用《合本》中的資料。
2. 當時並非使用「BL」一詞，為依循本書整體的用語基準，在BL一詞未普及前的作品也一概以「BL」指稱。
3. 佐藤寫道「YAOI只喜歡美貌的男性」等，認為過度美化男同志，造成「（男同志）只是用來被觀賞的存在」，有去人格化的傾向（佐藤 [1992] 1994a: 2）。也有別的男同志批判想像的故事中擅自強加的印象，像是在某座談會上，女性們談到「說到男同志就會想到白人的感覺，如果是日本人就覺得很討厭，因為感覺不美」、「我日本人也可以接受，但不美形就不行！」對於這些「喜愛閱讀YAOI漫畫」的女性們，小倉東回應：「把想像的內容強加於男同志身上，就跟把『女性該有的樣子』強加在妳們深上的人一樣了不是嗎，希望妳們可以注意到這一點」（寶島Gay‧工作人員篇 1994: 84-91）。
4. 此處是參考參照了石田的文章的加藤（2009）的論文，所作的總結。
5. 關於此點，筆者與堀意見相同。更進一步來說，其實在此該批判的不是BL作品，而是現存的性別不平等（以及將此不平等放置、保存的男性們）才是。
6. 石田在介紹了堀、溝口的論述後，表示《富士見二丁目交響樂團系列》、《純情羅曼史》等都是「非常有人氣的作品」，不過「為了營造故事的高潮迭起，還是輕易地讓恐同、暴力登場，這也是事實」，「該如何評價受歡迎的作品及其被接收的狀況，是接下來的課題」（石田 2019a: 221）。
7. 不過接下去伏見又說道：「不過這也產生了同性戀＝美型的偏見，我個人是覺得很頭痛」。
8. 擁有這類經驗的男同志不只是在日本，柏糖木對短期旅居日本的七名中國男同志進行訪談，他們表示在中國異性戀主義結構下，日本的BL對他們是相當重要的「希望寄託」。（Baudinette 2019: 182-3）
9. 1990年代也有類似的聲音。例如，1998年發行的和矢的《男同志生活指南》著作中，有提及被BL描寫的想像愛情故事吸引的男同志之聲（和矢 1998: 84-90）。
10. Bourbonne（ブルボンヌ，日本的女裝表演者、散文家）在和溝口彰子的對談中證實，羅川真里茂1995年起在《花與夢》連載的《紐約‧紐約》，在男同志中大受歡迎（溝口 2015: 264-5）。

〈引用・參考文獻清單〉

・Baudinette, Thomas, 2017, "Japanese Gay Men's Attitudes Towards "Gay Manga" and the Problem of Genre," *East Asian Journal of Popular Culture*, 3(1): 59-72.

・Baudinette, Thomas,（齋藤朝子 Patricia 譯），2019,〈讀取憧憬的世界──短期旅居中國男同志眼中的「希望的寄託」BL〉(憧れの世界を読み取る──一時滞在の中国人ゲイに対する「希望のよりどころ」としての BL)，James Welker 編著,《BL 開啟的門──變遷的亞洲之性與性別》,青土社，173-89。

・伏見憲明，1991,《Private・Gay・Life──後戀愛論》(プライベート・ゲイ・ライフ──ポスト恋愛論)，學陽書房。

・堀亜紀子，2010,〈YAOI 是歧視男同志？漫畫表現與他者化〉(ヤオイはゲイ差別か？マンガ表現と他者化)，好井裕明編著,《性的多樣性與排除》(セクシュアリティの多様性と排除)，明石書店，21-54。

・石田仁，2007a,〈「不要管我」聲明──YAOI・BL 的自律性與再現奪取〉(「ほっといてください」という表明をめぐって── やおい・BL の自律性と表象の横奪)，《Eureka 總特集＝BL 研究》，39(16): 114-23。

・石田仁，2007b,〈與男同志共鳴的女性們〉(ゲイに共感する女性たち)，《Eureka 總特集＝腐女漫畫大系》，39 (7) : 47-55。

・石田仁，2019a,《第一次學習 LGBT──從基礎到趨勢》(はじめて学ぶ LGBT──基礎からトレンドまで)，ナツメ社。

・石田仁，2019b,〈東京・新宿的男同志場景遇見的「多樣性」〉(東京・新宿のゲイ・シーンにおける出会いと「多様性」)，James Welker 編著,《BL 開啟的門──變遷的亞洲之性與性別》,青土社，151-69。

・加藤秀一，2009,〈YAOI・BL 入門 (4)──「真實的男同志」〉(やおい・BL 入門のために (4)──「リアルゲイ」をめぐって)，《解放教育》，39(5): 66-8。

・和矢，1998,《男同志生活指南》(ゲイ生活マニュアル)，Data House。

・金城克哉，2012,〈同一主題下的兩種漫畫作品群比較量化分析──BL 漫畫與男同志漫畫〉(同一テーマに関する 2 つのコミック作品群の比較新量分析──BL コミックとゲイコミック)，《言語文化研究紀要》，21,1-20。

・溝口彰子，2015,《BL 進化論──男子愛可以改變世界！》,太田出版；麥田，2016。

・桃井アロム，2008,《Boy's Love 不知道的男同志真實愛戀》(ボーイズラブではわからない　ゲイ恋リアル)，Mobile Media Research。

・佐藤雅樹，〔1992〕1994a,〈YAOI 最好都去死〉(ヤオイなんて死んでしまえばいい)，《別冊 CHOISIR YAOI 論戰合本 I》,1-3。

・佐藤雅樹，〔1994〕1994b,〈用少女漫畫來減肥⑦　「少女漫畫時代」〉(少女マンガにダイエットを⑦ 少女マンガ時代)，《別冊 CHOISIE YAOI 論戰合本 III》,CHOISIR，8-11。

・佐藤雅樹，〔1993〕1994c,〈用少女漫畫來減肥④「24 年組作家的真心話」〉(少女マンガにダイエットを④『24 年作家の本音』)，《別冊 CHOESIR YAOI 論戰合本 II》,CHOISIR，26-8。

・寶島 Gay・工作人員編，1994,《深度了解男同志・Life Handbook》(よくわかるゲイ・ライフハンドブック) 寶島社。

・上野千鶴子，1998,《發情裝置──情色腳本》,筑摩書房。

・吉本たいまつ，2007,〈男同志漫畫與 BL 漫畫的跨境〉(ゲイマンガと BL マンガの越境)，《Eureka 總特集＝BL 研究》,39(16)：247-8。

Column ⑥ 為了不把想像強加至真人身上

守如子

　　身為 BL 粉絲，應該多少會想過，現實中的男同志是怎麼想我們的？我們擅自妄想，對他們是否有些失禮？此專欄將以喜好 BL 的男同志漫畫家 Kazuaki（かずあき）的《歡迎來到現實的 BL 世界》（リアルBLの世界へようこそ，KADOKAWA，2019）與女同志腐女漫畫家竹內佐千子的《女生腐起來！in Deep──百合腐女佐千子與愉快的腐友們》（くされ女子！in Deep──百合で腐女子なサチコとゆかいな腐友たち，ブックマン社，2009）兩部圖文漫畫為例，來思考如果真的有問題，問題是來自哪裡。

　　《歡迎來到現實的 BL 世界》中有個令人印象深刻的場景，腐女朋友詢問作者，男同志是怎麼想腐女的？作者回答，在性少數族群聚集的場所，有時會排除女同志，又或是有的腐女知道自己是男同志後，就會開始不停追問。接下來的話特別重要，「雖然大多數不是這樣，但結果在網路上變得醒目的是我們這邊的人」、「很遺憾那樣的印象就此擴散，害到的也是我們」、「比起腐女怎麼怎麼，不如說是那個人同理心的問題」。接著作者一面吐槽說「這是討厭腐女的男同志很愛說的話」，一面表示「每個人的禁忌、地雷都不同」，並做出結論「比起男同志怎麼想腐女、腐女怎麼想男同志，都不能以一概全，應該要好好面對、一個人一個人去對話」。如同作者所言，不論腐女還是男同志，都不是可以以一概全的整體，這是絕不能忘記的重點。

　　「知道對方是男同志後就開始不停追問」的行為，就是擅自利用他人來滿足自己的想像，這當然是個問題。相反地，「我看過很多 BL 或 LGBTQ 的書，所以我很了解，沒問題」這種過度自信也必須注意。就如同腐女不是一個同質的整體，男同志、女同志也都是不同的個人，對於初次見面的人表示「我很了解」，相信任何人都會覺得奇怪：「了解什麼？」有些男同志聚集的酒吧，會拒絕男性以外的人進入，若本身非男同志，可以選擇前往被稱作「觀光酒吧」、「MIX 酒吧」等任何人都能進入的店舖。此外，不希望陌生人對自己做的事，就也不要去對陌生人做，這個基本道理要謹記在心。

　　《女生腐起來！in Deep》中有一個作者與男同志們對話的場景令人印象深刻。「上田君」對喜歡 BL、想跟腐女有更多交流的「Harumi 君」說：「啊，我是腐女（男）喜歡 BL，但如果被（她們）說真人不行，會覺得有點難過」。

　　不過，要去解釋這種「真人不行」、「對現實的男同志沒興趣」（參見第 13 章）的言

論，是相當困難的。也許本人只是想要表達，自己的喜歡的想像故事，只限於像是漫畫、小說等二次元的想像，而非真人（現實）演出的而已。不過，若對方聽成認為是在排除男同志、女同志，那問題就大了。此外，也曾有腐女說過「男同志一定要美型才行」、「（隱藏自己是男同志的事）忍耐藏在櫃裡感覺很美」這類的話，就算只是在述說自己喜愛的想像故事，但還是需要先暫停、好好思考這樣的話有沒有成為壓抑、逼迫別人的言論（不妨想像一下喜歡巨乳角色的人說「女人胸部一定要大才行」，應該就更容易理解了）。

為了不要把想像加強於真人身上，在面對面的情境下，要小心不要說出排擠男同志或女同志的話，相反地也不要過度自信認為「我很了解所以沒問題」。此外，自己說出的話，即便只是在敘述心中的想像內容，也可能會被解讀成詰問他人的話語，須多斟酌注意。只要注意以上諸點，BL 也許就是拓展和現實中男同志、女同志嶄新交流的獨一無二媒體。

第14章　BL與民族主義

Keywords

● 金孝真

民族主義（Nationalism）　異性戀主義　男性特質　種族主義　恐同　異性戀本位（Heteronormativity）
歷史認識　「義呆利」爭論　西方主義　東方主義

　　商業BL確立於出版市場至今約過了三十多年，而BL相關的問題絕非只限於孕育出BL、並成長為一商業類型的日本社會中。1990年代後，美國的大眾文化率先展開多元化推進，最後以漫畫、動畫、遊戲為中心的御宅族系統的內容在全球顯著地發展。BL也不例外，甚至在許多對女性向性描寫限制嚴格的社會與地域，也由狂熱的女性粉絲強勢打造出粉絲文化。此外，該社會與地域受到日本BL文化影響的同時，也發展出當地特有的BL文化，同時產生了許多意想不到的問題。

　　本章將跨越日本國界，以民族主義的角度，來看如今紅遍世界的BL類型，面臨了怎樣的新問題。具體將從以下三點來考察：①何謂民族主義？近代的民族主義和異性戀主義如何連結，進而生產了恐同情節？②至今的研究是如何分析日本的御宅族系內容中的民族主義問題？BL和這些問題有怎樣的關聯？③將舉日丸屋秀和的國家擬人化漫畫《Axis Power 義呆利》為例，藉由關於「義呆利」的展開的一連串議論，來分析BL式想像力與民族主義之關係。

1 近代民族主義的成立與性別

■ 民族主義與異性戀主義

班納迪克·安德森（Benedict Anderson）在如今已是社會學經典名作的《想像的共同體》一書中，指出國家——也就是國民國家（Nation state）與民族主義——為近代性的社會現象（Anderson 1991=1997: 22-6）。日本也不例外，現在我們認為日本是理所當然的一個國民國家，但在近代以前的日本其實從根本上是完全不同的，日本是在明治時代才透過近代化計畫才成為一個國民國家，直至現在依然保有其效力。關於這一點，上野千鶴子整理了安德森的論點，說明如下：

> 「國民國家」是透過創造均質的「國民」，來打造「幻想的共同性」，而這個「集體認同」便成為「文化」、「民族」的核心。此「國民化」計畫尚未結束，讓我們即使到了今天依然不自由。（上野 1998: 22）

在此須特別注意民族主義的悖論。民族主義常對某個特定民族或國民帶有特別的喜愛，並讓他們享有優先權，而被視為特殊主義，因此許多民族主義的批判都是來自於世界主義立場。不過，大澤真幸表示，民族主義並非是特殊主義，其本質是與「邁向特殊限定的共同性、以及普遍的社會性的志向具有連結」（大澤 2011: 16）。同時，民族主義一旦成立，其近代性的起源就會被遺忘，彷彿是自古不曾改變、始終存在一般，這也是民族主義的特徵之一。

近代國民國家的成立，便是以性別、特別是性歧視為基石，依循異性戀主義[1]建立的性別角色分工就是一例。相對於國民國家的男性公民早就擁有公民權，幾乎所有國家的女性都是在20世紀後才終於取得公民權。日本則是在第二次世界大戰後美軍占領期間，在美國指示下才終於實現女性公民權。由此可知，近代國民國家的國民原本就是以異性戀男性為主，其他的少數族群（女

性、LGBTQ、少數民族、少數群體〔minority〕）都被排除在國民化計畫之外。這在國際政治場合也一樣，國民國家作為一個行為主體，被形象化為異性戀男性，無法形成國民國家的民族、少數民族團體，是無法擁有任何權利的。

■ 民族主義與男性特質問題

特別在民族主義的想像上，多是由異性戀主義為基調的男性特質（陽剛特質〔Masculinity〕）扮演核心角色。美國文化人類學者約翰‧博內曼（John Borneman）指出：「歐洲理想的國民國家為具有同質文化、固有領土的國家。南斯拉夫在冷戰後依然沒有達到歐洲式的理想，被視為一個不完全的國家。而為了打造一個完美的國家，也就是擁有領土、由具有同質性文化民族組成的近代性國民國家，甚至選擇對少數族群穆斯林進行系統性的強暴、種族清洗，也就是種族滅絕（Borneman 1997: 286-98）。」博內曼說的異性戀，指的是制度上的異性戀，也就是艾德麗安‧里奇（Adrienne Rich）所說的「創造出擁有特殊社會性別（Gender）與性（Sex）的人，進行制度化的計畫，為一政治性制度」（: 274-5）之異性戀主義。

特別是地中海沿岸一帶的文化認為肌肉發達、具有男性特質的男性為理想的男人。而在性事上不道德的女性、或是被動的同性戀男性等，則被置於相反的位置。有趣的是，這種性事上的隱喻不只出現於異性之間，也適用於同性間，傳統的男性間肛交，被插入的一方常會被視為女性化、被動的。和現代的男同志性行為不同，同性間的關係也被置換為男性與女性、主動與被動等不對等的性別階層。

接著也來思考一下波士尼亞戰爭爆發時，穆斯林女性遭受強暴的事件。有人從社會生物學的角度，嘗試說明這和男性的繁殖欲望有關。然而，實際上不只是女性，也有非常多的穆斯林男性遭到強暴、性虐待，這樣的論述顯然說服力不足。對穆斯林男女的強暴與性虐待，可以從近代國民國家再生產的異性戀主義緊密連結來說明。此外，對女性的強暴不只是要讓穆斯林男性為

他們無法保護女性感到屈辱，也具有讓穆斯林男性無法擔負起作為一個國民國家的國民，而是一個「被動」、「女性化」存在的效果。同時，強暴、性虐待穆斯林男性，也是讓他們直接「女性化」的手段。不過，來自被害者的證詞非常少，因為一旦承認自己是被害者，便會讓象徵與支撐國家的男性特質的基石崩壞。

實際上，這種異性戀主義與國民國家對男性特質的讚揚，在戰爭間會更加激進化。惡名昭彰的德國納粹強調雅利安人的男性特質，為了再生產特別優秀的雅利安人，一方面在異性戀主義體系下進行人種鬥爭政策，一方面迫害男同志，因為他們認為男同志劣化了德國的男性特質。同時，納粹認為女同志、跨性別者的存在妨礙了再生產，同樣將之納為迫害的對象。此一事例揭示了在立基於異性戀主義的國民國家的成立與發展上，國民再生產扮演了何其重要的角色，反向而行的同性戀者，又為以民族主義為主幹的近代國民國家帶來多大的危機。

■ 奠基於民族主義的恐同與 YAOI

正因為民族主義與異性戀中心主義是如此緊密地連結在一起，恐同思維才會時常被動員起來，作為攻擊那些被視為敵人的他者的手段。直到現在還是常會看到政治性諷刺作品，運用恐同內容攻擊敵視國。像是 2018 年紐約時報製作了影片「川普與普丁──愛情故事」（Trump and Putin: A Love Story）上傳至 YouTube（圖 14-1），諷刺美國總統川普與俄羅斯總統普丁暗地裡進行政治勾結，影片內容將二人設定為男同志，像是戀人一般的約會、接吻，結果被指控為恐同影片，受到強烈批判。若是要批判川普總統與普丁總統的政治醜聞，為什麼需要特別將他們兩人設定為男同志？這指責相當重要[2]。

另一方面，不只日本，世界各國都能看到將實際存在的政治家視為「萌」的對象，轉化為諧擬作品的現象。日本曾有電視報導前首相小泉純一郎化身角色的諧擬漫畫，引起話題。不過，以真人為對象、甚至以跨國的他者為對

圖14-1　川普總統與普丁總統的諷刺影片（YouTube截圖）

出處：https://youtu.be/1KC7lctZYsA

象時，要如何區別前述在恐同思維下建立的政治性宣傳與單純萌的YAOI，是相當困難的。在民族主義與異性戀中心主義的關係依然僵固的狀況下，同性戀式的想像依然被視為動搖以男性特質為主軸的國家（民族、國民）之威脅。

　　主要由女性主導的YAOI，其實有機會抵抗民族主義設想的異性戀中心主義，然而即便21世紀同性婚姻在各國已逐漸合法化，近代國民國家的異性戀規範威力依然十分強大。

2　男性向御宅系內容的民族主義與BL的種族主義比較

■　男性向御宅系內容中的民族主義

　　日本的大眾文化常被認為是去政治性訊息化的，像是要從Hello Kitty這類的角色中，感受到政治性訊息是很困難的。與美國好萊塢電影不同，日本的御宅系內容鮮少傳遞政治性訊息，研究者分析這也是日本文化內容可以被世界各地接受的主因之一（McLelland 2009: #8-#9）。

　　然而，東浩紀在《動物化的後現代》（東 2001: 35-6）中銳利地批判，乍看之下對政治毫不關心的御宅族、或是看似和政治毫無關係的男性取向御宅系內容背後，隱約可見民族主義式的欲望。特別是第1章「御宅族們的疑似日本」中，東浩紀以村上隆、岡田斗司夫等藝術家、評論家為中心，強調他們總無意識地在作品中，反映出想像式地克服第二次世界大戰的戰敗與歷史斷裂的欲望，分析認為這是日本傳統文化與御宅系文化之間的連續性。而要思考戰後日本，就絕不能排除美國的存在，漫畫、動畫、遊戲亦然。然而許多御宅系內容則刻意強調日本的職人意匠、以日本為主題的內容也很多，只關注強調傳統日本與21世紀御宅族文化的連續性，彷彿戰敗這層歷史事實不曾存在，從某種層面而言這也反映出民族主義式的欲望。

■　BL的種族主義與他者問題

　　東浩紀主要分析男性取向御宅系內容，那麼女性取向御宅系內容BL又是如何反應民族主義問題的呢？的確在民族主義的層面上來看，BL看似相對自由。東浩紀所提出的強調江戶文化與御宅系文化之連續性現象，幾乎不曾在BL中看到[3]。此一事實也再次證明了民族主義中男性特質的重要性。

　　相對地，BL卻一直和種族主義的問題糾纏不清。少女漫畫中歐美風格的角色總是占有重要位置[4]，BL也常有歐美風格角色登場。長池指出，BL的外國人角色壓倒性以金髮碧眼的白人居多，多為具有社會性權力地位之人，且多

是攻方、男性特質強，而和白人配對的受方多是一般日本男性，外國人角色多被描寫為優越的他者（Nagaike 2009: #15）。白人攻與日本人受的結構與東方主義（Orientalism）下，西方將東方視為女性化而建立的強勢男性西方 vs 柔弱女性東方（在此為日本人受）之結構十分相似（:#16）。[5]

另一方面，BL 中成為一特別類型的「阿拉伯故事」之「阿拉伯人攻」又是如何呢？長池分析，阿拉伯人攻和日本人受的配對中，阿拉伯人通常被描寫為性感富裕、皮膚較黑的意象，在性行為上比白人更強大，帶有日本人女性理想的男性特質符號。

然而，白人攻和阿拉伯人攻之外的他者，例如中華風格 BL 等其他國籍的男性，除了少數類型外鮮少出現。這也跟日本社會中呈現外國人的表徵、再現時，喜好選擇白人，其他人種難以被看到的情況相似。由此可知，日本存在有可以被看到的他者與不被看到的他者這樣的差異，這除了展現出 BL 粉絲的欲望外，也反映出製作、流通 BL 的日本社會中存在的他者問題，以及東方主義問題與後殖民主義的狀況。換言之，BL 雖然不像男性取向御宅系內容明顯展現出民族主義式欲望，卻無法否認 BL 反映出讀者們抱持的想像、也反映了日本社會意識中之東方主義與種族主義式之傾向。

在此先承認 BL 確實受到蔓延於日本社會的東方主義、種族主義之影響，但 BL 作者與粉絲們將 BL 視為想像故事來享受，卻不必然就等同於贊成了民族主義與種族主義。指稱 BL 作者／粉絲贊同民族主義與種族主義之論述，才是過於短路性地思考了現實、再現，以及想像的複雜關係（溝口 2015: 276）。

然而須特別注意的是，現實、再現、想像的關係也是會隨著社會、地域、歷史脈絡，而改變其意義與關係性，此一事實隨著 BL 的全球化就更加被明確化展現了。

3　國家擬人化漫畫《義呆利 Axis Powers》引發的論戰

■　《義呆利 Axis Powers》為什麼成為國際問題？

從日丸屋秀和的同名網路漫畫發展起來的《義呆利 Axis Powers》系列（以下包含跨媒體發展等，通稱《義呆利》）在世界各地都大受歡迎，也引起各式各樣的議論。特別是韓國出現了眾多批判，進行了三次論戰，在日本也廣為人知，甚至被引用至多篇論文中（Miyake 2013；金 2015 等）。

之所以在本章舉《義呆利》這部非 BL 作品為例，是因為它不只原作，它在 YAOI 界也十分受歡迎之故。網路漫畫《義呆利》原是作者在網站上連載的四格業餘漫畫，裡面關於第二次世界大戰義大利軍隊的幽默的故事哏，也是從 2channel（現為 5channel）的軍事板收集而來。主角雖然是義大利，但網路漫畫並非獨立的故事，而是把許多國家都擬人化，特別是以第二次世界大戰的聯合國與軸心國為主，交互描寫了世界約五十個國家的互動與故事。

■　韓國爆發的「義呆利」論戰經緯

首先，簡單彙整「義呆利」在韓國發生的論戰。2009 年，「義呆利」決定製作成動畫，韓國社會得知了「義呆利」這部作品的存在，引發韓國公民社會對其的批判。當時批判的主要問題點如下：

1. 將第二次世界大戰的不幸歷史娛樂化，有可能劣化歷史認識。
2. 韓國擬人化造型是相當刻板印象，具有侮辱性。

特別是當時漫畫還描繪了韓國角色摸日本角色胸部的內容，批判更為擴大。韓國國會上，國會議員舉《義呆利》作例，指稱日本錯誤認識歷史，媒體與公民社會都對《義呆利》抱持反感。

之後，在韓國社會批判下，「義呆利」決定動畫中不會出現韓國角色，才平

息了紛爭。然而2010與2011年韓國的同人社群又爆發論戰，引起了騷動。如同前述，不只原作，《義呆利》在同人界也相當受歡迎，特別是在YAOI同人誌中人氣高漲，甚至形成一個類別。加上原本的角色就是國家擬人化，很多同人內容都是歷史事件加上同人式的想像力，這點在韓國同人社群中形成了問題。像是《義呆利》中將曾是宗主國與殖民地的英國與美國描寫為兄弟關係，這樣的模式也可套用在日本與韓國之間，同人中有人把日韓描寫為兄弟關係。考量到日韓因歷史認識問題現在依然處於對立狀態，這樣的描寫在韓國極有可能被視為一大問題。帝國主義與殖民地的支配－被支配關係，被描寫成兄弟間的吵架、打架，成為了歷史認識問題而引發批判。

■ 《義呆利》中的西方主義與民族主義

此外，《義呆利》多是將國家（或地區）描繪為可愛的男性，若以前述的民族主義與異性戀中心主義的關係來思考，我們一般將國民國家轉化為再現諧擬作品時，多會聯想到異性戀男性形象；《義呆利》中的重要角色除了日本與中國外，全是歐美國家，同人誌中也是歐美國家的角色壓倒性地有人氣，Toshio Miyake分析這反映出西方主義（Occidentalism）[6]思維（Miyake 2013）。實際上，《義呆利》的YAOI同人誌中，很多CP都是依國際政治上、文化上的階層而設定的。

> 愈強壯、具攻擊性的，愈經驗豐富、身高高的，男性化的攻方，愈是由強大的國家來擔任，而愈被動的、年輕的、女性化的受方，則愈是弱小的國家。（Miyake 2013: 4.6）

這個論述讓我們再次想起了民族主義與異性戀中心主義的關係。確實《義呆利》獲得全球性的人氣，這可能是因為並非只有日本具有此階層的感受性，而是全世界都共通的概念。西方主義原就深植於「殖民主義」（Colonialism）

與帝國主義（Imperialism）中（中略），《義呆利》的YAOI、二創作品讓這層關係更加明確、強化了」（Miyake 2013: 4.6）。

　　另一方面，我們也別忘了《義呆利》本身就是一部以民族主義與異性戀中心主義之價值觀為主體的國際關係諧擬作品。對民族主義而言，男性特質是至高的價值，不過《義呆利》原作描寫的國家角色們卻是以可愛、中性為主，和民族主義理想的男性特質相去甚遠。此外，《義呆利》的YAOI同人誌中描寫的國與國關係性為同性戀式關係性，但這和利用同性戀作為政治諷刺不同，主要是為了讓女性作家與讀者萌而繪製，嘗試將一般視為男性領域的國際政治顛覆，解讀為同性戀式羅曼史。

　　然而，對於以上針對《義呆利》YAOI的肯定分析，還是有兩點可批判的問題：

　　1. 如同Miyake指稱，作為諧擬作品《義呆利》衍生的「諧擬作品」的YAOI同人誌，絕對無法擺脫歷史脈絡而完全自由。
　　2. 眾多YAOI同人誌都將日本角色描寫為受方，作者與讀者都喜好「被愛的日本」這樣的架構的傾向，也可謂是反映出了一種民族主義的解析可能[7]。

　　關於第一點，考慮這原作本來就是從2channel等收集靈感、民族玩笑創造的國家角色，《義呆利》的各國造型從一開始就有可能反應出某種程度的刻板印象。此外，如同日本原創BL作品，立基於西方主義的歐美形象也都能在眾多同人誌中看到。

　　然而，西方主義的影響結果是以「作為受方被愛的日本」呈現，這點也可從不同的角度來議論。特別是考慮到2010年代中期日本大眾媒體掀起的「日本好厲害」風潮[8]，日本角色的人氣也可視為此現象的先鋒來分析。

■ 從國家擬人化YAOI看女性們的民族主義

《義呆利》在韓國引起反彈，除了歷史認識問題外，還有一大部分是來自於韓國角色的外觀再現。從民族主義認定的異性戀中心視角來看，韓國角色對日本相當執著，可解釋為韓國對日本抱有同性戀式的欲望，這樣的韓國角色再現，可能會危害韓國作為國家的男性特質。加上從韓國人的立場來看，對日本抱有同性戀式的欲望，是最無法接受的一點。

另一方向，日本角色的設定則和BL中典型的受方相似，這也引起了各種討論。日本的西方主義讓歐美擔任強勢男性特質角色，日本則毫不抗拒地化身為被歐美喜愛的受方角色。為什麼此架構看來似乎違背了民族主義認定的異性戀主義與男性特質，卻不時地出現在包含BL在內的日本女性取向內容中呢？這可從日本在近代化過程中，位於歐美與亞洲之間的歷史性事實背景來思考。

不過，這僅限於女性向內容，一般社會依然無法從民族主義認定的異性戀中心主義中解放。東浩紀指出，日本的男性向御宅系內容無法承認戰敗，想透過御宅系內容來具象化傳統日本；另一方面，BL則是接受了西化、近代化，以及被視為戰敗帶來的影響之一的西方主義，並將之作成想像故事來享受樂趣。然而，從日本為受方角色的CP大受歡迎這一點來看，BL也是以與男性取向內容不同的角度，強烈加著日本的民族認同意識。

另一方面，我們不能忘記，女性們將通常是男性一枝獨秀的國際政治與戰爭，化為可以萌的可愛角色、打造成YAOI來享受，這樣的架構本身，在日本社會脈絡中就具有了某種程度上解放的意義。女性們的YAOI與民族主義的關係，和男性御宅族取向的內容相比，可以說是更為複雜曲折。

■ BL提示的民族主義與男性特質問題

然而，現代社會中，近代民族主義依然保有強大的力量，這般的想像力對他者而言可能會被視為威脅、甚至屈辱。《義呆利》的論戰就是其中一例，而

隨著日本近代史相關內容增加，來自國外的批判也隨之增加了。

在此提出一令人玩味的論點。在韓國，包含對《義呆利》在內，批判日本歷史萌化最激烈的，都是女性同人社群。當然男性也會批判，但和女性相比強度較低。這是為什麼呢？當然可以從很多面向來分析，其中之一的理由在於萌化的性別內容，與男女關聯方式有別。男性向的歷史萌化，多是像瀏覽器遊戲《艦隊Collection -艦Colle-》（艦隊これくしょん-艦これ-）等，角色化身為美少女、徹底成為性的對象，主導權握在玩家手上，韓國人玩家可以任意操縱化身為美少女的日本軍艦——多是這樣的關係性架構，符合異性戀中心主義的結構——因此相較之下抵抗力較小。

然而，同樣類型的遊戲像是《刀劍亂舞》以女性為玩家，就會因歷史認識在韓國引發問題。在此需關注的是擬人化的角色為男性，且多是成年人男性這一點。正因為民族主義與男性特質的關係太過於明確，就像是化身為美少女的日本軍艦被韓國人玩家操控一般，韓國人女性狂熱地愛上萌化的美青年日本名劍，在韓國就會視為是一種危險[9]。

實際上，韓國的原創BL中也有不少歷史故事，但是日本殖民時期的日韓CP設定，幾乎就是不能碰的禁忌。這並非僅只於殖民時期的歷史認識問題，還包含了殖民時期日本男性與朝鮮男性的階層排序這段歷史本身，即便透過以攻・受的關係為中心的BL式想像力鏡片去看，韓國人也難以僅把它們視為想像故事，而只認為那是恥辱的歷史。BL作為女性向想像之故事的同時，也在民族主義與異性戀中心主義的力學中，不斷提起男性特質的問題，擔負起了意料之外的角色。若將這錯綜複雜的狀況視為單一社會或集體（此案例中為韓國）中強烈民族主義的展現的話，就太藐視近代民族主義、國民國家與性別的複雜問題了。近代國民國家中的性別問題，和BL的全球化相互交錯，形成了各式各樣的矛盾與問題。

4　作為全新挑戰的民族主義與BL的可能性

如同前述，近代國民國家的民族主義與異性戀中心主義，其力量在21世紀的現在也依然沒有絲毫減弱。BL的特徵，打從一開始便是由女性將男性的同性友愛關係性轉化為同性戀式的諧擬作品，這是少數族群的一種抵抗，也是女性從各種壓抑中解放、更自由地追求性欲的方法。然而，政治諷刺、特別是諷刺他者時，恐同思維氾濫的現況，顯示 BL 並非僅只局限於想像的框架中，與現實沒有任何關聯。此外，民族主義會以各種各樣的形式出現，包含BL在內的日本文化內容是無法完全擺脫民族主義獲得自由的。BL的發展愈是全球化，愈無法只被視為單純的想像故事，各地引發的民族主義式反應只會隨之增加吧。這也是闡明了 BL 是與社會連動的、不斷變化的事實。

不過，雖然從一部部單一作品中較難看出，但BL以及YAOI，原本就具有對建基在異性戀主義上的男性中心社會進行諧擬、二創化的潛力。吉永史的《大奧》便是作者運用BL培養而來的能力，將男性為中心的日本史諧擬化的成功案例，也許有一天跨越國境的BL不會再陷入恐同問題，不會欠缺對他者的感受性，更可以將蔓延於國際社會的異性戀主義諧擬化[10]。在這個意義上，如今全球化BL粉絲文化已確立，民族主義問題應是BL接下來要面對的新挑戰。

◆文獻指引◆ 給想要了解更多的人

①上野千鶴子，〔1998〕2012，《民族主義與性別》(新版)，岩波書店（岩波現代文庫）。
　從女性史的觀點，透過國民國家與性別之相對化、日本近代史來看近代、父權、國民國家框架下「女性的國民化」，闡明男女平等為不可能的任務。此外，也從「反省式女性史」觀點指出，日本女性作為歷史的主體，並非僅只於戰爭的「被害者」，也需要負擔「加害者」的責任。

②Kazumi Nagaike，2009，"Elegant Caucasians, Amorous Arabs, and Invisible Others: Signs and Images of Foreigners in Japanese BL Manga", *Intersctions: Gender and Sexuality in Asia and the Pacific*, 20: 14 (http://intersections.anu.edu.au/issue20/nagaike.htm)

此論文從正面討論日本BL漫畫的人種問題。如今BL獲得全球性人氣，日本BL中描繪的「老外」實際被當事人看到的情況也不在少數。本文分析了BL漫畫中的「老外」固定呈現模式，他們一方面反映了女性們的欲望，另一方面也連結到日本社會的種族主義與後殖民主義問題。

〈註〉

1. 「異性戀主義為傾向否定、中傷、批判非異性戀之行動、認同、關係性、社群之思考模式、意識體系」（Herek 1995: 321）。人們為了要這樣思想、思考模式，而產生「異性戀的認同、行動為正常、正確，其他則都是異常」的心理反應（Bohan 1996: xiii（自原田 2005: 145 再引用）。（溝口 2015: 264-5）。

2. 〈紐約時報　批判川普與普丁的影片被批判為恐同〉，Rainbow Life，2018。（2020年4月5日取得，https://lgbt-life.com/topics/news/201807192/）。

3. 雖然與男性向相比數量較少，但最近BL也有描繪江戶時代的作品。不過，BL中對江戶時代的描寫與男性取向內容的江戶時代描寫，有決定性的差異。在強調「御宅系文化與傳統文化的連續性」、執著於「日本式的事物」這部分上，BL中看不到對這類連續性的強調。例如岡田斗司夫與村上隆等人明確地主張，御宅系文化才是在近代化與戰敗過程中，所失去的日本傳統文化的繼承者。相對地，BL中對歷史的關心，卻幾乎不曾出現御宅系文化中表現出的民族主義，「歷女」（喜歡歷史的女性，特別是戰國時代的武將。）現象應該也有類似的共通點。換言之，出現描寫江戶時代的BL，只是代表了BL類型的素材、主題更加擴張，但與御宅系文化的民族主義有所區隔。

4. 當然在少女漫畫發展初期，歐美的符號再現較日本的相較而言，來得更具解放意義，也是原因之一。

5. 這個結構也顯現在民族主義中的男性性質問題上。男性性質被視為民族主義的核心價值，將少數群體或是對立的敵方變作女性化的男性，也就是同性戀化，可以使之成為男性性質不足的存在。

6. 西方主義指的是「東方世界對西方的印象」，許多都是對西方的刻板印象或偏見（「何謂西方主義」《Foreign affairs report》2004年6月號，https://www.foreignaffairsj.co.jp/release/200406/）。

7. 日本最有人氣的CP是美英，日本受的CP也很受歡迎。2013年、14年Comic Market參加社團的CP標示排行榜也可看出同樣結果。「【2013年冬】Comiket場刊CP調查-5（AXIS POWERS 義呆利）」（2020年4月5日取得，http://tarte41.hatenablog.com/entry/20131205/1386440535），「【義呆利】【2014年夏Comiket】人氣CP排行」（2020年4月5日取得，https://maatome.naver/jp/odai/2141470376566740101）。

8. 〈日本禮讚本：凌駕厭韓、厭中的強勢？找尋風潮的源頭〉，《每日新聞》，2015年2月25日。

9. 這在日韓合作的連續劇中，如何組合、呈現日韓角色配對，就能輕易看出端倪。韓國男性與日本女性的組合可以被接納，但相反地日本男性與韓國女性的配對則幾乎不曾出現過。這是因為後者彷彿是象徵了殖民時期民族與性別的階層關係的組合。

10. 男同志漫畫家田龜源一郎於2019年8月，為韓國獨立男同志雜誌以韓國國花木槿為背景，繪製了2位男性互相依偎的彩圖，表明這是「跨越國家、立場，以愛連結的希望之姿」（右圖）。他雖然不是BL作家，但沒有陷入異性戀中心主義形式，並嘗試超越民族主義的姿態值得關注。（田龜源五郎 Twitter，20202年5月6日取得，https://twitter.com/tagagem/status/1158847219073572864）。

〈引用・參考文獻清單〉

· Anderson, Benedict R., 1991, *Imagined Communities: Reflections on the Origin and Spread of Nationalism*, Verso.（吳叡人譯，2010，時報出版，《想像的共同體——民族主義的起源與散布〈新版〉》）。

· 東浩紀，2001，《動物化的後現代——御宅族如何影響日本社會》，講談社（講談社現代新書）；2012，大藝。

· Borneman, John, 1997, *Subversions of International Order: Studies in the Political Anthropology of Culture*, State University of New York Press.

· 原田雅史，2005，〈性少數與異性戀中心主義——歧視與當事者的心理性困境〉（セクシュアル・マイノリティとヘテロセクシズム——差別と当事者の心理的困難をめぐって），《性別研究8》，145-57。

· Herek, Gregory M., 1995, "Psychological Heterosexism in the United States," Anthony R. D'Augelli and Charlotte J. Patterson eds., *Lesbian, Gay, and Bisexual Identities over the Lifespan: Psychological Perspectives*, New York: Oxford University Press, 321-46

· 金孝真，2015，〈同人誌文化的全球化與韓國的女性同人——以2000年代之後為中心〉，（同人誌文化のグローバリゼーションと韓国の女性同人——2000年代以降を中心に），大城房美編著，《女性漫畫研究——連結歐美・日本・亞洲的MANGA》，青弓社，166-86。

· McLelland, Mark, 2009, "(A) cute Confusion: The Unpredictable Journey of Japanese Popular Culture." *Intersrctions: Gender and Sexuality in Asia and the Pacific*, 20（2020年4月5日取得，http://intersections. anu.edu.au/issue20/mclelland.htm）

· Miyake, Toshio, 2013, "Doing Occidentalism in Contemporary Japan: Nation Anthropomorphism and Sexualized Parody in "Axis Powers Hetalia," *Transformative Works and Cultures*, 12

· 溝口彰子，2015，《BL進化論——男子愛可以改變世界！》，太田出版；麥田，2016。

· Nagaike, Kazumi, 2009, "Elegant Caucasians, Amorous Arabs, and Invisible Others: Signs and Images of Foreigners in Japanese BL Manga," *Intersections: Gender and Sexuality in Asia and the Pacific*, 20（2020年4月5日取得，http://intersections.anu.edu.au/issue20/nagaike.htm）。

· 大澤真幸，2011，《近代日本的民族主義》（近代日本のナショナリズム），講談社，（講談社選書メチエ）。

· 上野千鶴子，1998，《民族主義與性別》（ナショナリズムとジェンダー），青土社。

· 日丸屋秀和「部落格式竹林」（2020年3月20日取得，網址已失效）。

　　本書在製作過程中，常會有人問「究竟什麼是BL教科書」？聽到教科書三個字，可能有人會認為這是在「定義、決定什麼是BL的書」，但當然不是這樣的。本書是為了闡明BL至今進行了怎樣的分析、研究而編輯出來的一本書。其必要性在於，BL文化發展到了相當廣泛、深度的程度，而BL研究的也已到了難以一手掌握、會讓人不知該從何下手的地步。

　　儘管BL研究在多樣的領域中都相當盛行，卻鮮少有關於這些研究的概觀論述，或是整理其方法論、學術領域（學科）的內容，這也是著手企劃本書的背景原因之一。2012年，大阪腐女研究會基於相同的問題意識，舉辦了BL研究研討會，為闡明「可用怎樣的研究方法來分析YAOI／BL，又該將這些研究放置於什麼學科來分析？目的在於提示YAOI／BL研究的方向與路徑」（石川等，2014: 116）。該研討會的報告針對「該用怎樣的方法論與學科來研究？」之提問，不僅只於BL研究，還有可以拓展至其他的大眾文化研究的可能（: 117），這是相當重要的論點。這樣的論述也適用於本書。以下就簡單回顧各章，討論「方法論與學科」，以及對其他大眾文化研究的意義。

　　第一部討論了BL類型的歷史。第1章〈少年愛・JUNE／YAOI・BL ──各名稱的成立與發展〉（藤本由香里），「以男男戀愛為主題的女性取向漫畫、小說（＝BL）」的主要稱呼作為歷史區分，概觀此類型的整體歷史。要研究某一類型時，該類型中使用的用語、類型內的內容，都常會隨時間產生歷史性的變化。如同藤本所述，敏感掌握這些變化是研究大眾文化必備的能力。

　　第2章〈少年愛與耽美的誕生 ──1970年代的雜誌媒體〉（石田美紀）聚焦於YAOI・BL前史之1970年代雜誌媒體，分析「女性向男男性愛故事」之主題是如何擴散的。「雜誌」媒體在此時代擁有莫大影響力，作者與讀者、編輯合力成為主軸，培育了「男男性愛故事」這一個類型。

第3章〈同人誌與雜誌創刊熱潮，以及「Boy's Love」成為類型──1980年代-1990年代〉（西原麻里）從媒體史與表現的變化，來看「Boy's Love」成為擁有某固定模式類型的過程。闡明隨著1980年代商業雜誌、同人誌的變化，1990年代BL專門雜誌問世，作品內容從悲劇內容轉向「明快的圓滿結局」等變化。

第4章〈BL的滲透與深化，擴大與多樣化──2000年代-2010年代〉（堀亜紀子、守如子）主要從兩個視角來論述2000年之後的變化：第一為網路的普及，媒體的中心從紙本媒體轉向網路，粉絲社群的存在形式也逐漸改變；第二則是BL作品數量增加，透過子類型勾勒出BL多樣化的特徵。

第5章〈BL至今是如何被議論的？──「BL論」學說史總論〉（守如子）討論BL類型確立後，此類型是如何被論述的。從探討各論者的學術背景，來描繪出研究的大方向。

第二部例舉了運用各種研究方法研究各種BL的案例。首先，第6章〈YAOI同人誌研究──故事與角色分析〉（石川優）沿襲文學理論分析YAOI同人誌是如何改編原作、如何描繪故事。不只是對同人誌研究有興趣的人，對想要用文學理論解讀大眾文化內容的人也很值得參考。

第7章〈「解讀BL」的方法──BL短歌，酷兒閱讀，二次創作短歌〉（岩川亞里莎）則討論了原創BL短歌與將既有短歌進行「BL閱讀」的二次創作短歌。本章將BL短歌這個表現形態與文學‧文化研究、酷兒閱讀連結。酷兒閱讀‧酷兒研究在思考BL整體文化時，是相當重要的觀點之一。

第8章〈色情與BL──女性主義的色情批判〉（堀亜紀子）聚焦於BL作品中的性描寫，並從女性主義的觀點來進行討論。女性主義批判色情作品的內容描寫了男女的權力關係、將女性身體物化，並肯定了施加於女性的暴力，而BL的性描寫中又是如何處理這些批判點的呢？同時，透過本章可以更了解女性主義。

第9章〈YAOI社群中的實踐〉（東園子）則關注於BL愛好者與粉絲社群之

實踐。這類的研究在文化研究、媒體研究、社會學、文化人類學等領域都相當盛行。本章討論了關注於粉絲社群的原因，以及關於粉絲目前有的新動向。

第10章〈男性偶像與BL——解讀BL凝視看到的男性集團之「羈絆」描繪法〉（西原麻里）從BL論的角度來看日本（傑尼斯）與韓國（K-POP）之男性偶像文化的特徵，並從媒體戰略上的不同來解讀。推薦給想要進行男性偶像研究的人。

第11章〈BL遊戲與資料保存〉（木川田朱美）從圖書館資訊學的角度介紹BL作品的歸檔保存現狀，並考察在資料難以入手的情況下，要如何進行研究。本章主要以BL遊戲為例，想要研究其他媒體的BL的人，應該也能從本章得到一些靈感。

第三部則著重於討論BL在社會中引發的衝突。第12章〈成為社會問題的BL——性描寫與性的雙重標準〉（堀亞紀子）舉出BL圖書下架事件與BL有害圖書認定等，特別是針對含有性描寫BL引發社會問題的兩個案例，從性別視角與恐同（同性戀厭惡／同性戀恐懼）闡明問題。

第13章〈男同志如何閱讀BL？〉（前川直哉）整理了從男同志的立場，對BL是否歧視男同志的提問，及其進而引發之「YAOI論戰」，並舉出了以往較少被提及的「BL是男同志的夥伴」等言論，探討其背景。

第14章〈BL與民族主義〉（金孝真）考察了在全球化風潮下，BL與民族主義問題如何牽扯。誕生於日本，在日本被消費、享受的BL文化，透過網路擴散到全球後，會產生怎樣的問題，該如何思考這樣的狀況，針對這些情況提出了相當重要的論點。

如同上述整理，本書著眼於多樣的學術領域，目的是希望能做出能對應BL多樣性的內容。本書的閱讀方法很多，特別是想在研究所研究BL的人，本書應該能夠成為在選擇自身學術領域時的參考吧。

企劃本書的另一個背景原因，在於外國的BL研究不斷向前邁進，但日本的BL研究（除了部分以英語發表的論文之外）卻鮮為人知。2017年，James

Welker舉辦了「酷兒的變遷‧變貌‧變化——亞洲的Boy's Love（BL）媒體國際研討會」（神奈川大學，研討會詳細內容參見Welker編〔2019〕）。來自亞洲各國的BL研究者齊聚一堂，討論的內容相當激勵人心，卻也真正感受到日本的BL研究鮮少被提出討論。以此研討會作為契機，本書編著者之一堀亞紀子和筆者一同討論，提議製作BL研究的「教科書」。堀的企劃主要是概觀日本的BL研究，並將之翻譯為英文，而筆者在與許多對日本BL研究有興趣、卻不會日文的各國年輕人接觸時，也深感運用英文傳遞訊息是當務之急，因此本書出版後，也預計推出英語版。

　　源自日本，如今已成為全球性文化的BL，從源頭的1970年代「少年愛」作品登場至今年，剛好經過了五十年。像是在追逐BL的發展一般，此類型的研究也不斷地累積，在今年可以完成概觀至今種種研究的《BL教科書》，所有執筆者都感到感慨萬千。

　　在此，筆者要向本書製作過程中為原稿提供評語的山本文子女士、協助製作BL作品列表的豐永由起子女士、負責裝幀設計的宮越里子女士、繪製插畫的魚座，以及各方協力人士，還有因為種種事由最後很遺憾無法加入執筆成員，但卻從準備階段就不斷從各方予以協助的多位BL研究者，致上深深的謝意。最後，我們兩人是第一次從事「編輯」的工作，相信還有許多不完善的地方，在此也衷心感謝有斐閣書籍編輯第二部的長谷川繪里小姐、四竈佐介先生。

2020年6月

守 如子

〈引用‧參考文獻清單〉

‧石川優、東園子、西原麻里、杉本＝Jessica Bauwens、木下眾，2014，〈YAOI／BL研究——方法論與學科〉（やおい/BLを研究する：方法論とディシプリン），《都市文化研究》，16: 116-25。
‧James Welker編著，2019，《BL開啟的門——變遷的亞洲之性與性別》，青土社。

引用・參考作品列表——漫畫篇

· 列表中包含本書列舉之廣義BL漫畫作品、BL性質漫畫作品，以及探討BL歷史的重要作品等。本書中
　若僅提到作者名，於此將舉出代表作品，最後再列出本書提及的作品（作者）列表。
· 單篇作品以〈　　〉（刊載雜誌名稱、首次出版年），單行本以《　　》（首次出版版權方、書系、發行年）
　來標示。
· 系列作品名稱以＊標示。

■1960年代

水野英子　　　　　《Fire!》（ファイヤー！），《週刊Seventeen》，1969發表-（朝日ソノラマ〔Sun
　　　　　　　　　Comics〕，1973）　　16

■1970年代

青池保子　　　　　《夏娃之子》（イブの息子たち），《月刊Princess》，1975發表-（秋田書店
　　　　　　　　　〔Princess Comics〕，1976-79；長鴻出版社，2001）　　5

大島弓子　　　　　《香蕉麵包布丁》（バナナブレッドのプディング），《月刊Seventeen》1977發
　　　　　　　　　表-（集英社〔Seventeen Comics〕，1978）　　6
　　　　　　　　　〈Pascal群〉（パスカルの群れ），《週刊少女Comic》，1978連載-（大島弓子
　　　　　　　　　名作集part 2 Pascal群》，朝日ソノラマ，1979）　　232

岸裕子　　　　　　《玉三郎戀愛狂騷曲》（玉三郎恋の狂騒曲），《別冊少女Comic》，1972發表-
　　　　　　　　　（小學館〔Flower Comics〕，1975-81）　　5

木原敏江　　　　　《摩利與新吾 Wättemberg Bankarangen》（摩利と新吾　ヴェッテンベルク・
　　　　　　　　　バンカランゲン），《Lala》，1977發表-（白泉社〔花與夢Comics〕，1979-
　　　　　　　　　84）　　4, 6, 44, 227, 232

竹宮惠子　　　　　〈雪與星星與天使與……〉（雪と星と天使と…），《別冊少女Comic》，
　　　　　　　　　1970連載-；《在日光室》（サンルームにて，朝日ソノラマ〔Sun Comics〕，
　　　　　　　　　1976）　　3, 20, 22-25
　　　　　　　　　〈微笑少年〉（ほほえむ少年），《別冊少女Comic》，1972發表-（《微笑少年
　　　　　　　　　竹宮惠子全集27》，角川書店〔あすかコミックスDX〕，1990）　　23

〈20的白天與黑夜〉(20の昼と夜),《別冊少女Comic》,1973發表-(《在日光室 竹宮惠子傑作系列1》,朝日ソノラマ〔Sun Comics〕,1976收錄) 23

〈Star！〉(スター！),《週刊少女Comic》,1974連載-(《在日光室 竹宮惠子傑作系列1》,朝日ソノラマ〔Sun Comics〕,1976收錄) 23

《法老之墓》(ファラオの墓),《少女Comic》,1974發表-(小學館〔Flower Comics〕,1975-76) 25

《風與木之詩》(風と木の詩),《週刊少女Comic》,1976-81發表-、《Petit Flower》1981-84連載-(小學館〔Flower Comics〕,1977-84) 3, 4, 7, 8, 20, 24-26, 30, 36, 39, 44, 45, 80, 150, 214, 232

名香智子　《花樣美女姬》(花の美女姬),《別冊少女Comic》,1974發表-(小學館〔Flower Comics〕,1977) 5

萩尾望都　《11月的文理中學》(11月のギムナジウム),《別冊少女Comic》,1971連載-(小學館〔小學館文庫〕,1976) 3, 20

〈透明銀髮〉(すきとおった銀の髮),《別冊少女Comic》,1972;《波族傳奇1》(ポーの一族,小學館〔Flower Comics〕,1974收錄;獨步文化,2021) 20

《波族傳奇》(ポーの一族,小學館〔Flower Comics〕,1974-76;獨步文化,2021) 3, 16, 20, 30, 80, 215

《天使心》(トーマの心臟),《週刊少女Comic》,1974發表-(小學館〔Flower Comics〕,1975;尖端,1994) 3, 20, 80

魔夜峰央　《妙殿下！》(パタリロ！),《花與夢》,1978發表,白泉社〔花與夢Comics〕,1979-) 5, 6

山岸凉子　〈綠色康乃馨〉(グリーン・カーネーション),《月刊Seventeen》,1976;《Guessing Game》(ゲッシング ゲーム！,集英社〔Seventeen Comics〕,1977) 5

吉田秋生　《加州物語》(カリフォルニア物語),《別冊少女Comic》,1978(小學館〔Flower Comics〕,1979-82) 6

■1980年代

秋里和國　《睡美男》(眠れる森の美男,小學館〔PF Big Comics〕,1986) 6, 42, 232

《TOMOI》(小學館〔PF Big Comics〕,1987) 6

天城小百合　《魔道奏鳴曲》(魔天道ソナタ,秋田書店〔Princess Comics〕,1986-94;長鴻出版社,1996) 7

樹夏實　《馬加洛物語》(マルチェロ物語,白泉社〔花與夢Comics〕,1982-85;東立,

262

新田祐克　　　《擁抱春天的羅曼史系列》（BiBLOS→Libre〔SUPER BE×BOY COMICS〕）
　　　　　　　＊《擁抱春天的羅曼史》（春を抱いていた），1999-2009、《擁抱春天的
　　　　　　　羅曼史 ALIVE》（春を抱いていた ALIVE），2014-2020；東立，2016）　69
　　　　　　　《當男人愛上男人系列》，芳文社〔花音 Comics〕＊《當男人愛上男人》（男
　　　　　　　が男を愛する時），1997；東立，1998、《最後的華爾滋》（ラスト・ワルツ），
　　　　　　　1999、《夜之幕》（ナイトキャップ），2000；東立，2004、《イロコイ》2001-
　　　　　　　03、《ウブ》2006）　66

野火ノビタ　　《飛行少年 Zu》（太田出版〔Ohta comics〕，1995）　46
まつざきあけみ　《戀愛遊戲》（ラブ・ゲーム，Magaize・Magazine〔June Comics〕，1997）
　　　　　　　42, 51
松下容子　　　《闇之末裔》（闇の末裔），白泉社〔花與夢 Comics〕，1997-；東立，2004
　　　　　　　6
麻麻原繪里依　《FUNKY CITY BAD TIME》（ふゅーじょんぷろだくと〔POEBACKS〕，
　　　　　　　1990）　43
村上真紀　　　《萬有引力系列》（Sony Magazines Comics〔你和我 collection〕→幻冬舍
　　　　　　　Comics〔BIRZ COMICS Girls Collection〕
　　　　　　　＊《萬有引力》（グラビテーション），1996-2002；東立，1996、《萬有引力
　　　　　　　EX》（グラビテーション EX），2007-11；原動力文化，2007）　51
本仁戻　　　　《飼育系・理伙系列》（BiBLOS〔SUPER BE×BOY COMICS〕）＊《飼育系・
　　　　　　　理伙》，1999-2001、《飼育系・理伙 鐵 X 理伙》，2004　64
由良環　　　　《PARTNERS》（竹書房〔Bamboo Comics 麗人 Selection〕，1993）　156
吉永史　　　　《第一堂戀愛課》（1 限めはやる気の民法，BiBLOS〔BE×BOY COMICS〕，
　　　　　　　1998-2002；尖端，2003）　13, 235
羅川真里茂　　《紐約・紐約》（ニューヨーク・ニューヨーク，白泉社〔JETS COMICS〕，
　　　　　　　1998）　6, 237

■2000年代

阿仁谷ユイジ　《刺青之男》（刺青の男，茜新社〔EDGE COMIX〕，2008；青文出版，
　　　　　　　2014）　66
ARUKU　　　　《猿喰山疑獄事件》（Libre〔BE×BOY COMICS〕，2009）　72
（遙々アルク）
池玲文　　　　《媚之凶刃系列》（Libre〔SUPER BE×BOY COMICS〕→〔BE X BOY
　　　　　　　COMICS DELUXE〕）
　　　　　　　＊《媚之椅子》（媚の椅子），2008、《媚之凶刃》，2014-17；青文出版，

2016、《媚之凶刃-Xside-》（電子書籍，X-BL），2016、《媚之凶刃-Xside-》，2017；青文出版，2018）　66

イシノアヤ　《椿日和系列》（椿びより，茜新社〔EDGE COMIX〕）
＊《椿日和》（椿びより），2009、《椿訊息》（椿だより），2010）　70

内田かおる　《之後，如果還能再繼續系列》（竹書房〔Bamboo Comics 麗人 collection〕；台灣東販）
＊《之後，如果還能再繼續》（そして続きがあるのなら），2009；2021、《就算不回去也沒關係》（帰らなくてもいいのだけれど），2011；2021、《於是一切就此開始》（そしてすべてが動きだす），2012；2021）　68

扇ゆずは　《男公關白皮書》（レオパード白書，新書館〔Dear+ Comics〕，2009-14；長鴻出版社，2010）　66

鹿乃しうこ　《P.B.B. Playboy Blues》（P.B.B. プレイボーイブルース，BiBLOS → Libre〔BE X BOY COMICS〕，2003-16）　66

雁須磨子　《就算你喜歡草莓，但紅色的就算了吧。》（いちごが好きでもあかならとまれ。）（Sony Magazines〔BIRZ COMICS Deluxe〕2000）　51, 62, 72

九州男兒　《課長之戀》（課長の恋，BiBLOS → Libre〔BE×BOY COMICS〕，2003-08）　64

京山あつき　《聽不見的聲音系列》（聞こえない声，大洋圖書〔Million Comics HertZ Series〕）
＊《聽不見的聲音》（聞こえない声），2006、《看不見的星星》（見えない星）2008、《不枯萎的花》（枯れない花），2010）　63

黒娜さかき　《青春♂Sobbat》（青春♂ソバット，小學館〔IKKI COMIX〕，2008-11）　72

小島アジコ　《我的801女友》（とばりの801ちゃん，宙出版（Next comics），2006-11；東立，2010）　59, 221

寿たらこ　《SEX PISTOLS》（BiBLOS → Libre〔SUPER BE×BOY COMICS〕，2004-）　65

紺野キタ　《出生在星期天的孩子》（日曜日に生まれた子供，大洋圖書〔Million Comics HertZ Series〕，2009；悅文社，2010）　62, 72

紺野けい子　《便利商店》（コンビニ，Oakla 出版，2000）　67

櫻井しゅしゅしゅ　《我們是寶裸公司》（われら宝裸コーポレーション，Magazine・Magazine〔June Comics〕，2001）　72

志水雪　《是－ZE－》（新書館〔Dear+ Comics〕，2004-11；青文出版，2007）　65

蛇龍どくろ　《無盡的世界》（エンドレスワールド，東京漫畫社〔MARBLE COMICS〕，

	2008；長鴻出版社，2021） 66
神葉理世	《愛人☆淫魔系列》（BiBLOS→Libre〔BE×BOY COMICS〕）
	*《愛人☆淫魔》，2005、《愛人☆淫魔 ver. PINK》，2006） 65
鈴木ツタ	《這世界的異聞》（この世 異聞）（Libre〔BE×BOY COMICS〕，2006-13）
	65
高永ひなこ	《戀愛暴君》（恋する暴君，海王社〔GUSH COMICS〕，2005-；台灣東販，
	2005） 51
トジツキハジメ	《前略》（海王社〔GUSH COMICS〕，2007） 72
中村明日美子	《J的故事系列》（太田出版〔F×COMICS〕；東立）
	*《J的故事》（Jの総て），2004-06；2016、《薔薇色的臉頰》（ばら色の頰の
	ころ），2007；2016） 70
	《同級生系列》（茜新社〔EDGE COMIX〕；尖端）
	*《同級生》，2008；2009、《卒業生－冬－》，2010；2018、《卒業生－春－》，
	2010；2021、《空與原》（空と原）2012；2012、《O.B.》，2014；2021、《blanc》，
	2018；2021、《OPERA》，2018-） 63
中村春菊	《純情羅曼史》（純情ロマンチカ，角川書店〔ASUKA Comics CL-DX〕），
	2003-；台灣角川，2004 66, 222,237
	《世界一初戀》（角川書店〔ASUKA Comics CL-DX〕，2008-；台灣角川，
	2010） 198
夏水りつ	《這裡禁止通行喔系列》（芳文社〔花音Comics〕；台灣東販）
	*《這裡禁止通行喔》（通り抜けできません），2008；2020、《狗會走路就
	會戀愛》（犬も歩けば恋をする），2008、《狗也會跑步戀愛》（犬も走って恋
	をする）、《戀愛是什麼》（恋とはどんなものかしら），2009、《狗夢想著戀
	愛》（犬は夢見て恋する），2010、《狗每秒都在戀愛》（犬は毎秒恋をする），
	2010、《狗也在談祕密戀愛》（犬も秘密の恋をする），2011、《K老師的野獸
	愛情》（K先生の野獣な愛情），2012；2022、《戀愛讓貓也濡濕》（恋心は猫
	をも濡らす），2012、《K老師的野蠻戀愛》（K先生の野蛮な恋愛），2013；
	2015、《K老師的不講理純愛》（K先生の不埒な純愛），2014；2015、《K老
	師的祕密熱情》（K先生の秘密の情熱），2017；2019、《K老師的戀愛日常》
	（K先生の恋愛な日常），2018；2021 64
夏目イサク	《無所適從的情表》（どうしようもないけれど，新書館〔Dear+ Comics〕，
	2007） 64
西田ヒガシ	《就在如願以償前系列》（芳文社〔花音Comics〕）；台灣東販
（西田東）	*《就在如願以償前》（願い叶えたまえ），2005-06；2005、《青春之病》（青

■2010年代

	＊《Midnight Delivery Sex》（ミッドナイト・デリバリー・セックス，2018）、《Midnight Secrect Sex》（ミッドナイト・シークレット・セック，2019）、《Nightout Baby Sex》（ナイトアウト・ベイビー・セックス，2018）　66
成瀬一草	《喜歡美麗姊姊嗎？》（オネエさんは好きですか？，竹書房〔Bamboo Comics Moment〕，2016）　71
のばらあいこ	《寄養犬、輾轉夜》（寄越す犬・めくる夜，祥傳社〔on BLUE comics〕，2016-；東立，2015-2020）　66
羽純ハナ	《獸人與少年Ω ABO 世界觀系列》（Frontier Works〔Daria comics〕；東立，2018）
	＊《獸人與少年Ω》（ペンデュラムー獸人オメガバースー，2016）、《獸人與少年Ω的命定契約》（レムナントー獸人オメガバースー，2017-）　68
羽生山へび子	《我在若葉莊的日子系列》（大洋圖書〔H&C Comics ihr HertZ Series〕；悅文社，2021）
	＊《我在若葉莊的日子 哎呀哎呀》（晴れときどき、わかば荘　あらあら，2013）、《我在若葉莊的日子 馬馬虎虎》（晴れときどき、わかば荘　まあまあ，2015）　67
波真田かもめ	《從早到晚與從今以後系列》（KADOKAWA〔Fleur Comic〕；台灣角川，2016-2019）
	＊《從早到晚與從今以後》（おはようとおやすみとそのあとに，2015-16）、《從早到晚與從今以後p. s.》（おはようとおやすみとそのあとに　p. s.，2016）、《從早到晚與從今以後Dear》（おはようとおやすみとそのあとにDear，2018）、《從早到晚與從今以後trip》（おはようとおやすみとそのあとに　trip，2019）　67
はらだ	《祕愛色譜》（カラーレシピ，KADOKAWA〔ASUKA Comics CL-DX〕→ 新書館〔Dear+ Comics〕2016-18；台灣角川，2016）　71
	《哥哥》（にいちゃん，プランタン出版〔Canna Comics〕，2017）　71
ぱんこ。	《性格扭曲的追求者系列》
	＊《性格扭曲的追求者》（ひねくれチェイサー，一迅社〔ID Comics〕，2014）、《More！性格扭曲的追求者》（もっと！ひねくれチェイサー，一迅社〔Gateau Comics〕，2015-）　64
秀良子	《在宇田川町等我喔！》（宇田川町で待っててよ，祥傳社〔on BLUE comics〕，2012；東立，2013）　70
文乃ゆき	《聽見向陽之聲系列》（プランタン出版〔Canna Comics〕；尖端，2017）
	＊《聽見向陽之聲》（ひだまりが聴こえる，2014）、《聽見向陽之聲 ―

引用・參考作品列表——小說篇

・列表中包含本書列舉之廣義BL小說作品、BL性質小說作品，以及探討BL歷史時的重要作品等。本書
　中若僅提到作者名，於此將舉出代表作品，最後再列出本書提及的作品（作者）列表。
・單篇作品以〈　　　〉（刊載雜誌名稱、首次出版年），單行本以《　　　》（首次出版版權方、書系、發行年）
　來標示。
・系列作品名稱以＊標示。

■ 1960年代

森茉莉　　　　　《戀人們的森林》（恋人たちの森，新潮社，1961；台灣商務，2021）　　101,
　　　　　　　　231

■ 1970年代

栗本薰　　　　　《午夜的天使》（真夜中の天使，文藝春秋，1979）　　8, 34, 101, 231

■ 1980年代

江森備　　　　　《私說三國志 天之華・地之風》（私説三国志 天の華・地の風，光風社出版
　　　　　　　　→復刊ドットコム，1986-2012）插圖：小林智美　　32, 102
榊原姿保美　　　《龍神沼綺譚》（光風社出版→角川書店〔角川文庫〕，1985）插圖：小林智
　　　　　　　　美　　31, 102

■ 1990年代

青池周　　　　　《盛夏的被害者》（真夏の被害者，二見書房〔二見シャレード文庫〕，1998-
　　　　　　　　2003）插圖：富士山ひょうた
秋月こお　　　　《富士見二丁目交響樂團第1部-第7部》（角川書店〔角川Ruby文庫〕，
　　　　　　　　1994-2012，「外傳」2012-）插圖：西炯子、後藤星　　9, 32, 237
あさぎり夕　　　《泉＆由鷹系列》（小學館〔パレット文庫〕1994-97）插圖：あさぎり夕
　　　　　　　　104
麻生玲子　　　　《賭博》（ギャンブル，青磁BiBLOS〔B-BOY NOVELS〕，1996）插圖：石原

理

斑鳩サハラ	《Pretty Baby 系列》(BiBLOS〔青磁 BiBLOS〕〔B-BOY NOVELS〕，1995-2004) 插圖：如月弘鷹、高星麻子
池戶裕子	《英雄是我的！系列》(ヒーローは俺のもの！，小學館〔パレット文庫〕1998-99) 插圖：里中守
伊郷ルウ	《Miss・Cast 系列》(ミス・キャスト，講談社〔講談社 X 文庫 White Heart〕，1999-2003) 插圖：桜城やや
石原郁子	《月神祭》(光風社出版，1996)　　32
五百香ノエル	《KISS 與海盜系列》(KISS と海賊，BiBLOS〔B-BOY NOVELS〕→宙出版〔Citrus novels〕，1998-2007) 插圖：黒泉らら、榎本
井村仁美	《皇林學院系列》(白泉社〔花丸 Novels〕→角川書店〔角川 Ruby 文庫〕，1996-2001) 插圖：津田人志、みなみ遙
江上冴子	《遠離伊甸園系列》(エデンを遠く離れて，二見書房〔Charade books〕→勁文社→Magazine・Magazine〔Junet Novels〕，1995-2003) 插圖：高原里佳，竹田やよ
尾鮭あさみ	《達達＆一也系列》(ダダ＆一也，角川書店〔角川 Ruby 文庫〕，1993-2004) 插圖：西炯子、沖麻實也　　9
柏枝真鄉	《在玻璃街道》(硝子の街にて，講談社〔講談社 X 文庫 White Heart〕，1996-2006) 插圖：茶屋町勝呂
鹿住槇	《平八郎系列》(青磁 BiBLOS〔B-BOY NOVELS〕，1993-96) 插圖：金ひかる
金丸マキ	《絕對服從》(角川書店〔角川 Ruby 文庫〕，1997) 插圖：二宮悅巳
川原つばさ	《想讓你哭系列》(泣かせてみたい，德間書店〔德間 AM キャラ文庫〕→〔キャラ文庫〕，1997-2004) 插圖：禾田みちる
神崎春子（神崎竜乙・峯岸郁夫）	《Bay City Blues 系列》(ベイシティ・ブルース，二見書房〔Velvet roman〕→〔Charade books〕→〔二見シャレード文庫〕，1992-2000) 插圖：今泉早穂子、森口悠也
きたざわ尋子	《弓弦×梓希系列》(Sony Magazines〔Velvet Novels〕，1996-97) 插圖：金沢有倖
久能千明	《青之軌跡系列》(櫻桃書房〔Eclips romance〕→幻冬舍 Comics〔リンクスロマンス〕，1995-2018) 插圖：沖麻實也 ＊《カデンツァ：番外篇》2011-18
栗本薰	《永不結束的情歌》(終わりのないラブソング，角川書店〔角川文庫〕→〔角川 Ruby 文庫〕，1991-96) 插圖：吉田秋生　　9

桑原水菜	《炎之蜃氣樓系列》（炎の蜃気楼，集英社〔コバルト文庫〕，1990-2017）插圖：東城和実、浜田翔子、ほたか乱、高嶋上総
剛しいら	《醫生×拳擊手系列》（ドクター×ボクサー，光風社出版〔Crystal文庫〕，1999-2005）插圖：石原理
ごとうしのぶ	《託生君系列》（タクミくん，KADOKAWA〔角川書店〕〔角川Ruby文庫〕，1992-2014）插圖：おおやかずみ（和美）　9, 104
榊花月	《渴望擁抱系列》（抱きしめたい，白泉社〔花丸Novels〕→大洋圖書〔SHY NOVELS〕，1995-2004）插圖：荻山知弘、高橋悠
桜木知沙子	《札幌的假日系列》（札幌の休日，白泉社〔花丸Novels〕，1994-97）插圖：岡部広 ＊番外篇《幸福之吻-札幌的假日・東京的假日》（しあわせのキス-札幌の休日・東京の休日，新書館〔Dear+文庫〕，2015）插圖：北沢きょう
佐々木禎子	《欲求不滿狂想曲》（欲求不満なラプソディー，スコラ〔Rutile novels〕，1996）插圖：初田しうこ
篠崎一夜	《沒有錢！系列》（お金がないっ，櫻桃書房〔Eclipse romance〕→幻冬舍Comics〔リンクスロマンス〕，1999；長鴻，2014-2022）插圖：香坂透
白城るた	《一定會是Happy Ending》（きっとハッピーエンド，角川書店〔角川Ruby文庫〕，1997）插圖：麻々原絵里依
菅野彰	《每日晴天！系列》（德間書店〔キャラ文庫〕1998-；尖端，2006）插圖：二宮悦巳　105
須和雪里	《激鬥橫恋慕系列》（ツー・ペアきまぐれボーイズ，角川書店〔角川Ruby文庫〕，1992-98）插圖：島田悠美、松本花　104
仙道はるか	《高雅而感傷的華爾滋系列》（高雅にして感傷的なワルツ，講談社〔講談社X文庫White Heart〕，1998-2001） ＊《高雅而感傷的華爾滋》（高雅にして感傷的なワルツ，1998）、《獻給愚人的無言歌》（愚者に捧げる無言歌，1999）、《Lunatic Concerto》（ルナティック・コンチェルト，2000）、《情色Sonatine》（官能的なソナチネ，2001）插圖：沢路きえ
染井吉乃	《彩虹入江系列》（虹の入江，小學館〔パレット文庫〕，1997-99）插圖：如月弘鷹
谷崎泉	《喜歡你系列》（君が好きなのさ，二見書房〔二見シャレード文庫〕，1999-2004）插圖：こおはらしおみ、陸裕千景子
遠野春日	《茅島氏的優雅生活》（茅島氏の優雅な生活，LEAF出版〔LEAF Novels〕，1999-2002；威向，2010）插圖：史堂櫂

276

	《週五紳士俱樂部（3）舞蹈派對與貴公子》（金曜紳士倶楽部（3）踊るパーティーと貴公子，講談社〔講談社X文庫 White Heart〕，2005）插圖：高橋悠
南原兼	《爸爸Mira系列》（パパミラ，白泉社〔花丸文庫〕，1999-2006）插圖：桃季さえ　　101
野村史子	《Take Love》（テイク・ラブ，角川書店〔Sneaker文庫〕→〔角川Ruby文庫〕，1991）插圖：麻々原絵里依　　32, 103
花郎藤子	《黑羽與鳴目系列》（黒羽と鳴目，白泉社〔花丸Novels〕→〔花丸文庫BLACK〕，1996-2011）插圖：石原理
バーバラ片桐	《只有欲望殺掉我系列》（欲望だけが僕を殺す，LEAF出版〔LEAF Novels〕，1998）插圖：猿山貴志
火崎勇	《EGOIST系列》（エゴイスト，心交社〔ショコラノベルス〕，1998-2000）插圖：あじみね朔生
ひちわゆか	《六本木心中》（BiBLOS〔青磁BiBLOS〕〔B-BOY NOVELS〕，1994-97）插圖：尾崎芳美
	《TOKYO JUNK系列》（TOKYOジャンク，BiBLOS S〔青磁BiBLOS〕〔B-BOY NOVELS〕，1996-2002）插圖：如月弘鷹
檜原まり子	《戀愛處方籤系列》（恋愛処方箋，白泉社〔花丸文庫〕→講談社〔講談社X文庫 White Heart〕，1998-2009）插圖：桜遼
ふゆの仁子	《Triple Cast》（トリプルキャスト，小學館〔パレット文庫〕，1998）插圖：穂波ゆきね
松岡なつき	《鑽石不會受傷》（ダイヤモンドは傷つかない，Wani Books〔Kirara novels〕，1995）插圖：須賀邦彦
松岡裕太	《就連任性都可愛！》（ワガママさえも愛しいなんてッ！，プランタン出版〔ラピス文庫〕，1999）插圖：大和名瀬
	《也有從謊言開始的戀情?!》（ウソではじまる恋もある!?，2001）
吉田珠姫	《通天之樹系列》（天にとどく樹，白泉社〔花丸Novels〕，1993-99）插圖：杉本亜未、のやま雪
水島忍	《心跳加速系列》（胸さわぎ，茜新社〔オヴィスNovels〕，1998-2005）插圖：明神翼
水月真兎	《Endless系列》（LEAF出版〔LEAF Novels〕，1999-2001）插圖：甲田イリヤ
水戸泉	《小孩子什麼都知道系列》（子供はなんでも知っている，茜新社〔オヴィスNovels〕，1997-2004）插圖：桐生颯、高橋直純

水上ルイ	《Jewelry Designer系列》（ジュエリーデザイナー，LEAF〔LEAF Novels〕→ 幻冬舍〔幻冬舍ルチル文庫〕，1996-2012）插圖：吹山りこ、円陣闇丸
水無月さらら	《天使醬系列》（天使ちゃん，BiBLOS〔Be-boy novels〕，1997-2002）插圖： 黑泉らら、明神翼
水王楓子	《醜聞系列》（スキャンダル，Core Magazine〔Vanilla新書〕，1999）插圖： 神城アキラ
山藍紫姬子	《亞歷山大之石》（アレキサンドライト，白夜書房，1992）插圖：舞方ミラ
吉原理惠子	《間之楔》（間の楔，光風社出版，1990）插圖：道原かつみ）　31, 103
若月京子	《狼才不可怕系列》（狼なんか怖くない，櫻桃書房〔Fudge Novels→Eclipse romance〕，1996-2000）插圖：明神翼

■2000年代

英田サキ	《S：間諜迷情系列》（エス，大洋圖書〔SHY NOVELS〕，2005-06 ；尖端， 2007）插圖：奈良千春
	《デコイ系列》，2008 ＊《最果ての空》2009　106
	《DEADLOCK誘惑的枷鎖系列》（德間書店〔キャラ文庫〕，2006-；尖端， 2007）插圖：高階佑
秋山みち花	《弄花伝系列》（學習研究社〔もえぎ文庫〕，2007-09）插圖：鈴本廃
あさひ木葉	《軍服系列》（プランタン出版〔プラチナ文庫〕，2006-07）插圖：小路龍流
あすま理彩	《Prince系列》（プリンス，プランタン出版〔プラチナ文庫〕，2005-07）插圖： かんべあきら
いおかいつき	《白晝之月系列》（真昼の月，雄飛〔I novels〕，2005-07）插圖：海老原由里
和泉桂	《清澗寺家系列》（幻冬舍Comics〔Links Romance〕，2003-16）插圖：円陣闇 丸
いとう由貴	《月與砂漠的沉睡夜系列》（月と砂漠の眠る夜，心交社〔Chocolat novels hyper〕→〔ショコラ文庫〕，2002-11）插圖：せら
岩本薰	《惠比壽名流紳士系列》（YEBISU セレブリティーズ，BiBLOS→Libre 〔B-BOY NOVELS〕，2004-08）插圖：不破慎理
	＊《惠比壽名流紳士 Special》（YEBISU セレブリティーズ Special 2014）　106
うえだ真由	《羅曼的緘默權系列》（ロマンスの黙秘権，新書館〔Dear+文庫〕，2007）插 圖：あさとえいり
	《勾留中のアステリアス》（2010）
榎田尤利	《魚住君系列》（魚住くん，光風社出版〔Crystal文庫〕，2000-02）

	＊《I'm home：魚住君系列・Memorial》(I'm home：魚住くんシリーズ・メモリアル，2003) 插圖：茶屋町勝呂
大槻はぢめ	《白衣的惡魔系列》(白衣の悪魔，海王社〔GUSH文庫〕，2005-09) 插圖：みろくことこ
鬼塚ツヤコ	《主人與狗》(ご主人様と犬，Libre〔B-BOY SLASH NOVELS〕，2007-08；威向，2010) 插圖：門地かおり
華藤えれな	《スレイヴァーズ系列》(櫻桃書房〔Eclipse romance〕→幻冬舎Comics〔Links Romance〕，2001-08) 插圖：雪舟薫
可南さらさ	《沉睡水中之戀》(水に眠る恋，幻冬舎Comics〔Links Romance〕，2005) 插圖：円陣闇丸
加納邑	《皇帝系列》(BiBLOS→Libre〔B-BOY NOVELS〕，2005-) 插圖：門地かおり、松本テマリ
かわい有美子	《EGOIST系列》(笠倉出版社〔Cross novels〕，2004-05) 插圖：石田育絵
神奈木智	《ブロードキャストを突っ走れ！》(二見書房〔二見シャレード文庫〕，2005-07) 插圖：祭河ななを
きたざわ尋子	《鍵系列》(幻冬舎Comics〔Links Romance〕→〔幻冬舎ルチル文庫〕，2003-18) 插圖：Lee、金ひかる
綺月陣	《獣系列》(Magazine・Magazine〔Pierce Novels〕→海王社〔GUSH文庫〕，2001-19) 插圖：青海信濃、亜樹良のりかず
樹生かなめ	《龍＆Dr.系列》(二見書房〔二見シャレード文庫〕→講談社〔講談社X文庫White Heart〕，2002-) 插圖：硝音あや、奈良千春
杏野朝水	《睜大雙眼》(瞳をすまして，幻冬舎Comics〔Links Romance〕，2008) 插圖：やまがたさとみ
	《鎖上眼淚》(涙をとじこめて，2011)
柊平ハルモ	《親吻焦慮之胸》(焦がれる胸にくちづけて，角川書店〔角川Ruby文庫〕，2004) 插圖：藤井咲耶
久我有加	《搞什麼！》(何でやねん！，新書館〔Dear+文庫〕，2001) 插圖：山田ユギ
久能千明	《Grey Zone系列》(グレイ・ゾーン，角川書店，2002-05) 插圖：蓮川愛
	＊《Border Line1》(ボーダー・ライン)，2003、《Dining Point》(ターニング・ポイント)，2005
黑崎あつし	《沉溺你懷中系列》(その腕で溺れたい，角川書店〔角川Ruby文庫〕，2002-05) 插圖：樹要
	＊《沉溺你懷中》(その腕で溺れたい，2002)、《捕獲你懷中》(その腕に捕らわれて)、《哭泣你懷中》(その腕に泣かされて，2003)、《魅惑你懷中》

（その腕で惑わせて，2004）、《束縛你懷中》（その腕に縛られて，2005）

剛しいら 《無臉男系列》（顔のない男，徳間書店〔キャラ文庫〕，2003-05）插圖：北
畠あけ乃

木原音瀬 《箱之中系列》（蒼龍社〔Holly Novels〕，2006；春天出版，2017）插圖：草
間さかえ

＊《箱之中》（箱の中），2006、《檻之外》（檻の外），2006　　106

崎谷はるひ 《慈英＆臣系列》（LEAF出版〔LEAF Novels〕→幻冬舍Comics〔幻冬舍ルチ
ル文庫〕，2001-13）插圖：蓮川愛

＊《被愛吧》（愛されててよ，2018）、《沉溺吧》（溺れてみてよ，2018）

佐々木禎子 《Drops Out系列》（ドロップアウト，講談社〔講談社×文庫White Heart〕，
2007-08）插圖：実相寺紫子

沙野風結子 《蛇淫之血》（蛇淫の血，プランタン出版〔f-LAPIS〕，2006）插圖：奈良千
春

愁堂れな 《北方漁場》（北の漁場，二見書房〔二見シャレード文庫〕，2007）插圖：
山田ユギ

《企圖系列》（たくらみ，Movic〔Genki novels〕→幻冬舍Comics〔幻冬舍ル
チル文庫〕，2004-）插圖：角田緑

杉原理生 《Slow Rhythm》（スローリズム，幻冬舍Comics〔幻冬舍ルチル文庫〕，2008
）插圖：木下けい子

鈴木あみ 《豔絕花降樓系列》（花降楼シリーズ），白泉社〔花丸文庫〕，2004-；尖端，
2012）插圖：樹要

砂原糖子 《純愛自戀者系列》（純愛ナルシスト，Oakla出版〔Ice Novels〕，2001）插圖：
影木榮貴

＊《純愛自戀者》（純愛ナルシスト，2001）、《戀愛自戀者》（恋するナルシ
スト，2001）

高岡ミズミ 《可愛的人。》（可愛いひと。，ハイランド〔Laqia novels〕，2000-04）插圖：
御園ざぼん

高尾理一 《龍與小貓》（龍と仔猫，心交社〔ショコラノベルス〕，2006）插圖：櫻井
しゅしゅしゅ

竹内照菜 《Please Mister Policeman! 系列》（プリーズ・ミスター・ポリスマン！，竹書
房〔竹書房文庫〕，2003-05）插圖：藍由あき

たけうちりうと 《保鑣系列》（ボディガード，大洋圖書〔SHY NOVELS〕，2000-14）插圖：
ひびき玲音、北畠あけ乃

橘かおる 《灼熱系列》（プランタン出版〔プラチナ文庫〕，2004-09）插圖：亜樹良の

りかず

谷崎泉　　　　《能夠走向幸福》（しあわせにできる，二見書房〔二見シャレード文庫〕，
　　　　　　　　2003-07）
　　　　　　　　＊《能夠走向幸福 Special篇》（しあわせにできる　スペシャル編，2008）
　　　　　　　　插圖：陸裕千景子

月上ひなこ　　《醜聞系列》（スキャンダル，プランタン出版〔ラピス文庫〕，2000-05）插圖：
　　　　　　　　こうじま奈月

月村奎　　　　《秋霖高校第二寮系列》（新書館〔Dear+文庫〕，2002-10）插圖：二宮悦巳

飛田もえ　　　《あげ・ちん系列》（Magazine・Magazine〔Pierce Novels〕，2003-04）插圖：
　　　　　　　　神葉理世
　　　　　　　　＊《あげ・ちん ギャンブラーの憂鬱》（2003）、《らぶ・ちん ギャンブラー
　　　　　　　　の受難》（2004）

中原一也　　　《黑幫愛西裝系列》（極道はスーツがお好き，East Press（AZ novels）→三交
　　　　　　　　社（ラブーナ文庫）；尖端，2006-15）插圖：小山田あみ

七地寧　　　　《Beauty beast系列》（笠倉出版社〔Cross novels〕，2004-08）插圖：蓮川愛

鳩村衣杏　　　《LOVE , et cetera》（ラブ、エトセトラ，二見書房〔二見シャレード文庫〕，
　　　　　　　　2002-04）插圖：崇原千鶴、しおべり由生

花川戸菖蒲　　《Bisque doll系列》（ビスクドール，ワンツーマガジン社〔Arles novels〕→
　　　　　　　　ブラント出版〔Rose Key NOVELS〕，2006-12）插圖：水貴はすの

火崎勇　　　　《ただ一人の男》（心交社〔ショコラノベルス→ショコラ文庫〕，2005-13）
　　　　　　　　插圖：亜樹良のりかず

妃川螢　　　　《甜蜜親吻》（甘い口づけ，LEAF出版〔LEAF Novels〕，2001）插圖：実相
　　　　　　　　寺紫子

日向唯稀　　　《極系列》（プランタン出版〔ラピス文庫〕→〔f-LAPIS〕→笠倉出版社
　　　　　　　　〔CROSS NOVELS〕，2003-14）插圖：藤井咲耶

雪代鞠絵　　　《全寮制櫻林館學院系列》（幻冬舎Comics〔幻冬舎ルチル文庫〕，2006-07）
　　　　　　　　插圖：高星麻子

椹野道流　　　《右手手術刀、左手花束系列》（右手にメス、左手に花束，二見書房〔二見
　　　　　　　　Charade文庫〕，2000-）插圖：加地佳鹿、唯月一、鳴海ゆき

藤村裕香　　　《砂漠的女婿是金融王》（砂漠の花婿は金融王，East Press〔AZ novels〕，
　　　　　　　　2006）插圖：タカツキノボル

ふゆの仁子　　《ウェルネスマート系列》（竹書房〔Lovers文庫〕，2005-）插圖：奈良千春
　　　　　　　　＊《欲擒故縱在床上》（駆け引きはベッドの上で）、《飼養龍的男人》（龍を
　　　　　　　　飼う男，2005）、《蜜約在脱掉西裝後》（蜜約はスーツを脱いで）、《龍的繼

承人》(龍の後継者，2006)、《華麗紳士的婚禮》(華麗なる紳士のウエディング，2007)、《獅子的黑色火炎，2007》(獅子の黑炎)、《說謊的天使》(嘘つきな天使，2008)、《獅子的爪牙》(獅子の爪牙，2009)、《鳳凰的飛翔》(鳳凰の天翔，2009)、《龍的霸道》(龍の覇道，2010)、《獅子的雙飛》(獅子の双飛，2012)、《鳳凰的單翼》(鳳凰の片翼，2013)、《龍的逆鱗》(龍の逆鱗，2014)、《龍的策略》(龍の策略，2015)、《如虎添翼》(虎に翼，2016)、《獅子與冷獸》(獅子と冷獣，2016)、《麗鳥的謀略》(麗鳥の絡繰，2018)、《龍的回歸》(龍の帰還，2019)、《龍的困惑》(龍の困惑，2020)

真崎ひかる	《雨雪系列》(LEAF 出版〔Leaf novels〕→幻冬舍 Comics〔幻冬舍ルチル文庫〕，2007-12) 插圖：陵クミコ
	＊《淡雪》(2007)、《白雨》《慈雨》(2008)、《夏雪》(2009)、《花雪》(2011)、《薰風》(2012)
松岡なつき	《FLESH&BLOOD》(德間書店〔キャラ文庫〕，2001-) 插圖：雪舟薫、彩
水原とほる	《夏陰—cain—系列》(Magazine Magazine〔Pierce Novels〕，2003-04) 插圖：高緒拾
	＊《夏陰—cain—》，2003、《箍冬——cotoh——》，2004
水上ルイ	《豪華郵輪之戀系列》(豪華客船で恋は始まる，BiBLOS→Libre〔B-BOY NOVELS〕，2002-17；東立，2008-19) 插圖：蓮川愛
水壬楓子	《最凶的戀人》(最凶の恋人，ハイランド〔Laqia novels: super extra〕→Libre〔B-BOY SLASH NOVELS〕，2002-) 插圖：しおべり由生
夜光花	《不淨的迴廊》(不浄の回廊，德間書店〔キャラ文庫〕，2008-10) 插圖：小山田あみ
夢乃咲実	《身後的保鑣系列》(うしろの用心棒，BiBLOS〔Be-boy novels〕，2001-02) 插圖：佐々成美
	＊《身後的保鑣》(うしろの用心棒，2001)、《可愛的保鑣》(いとしの用心棒，2002)
ゆりの菜櫻	《軍服的老鷹的獵物》(軍服は鷹の獲物，East Press〔AZ novels〕，2007) 插圖：小山田あみ
吉田珠姫	《神官與王系列》(神官シリーズ，海王社〔GUSH 文庫〕，2005-；台灣東販，2011-12) 插圖：高永ひなこ
六青みつみ	《隱藏蒼藍深海的戀愛》(蒼い海に秘めた，海王社〔GUSH 文庫〕，2005) 插圖：藤たまき
若月京子	《新娘十七歲系列》(花嫁は十七歳，オークラ出版〔プリズム文庫〕，2007-11) 插圖：椎名ミドリ

105

■2010年代

朝丘戻 《坂道之空系列》（坂道のソラ，Frontier Works〔Dahlia 文庫〕2013- ；東立，2014）插圖：yoco

＊《窗邊的向日葵》（窓辺のヒナタ，2017）、《冰泥之雪》（氷泥のユキ，2018）、《月夕之夜》（月タのヨル，2018）、《晴明的天空》（晴明のソラ，2020）

安西リカ 《只是好愛好愛你系列》（好きで、好きで，新書館〔Dear+ 文庫〕，2014-17；東立，2020）插圖：木下けい子

飯田実樹 《響徹天空的龍之歌聲系列》（空に響くは竜の歌声，Libre，2016-）插圖：ひたき

一穂ミチ 《相遇驟雨中 When it rains, it pours》（ふったらどしゃぶり-When it rains, it pours，KADOKAWA〔Fleur 文庫 Blue Line〕，2013- ；青文，2015）插圖：竹美家らら　　107

犬飼のの 《ブライト・プリズン系列》（講談社〔講談社×文庫 White Heart〕，2013-）插圖：彩

恵庭 《5個國王》（5人の王，Frontier Works〔Daria Series〕，2013；東立，2018-23）

＊《外傳》（外伝，2015）　插圖：絵歩

尾上与一 《天球儀之海》（天球儀の海，蒼龍社〔Holly NOVELS〕，2012；東立，2015）插圖：牧

かわい恋 《邪神的婚禮系列》（邪神の婚礼，Libre〔B-BOY SLASH NOVELS〕，2016-）插圖：Ciel

神奈木智 《守護者系列》（德間書店〔キャラ文庫〕，2012-）插圖：みずかねりょう

櫛野ゆい 《白狼王系列》（Libre〔B-BOY NOVELS〕，2015-）插圖：葛西リカコ

凪良汐 《親愛的妮可》（愛しのニコール，心交社〔ショコラ文庫〕，2016；朧月書版，2022）插圖：yoco　　108

西野花 《後宮皇子》（白泉社〔花丸文庫 BLACK〕，2014）插圖：座裏屋蘭丸

C. S. Pacat 《叛獄的王子系列》（叛獄の王子，新書館〔モノクローム・ロマンス文庫〕，2016-20）翻譯：冬斗亞季　插圖：倉花千夏

樋口美沙緒 《悖德校園系列》（パブリックスクール，德間書店〔キャラ文庫〕，2015- ；東立，2016-2018）插圖：yoco　　108

間之あまの 《說謊溺愛 Darling 系列》（嘘つき溺愛ダーリン，幻冬舎 Comics〔幻冬舎ルチル文庫〕，2014-15）插圖：花小蒔朔衣

	＊《說謊溺愛 Darling》（嘘つき溺愛ダーリン，2014）、《壞心眼偏愛 Darling》（いじわる偏愛ダーリン，2015）
夜光花	《少年是神的新娘系列》（少年は神の花嫁になる，大洋圖書〔SHY NOVELS〕，2014-17）插圖：奈良千春
Josh Lanyon	《AE事件簿系列》（The Adrien English Mysteries，新書館〔モノクローム・ロマンス文庫〕，2013-15；平心出版，2021）插圖：草間さかえ　　107
J. L. Langley	《狩狼法則系列》（Without Reservations，新書館〔モノクローム・ロマンス文庫〕，2013-15）插圖：麻々原絵里依

項　目

作品、雜誌等

※BL（關連）作品請參照
〈引用‧參考作品〉一章

人　名

ACG 007
BL教科書

編　　著	堀亜紀子、守如子
翻　　譯	李雨青
審　　訂	李衣雲

第二編輯室
總 編 輯　林怡君
責任編輯　李昶誠
封面插圖　GENE
設　　計　簡廷昇
內頁排版　黃雅藍
校　　對　金文蕙

文獻提供　Miyako（P.4, 7, 23, 37, 45, 101, 103, 104, 106）
　　　　　師大白鹿洞（P.105），穀子（P.114）
　　　　　阿貂的女性向情報站／幻想貂（P.194,196）
文獻攝影　李昶誠

出版者　　大塊文化出版股份有限公司
　　　　　台北市105022南京東路四段25號11樓
　　　　　www.locuspublishing.com
　　　　　讀者服務專線：0800-006689
　　　　　TEL：(02)87123898　FAX：(02)87123897
　　　　　郵撥帳號：18955675
　　　　　戶名：大塊文化出版股份有限公司

印務統籌　大製造股份有限公司

總經銷　　大和書報圖書股份有限公司
　　　　　地址：新北市新莊區五工五路2號
　　　　　TEL：(02) 89902588　FAX：(02) 22901658

法律顧問　董安丹律師、顧慕堯律師

ISBN　　　978-626-7388-92-1
　　　　　初版一刷：2024年5月
定價　　　新台幣550元

國家圖書館出版品預行編目 (CIP) 資料

BL 教科書 = BL studies an introduction/ 堀
亜紀子 , 守如子編著 ; 李雨清譯 . -- 初版 . -- 臺
北市 : 大塊文化出版股份有限公司 , 2024.05
面 ;　公分 . -- (ACG ; 7)
譯自 : ボーイズラブ教科書
ISBN 978-626-7388-92-1(平裝)

1.CST: 同性戀 2.CST: 歷史 3.CST: 文化研究

544.751　　　　　　　　　　113005148